ILIJA TROJANOW
SUSANN URBAN

Fühlend sehe ich die Welt

ILIJA TROJANOW
SUSANN URBAN

Fühlend sehe ich die Welt

Die Aufzeichnungen
des blinden Weltreisenden
JAMES HOLMAN

Eingeleitet von Ilija Trojanow,
ausgewählt und kommentiert von Ilija Trojanow
und Susann Urban,
aus dem Englischen von Susann Urban

Mit zehn Abbildungen
und drei Karten

MALIK

Mehr über unsere Autoren und Bücher:
www.malik.de

ISBN 978-3-89029-757-6

Redaktionelle Mitarbeit: Frank Rastel, München
Karten: Astrid Fischer-Leitl, basierend auf Vorlagen von Jason Roberts
Satz: Fotosatz Amann, Aichstetten
Druck und Bindung: CPI – Ebner & Spiegel, Ulm
Printed in Germany

Lear: *Doch siehst du, wie die Welt geht?*
Gloster: *Ich seh es fühlend.*
Lear: *Was, bist du toll? – Kann man doch sehn,*
wie es in der Welt hergeht, ohne Augen. Schau mit dem Ohr.
WILLIAM SHAKESPEARE: KÖNIG LEAR

Wer sich entschieden hat, etwas zu tun, und an nichts anderes denkt, überwindet alle Hindernisse.
GIACOMO CASANOVA

Blind die Welt erkennen

Wir begeben uns in Gefahr, wenn wir zu einer Reise aufbrechen. Schon zuvor verlassen wir gedanklich die Sicherheitszone des Verläßlichen. Wohin es uns auch verschlagen mag, wir trauen uns in das Unvertraute. Zu Hause, wo uns die Konventionen bekannt und die Gespräche verständlich sind, wo wir uns im Alltag blind zurechtfinden, müssen wir zwar gelegentlich nach etwas suchen, doch verläuft unsere Suche in überschaubaren Bahnen. Wenn wir die Augen schließen, können wir jede Ecke des Heimischen heraufbeschwören, und wären wir am anderen Ende der Welt. Was uns dort umgibt, nehmen wir hingegen nur verschwommen wahr. Als wären die Fensterscheiben beschlagen, als litten wir unter grauem Star.

Reisen sind Bewegungen ins Unsichere. Ganz so, als trügen wir eine Augenbinde, tasten wir uns voran. Ein paradoxes Schreckensbild wird offenbar: Gerade dort, wo man auf seine Sinne besonders angewiesen ist, weil man sich auf den siebten Sinn – die Gewohnheit – nicht verlassen kann, kommen sie einem abhanden.

Obwohl wir ahnen, daß Gefährdungen und Einschränkungen zum Reisen gehören wie der Sonnenbrand zu einem Tag am Strand, versuchen viele Zeitgenossen sie zu vermeiden, indem sie die allumfassenden Angebote der Touristik in Anspruch nehmen, einer Industrie, die keine andere Dienstleistung anbietet, als uns in der Ferne unter eine Glasglocke zu stecken, die uns von der Fremde isoliert.

In Zeiten aufgestülpter Sicherheit ist wahres Reisen kaum noch möglich. Um so mehr faszinieren uns die Epochen waghalsiger Aufbrüche. Wir bewundern die Forschungsreisenden von einst, die Leib und Seele riskierten, denen unterwegs Hören und Sehen verging – sei es, weil sie nicht zu glauben vermochten, was ihnen zugetragen wurde, oder nicht erfassen konnten, was sie erblickten, sei es, weil das in hohen Dosen zur Vorbeugung gegen Malaria eingenommene Chinin zu Taubheit oder schweres Tropenfieber zu vorübergehender Blindheit führte.

Die meisten Reisenden gewannen nach ihrer Genesung das Augenlicht zurück, doch es gab auch einige, die in der Fremde unumkehrbar geblendet wurden. So auch der Engländer James Holman (1786–1857); als Zwölfjähriger war er der Royal Navy beigetreten, obwohl sein Vater für ihn eine Laufbahn in der familieneigenen Apotheke im Sinn gehabt hatte. Aber für Holman war das Leben auf See die Erfüllung einer frühen Herzenssehnsucht. Dementsprechend anstellig war der junge Mann aus Exeter, schnell kletterte er auf der Karriereleiter der britischen Kriegsmarine empor. Bereits mit sechzehn war er als *acting captain* für mehrere Schiffe verantwortlich – wobei gewiß nicht nur Ehrgeiz dem Aufstieg förderlich war, sondern auch die zu diesem Zeitpunkt wütenden Napoleonischen Kriege. Ein Krieg, den man überlebt, ist der militärischen Karriere ungemein förderlich. Holmans Erblindung im Alter von 25 Jahren würden wir heute als Berufserkrankung bezeichnen, denn er büßte wie manch ein Seemann zu jener Zeit sein Augenlicht im Laufe seines Dienstes im nördlichen Atlantik ein. Es mag an den jähen Wetterumschwüngen, der vitaminarmen Nahrung oder den anstrengenden Stunden im Krähennest gelegen haben, auf einmal begann der innere Druck in Holmans Augen anzusteigen, so rapide, daß der junge Offizier nach wenigen Wochen auf See weder die Sonne noch den Mond erkennen konnte – »es ist unmöglich, meine Gemütsverfassung zu beschreiben, als ich gewahr wurde, ich könnte das Augenlicht verlieren«.

Gemäß den damals herrschenden Vorstellungen war Holmans Karriere, wenn nicht sein ganzes Leben, mit diesem Schicksalsschlag beendet. Von einem Krüppel wie ihm wurde erwartet, die verbleibende Zeit auf Erden still und unauffällig in einer Ecke abzusitzen. Blinde konnten damals weder lesen (Louis Braille entwickelte seine berühmte Schrift erst 1825, und bis sie sich durchsetzen sollte, vergingen mehr als zwanzig Jahre) noch sich ihren Lebensunterhalt selbst verdienen. Allein das Dasein in permanenter Dunkelheit so zu choreographieren, daß man seinen Alltag bestreiten konnte, verlangte einem Blinden alles ab. Doch statt sich dem Schicksal zu ergeben, sich abzukapseln, beschloß Holman, in die Welt hinauszuziehen, um sich so viel Fremde wie nur möglich einzuverleiben, und – als wären diese Ansprüche an sich selbst nicht wagemutig genug – dabei die gesamte Welt zu umrunden! Kühne Pläne, die er, zur großen Überraschung seiner Zeitgenossen, in die Tat umsetzte. So wurde er nicht nur der umtriebigste blinde Reisende aller Zeiten, sondern auch einer der bemerkenswertesten überhaupt, in einer an außergewöhnlichen Reisenden überreichen Epoche.

Als Blinder sollte Holman mehr von der Welt erfahren als in jüngeren Jahren; wie manch anderer Blinde scheint auch Holman den Verlust des Sehsinns in zuversichtlichen Momenten als eine Art Befreiung von Illusionen verstanden zu haben. »Ich bin seit langem außerstande, von der äußeren Gestalt der Dinge getäuscht zu werden.« Die Herausforderung, mit der eigenen Sehstörung zurechtzukommen, verringert offenbar das Gewicht anderer vermeintlichen Gefahren. »Da ich der üblichen Mittel entbehre, die Neugier zu stillen, bin ich gezwungen, mich vorsichtig und umsichtig durch das Labyrinth der Spekulation zu bewegen und aus der Menge der Informationen die wahrscheinlichsten und vernünftigsten Schlußfolgerungen zu ziehen. Auf diese Art bin ich in gewissem Maß gegen eine bestimmte Art von Fehlern geschützt: Ich lasse mich nicht leicht von den zahlreichen Vorurteilen verleiten, die mit der Beurteilung sichtbarer Objekte einhergehen.«

James Holman verbrachte einen Großteil seines restlichen Lebens auf Reisen, mit geringen finanziellen Mitteln und ohne Reisebegleiter. Stets war er unverzagt, er schien keiner Gefahr aus dem Weg zu gehen. Sein Reisestil widerspricht nicht nur den heutigen Normen, sondern auch den damaligen, für Holman verkörpert von jenen »parfümierten Müßiggängern, die auf der Suche nach Eindrücken in Europa von Stadt zu Stadt flattern«. Holman hatte ein grenzenloses Gottvertrauen und eine optimistische Grundhaltung. Gewiß, die Behinderung legte ihm Fesseln an, aber sie öffnete ihm auch Türen. Er ließ sich herausfordern, und er forderte Enormes von sich selbst: Ausdauer, Geduld, Entsagung. Es ist beinahe unmöglich, Holman für seine Unbeugsamkeit nicht zu bewundern. Doch könnte sein Leben auch der Erkenntnis dienen, daß alle Menschen als Reisende blind sind und sich erst einmal in die Welt hineintasten müssen. Oder in den Worten, die Jesus zugeschrieben werden: »Blinde sollen sehen können; aber allen Sehenden werde ich zeigen, wie blind sie sind.«

***

Wir wissen nicht genau, wann Holman beschloß, sich keineswegs von seiner Erblindung am ausufernden Reisen hindern zu lassen. Auffällig ist, wie schnell er sich mit den Gegebenheiten abfand und auf die Suche nach Hilfsmitteln begab. Zum zweiten Mal in seinem Leben lernte er schreiben, unter Zuhilfenahme einer Maschine namens Noctograph, die der Engländer Ralph Wedgwood 1806 patentieren ließ. Dieses ursprünglich für die Armee entwickelte Nachtschreibgerät ermöglichte es

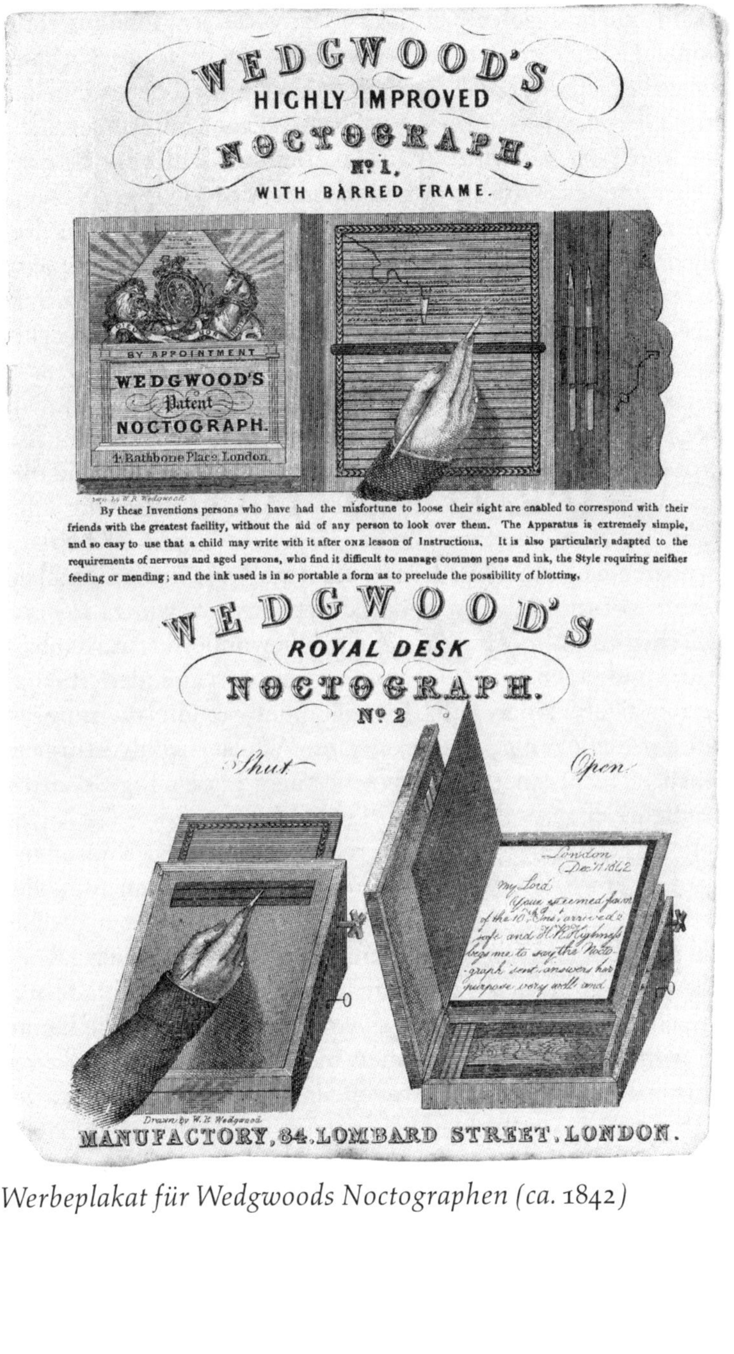

Werbeplakat für Wedgwoods Noctographen (ca. 1842)

auch Blinden, Briefe oder Notizen zu verfassen, indem sie mit einem Griffel auf ein zwischen Drähten gespanntes Papier schrieben, unter dem sich ein Blatt Kohlepapier befand, so daß durch den Abdruck auf einem darunterliegenden weißen Blatt die Buchstaben sichtbar wurden. Entscheidend war, daß bei dieser Art des Schreibens die Feder nicht immer wieder in ein Tintenfaß getaucht werden mußte, eine Tätigkeit, die selbst für Sehende höchst mühsam war. Holman nahm dieses Gerät auf seinen Reisen mit und konnte so, wie jeder gewöhnliche Abenteurer und sehende Entdeckungsforscher, konzentriert und kontinuierlich Tagebuch führen.

Ungesichert war aber zunächst das Auskommen des blinden Reisenden, denn die bescheidene Invalidenrente erlaubte keine großen Sprünge. Er mußte sich in einen wohlhabenden Gentleman verwandeln, eine geradezu unmögliche Aufgabe für einen blinden Mann aus einfachen bürgerlichen Verhältnissen, hätte es nicht die Einrichtung der Naval Knights of Windsor gegeben, eine Institution, die so außergewöhnlich ist, wie es uns das Klischee von den exzentrischen Inselbewohnern erwarten läßt. Aufgrund einer ins 18. Jahrhundert zurückgehenden Stiftung war es sieben kinderlosen Invaliden der Royal Navy möglich, auf der Schloßanlage des Königs in Windsor wohlversorgt zu leben, zu nichts anderem verpflichtet als zu einem tugendhaften, studienreichen und frommen Leben. Dazu gehörte die Anwesenheit bei wichtigen regalen Ereignissen wie etwa Krönungen, Taufen, Hochzeiten und Beerdigungen. (Ähnlichen Aufgaben kommen heute die Military Knights of Windsor nach, die Naval Knights wurden per Parlamentsbeschluß 1892 aufgelöst.) Wer auch immer über die Aufnahme eines Marineinvaliden in diesen illustren kleinen Kreis zu entscheiden hatte, gewiß konnte er nicht ahnen, daß es Holman nicht lange im Schloß halten würde. Kaum in diesem sicheren Hafen eingelaufen, schrieb er sich schon an der Universität von Edinburgh für Medizin ein, nicht zuletzt in der Hoffnung, ein Heilmittel für seine Erblindung zu finden. Nach drei intensiven Studienjahren, in denen

Travers College, Sitz der Naval Knights of Windsor

er sich auch ausgiebig mit Literatur beschäftigt hatte, brach Holman sein Studium ab und begab sich wenig später auf seine erste große Reise, die mit der Kanalüberquerung begann und ihn drei Jahre lang auf der klassischen *Grand Tour* durch das nunmehr weniger kriegsgeplagte Westeuropa führte; eine Probefahrt gewissermaßen, ob er seinen großen, seit langem gehegten Plan einer Weltumrundung auf eigene Faust würde umsetzen können.

***

Bei manchen Blinden stumpft die natürliche Neugier im Laufe der Zeit ab. Der mit knapp zwanzig Jahren erblindete kanadische Autor Ryan Knighton beschreibt, wie sich »physisch wie psychisch ein merkwürdiger Stillstand breitmacht, der auf das Gefühl zurückzuführen war, daß ich auf der Stelle trete und nicht imstande bin, den für mich bestimmten Geräuschen gerecht zu werden, also nach ihnen zu schauen«. Das liegt unter anderem daran, daß Geräusche keine vollständige Sinneswahrnehmung erlauben, »wenn man nicht die Möglichkeit hat, ihre Quelle mit den Augen zu visualisieren«. Der Blinde bleibe oft wie gelähmt sitzen, wenn er etwas Interessantes vernehme, weil ihm nichts anderes übrigbleibe, als die Ohren zu spitzen. »Mein Fenster scheint nur dazu da zu sein, Geräusche hereinzulassen, nicht aber mich hinaus.«

Holman hingegen ist unersättlich und rastlos, er empfindet das Ungewisse als Lebenselixier, er tröstet sich mit der meist gütigen und manchmal schäkernden weiblichen Zuneigung, die ihm zuteil wird, über die schwierigen Momente hinweg, in denen er sich mißachtet oder verloren fühlt. Es ist bemerkenswert, wie wenig sich Holman von der Mühsal des Reisens, von den langen Phasen des Wartens und der Unsicherheit beeindrucken läßt. So als beherzige er das Diktum der hundert Jahre später lebenden taubblinden amerikanischen Schriftstellerin Helen Keller: »Sicherheit beruht meist auf Aberglauben. Weder kommt sie in der Natur vor noch ist sie jedem Menschenkind vergönnt. Die Vermeidung der Gefahr ist letztendlich nicht sicherer, als sich ihr ohne Umschweife auszusetzen. Das Leben ist entweder ein waghalsiges Abenteuer oder vollkommen belanglos.«

Holman reist und reist, bei seiner zweiten großen Reise über Europa hinaus nach Sibirien bis zum Baikalsee. Dort muß er umkehren, nicht weil ihm die Kraft ausgegangen wäre, sondern weil die zaristischen Behörden das östliche Sibirien als Bastion für ihre Einflußnahme auf den nordamerikanischen Kontinent betrachten und daher keine neugierigen Ausländer in der Nähe wünschen. So ist es stets bei Holmans Unternehmungen: er gibt erst dann auf, wenn eine höhere Gewalt ihn dazu zwingt. Schritt um Schritt – Holman war ein begeisterter Fußgänger, der auch mal aus der Kutsche stieg und »am Gängelband« hinter ihr herlief – kommt er voran und seinem großen Ziel näher.

Er begreift sich, und darin unterscheidet er sich von seinen Zeitgenossen, als Reisender ohne versteckte Absichten oder geheime Pläne und nicht als Entdecker, Eroberer oder Erforscher.

Er betreibt keinen Handel, und er begibt sich nicht auf Pilgerschaft. Er reist rein um des Reisens willen und ist somit Ahnherr jener Globetrotter, die einige Generationen später auf den Fernstraßen der Welt in großer Zahl anzutreffen sind. Auf die Frage nach dem Warum hätte er vermutlich geantwortet: »Um zu zeigen, daß es möglich ist.« Er setzt sich der Fremde absichtlich nur oberflächlich und kurzzeitig aus; wenn es sich vermeiden läßt, bleibt er nicht länger an einem Ort, obwohl er ausgerechnet in dem gefürchteten »Grab des weißen Mannes«, der westafrikanischen Insel Fernando Po, für sieben Monate hängenbleibt. Auch paßt sich Holman niemals den örtlichen Gepflogenheiten an, er ist und bleibt Engländer durch und durch, der auf das bewährte Täßchen Tee als stetes Heilmittel gegen alle Reisesorgen vertraut (er führte alles Nötige für dieses Labsal fast immer mit sich) und keineswegs frei ist von den zeittypischen chauvinistischen und rassistischen Wahrnehmungs- und Denkmustern. Er bewahrt fast immer einen kühlen Kopf, leidenschaftlich wird er nur, wenn es um die Abschaffung der Sklaverei geht. Bei Holman wird man keine Burtonsche Anverwandlung, keinen Entdeckerdrang à la James Cook, keine literarischen Beschreibungen eines Georg Forster finden. Er bewahrt Haltung und trägt (fast) alles mit Fassung. Niemals beklagt er sich, ganz selten drückt er Wehmut ob des Verlustes des Augenlichts aus, etwa an einem Ostersonntag in Rom: »Ich war anwesend, als der Petersdom beleuchtet wurde und das Feuerwerk auf der Engelsburg stattfand – leider war es mir nicht vergönnt, dieses funkelnde Schauspiel zu sehen.«

Holman gelang alles, was er sich vorgenommen hatte, den enormen Widrigkeiten zum Trotz. Mit Mitte Vierzig kehrte er wohlbehalten von seiner mehrjährigen Weltumsegelung zurück, die ihn um alle Kontinente führte. An jenem Tag, an dem er die Weltumsegelung vollendet, vermerkt er die Erfüllung seines Lebenstraums ohne jegliches Brimborium mit der sprichwörtlichem *stiff upper lip*: »*Our homeward voyage was not marked by any incidents worth recording.*«

»Es liegt Trost in allen Dingen, wenn es uns nur gelingt, ihre moralische Essenz zu destillieren. Durch ebenjene Misere, die mich zwingt, Erkundigungen einzuholen und nachzudenken, wo andere sofort sehen und verstehen, wurde mir eine Aufmerksamkeit zuteil, die ich andernfalls wahrscheinlich nicht bekommen hätte. Dies ist das Ziel, das alle Schreibenden, besonders Reisende, anstreben. Der Nutzen eines Werkes, wie gering er auch immer sein mag, ist allerdings nur dann von wirklichem Wert, wenn die Umstände des Erscheinens ihm Gehör verschaffen.« Als Holman mit diesen Worten den zweiten Band seines umfangreichsten Opus »A Voyage Round The World, including Travels In Africa, Asia, Australasia, America, etc. etc.« eröffnet, steht er auf dem Höhepunkt seiner Karriere als Reiseschriftsteller, ohne zu ahnen, daß bald, durch Krittelei und Verleumdung, ein jäher Absturz ins Desinteresse und schließlich ins Vergessen folgen sollte. Der Bericht über seine Weltumrundung erscheint 1834 in vier Bänden bei Smith, Elder & Co. in London, das dritte Werk eines nunmehr berühmten und erfolgreichen Autors, dessen Selbstanspruch sich seit seinen schriftstellerischen Anfängen sehr gewandelt hat. Seinen ersten Reisebericht veröffentlichte Holman ein Jahr nach seiner Rückkehr von der europäischen *Grand Tour*. Wer eine ungewöhnliche Reise tut, muß darüber berichten, und zwar möglichst rasch, darin unterscheidet sich Holman nicht von allen anderen Forschern, Abenteurern, Diplomaten und Offizieren. Die Verlagsgeschichte ist voll von eilig auf den Markt geworfenen Berichten. Den Rekord hält wohl John Hunt, Führer der erfolgreichen Mount-Everest-Expedition von 1953, dessen Bericht »The Ascent of Everest« keine vier Monate nach seiner Rückkehr nach England erschien. Hält man sich vor Augen, daß Holman mit seinem Noctographen die Zeilen erheblich langsamer füllte, muß er ein ähnliches Tempo wie Baron Hunt vorgelegt haben. Diese Eile war der Nachfrage geschuldet; Reiseberichte waren seit dem 18. Jahrhundert ein auflagenstarkes Bildungsgut, und das Publikum gierte nach den Details einer jeden Weltentdeckung, die in den Zeitungen nach Rückkehr eines Helden emphatisch verkündet worden war. Wer sich nicht sofort in der Öffentlichkeit positionierte, verpaßte seine goldene Chance – wichtiger noch als die Ersterreichung, die »Entdekkung«, war es, als erster darüber zu schreiben. Der britische Entdecker und Gelehrte Richard Francis Burton etwa beging den Fehler, seine Version der Ereignisse seiner ersten Nilquellenexpedition mit jahrelanger Verspätung zu veröffentlichen – inzwischen hatte sein Kompagnon John Hanning Speke allen Ruhm geerntet und mangels gegenteiliger Darstellungen auch die Wahrheit seiner Schilderungen gepachtet.

Holman erste Reisebeschreibung wurde von den Kritikern gefeiert. Großherzig würdigte die Presse seinen Mut, seinen Optimismus und die Lebendigkeit seiner Erzählung. Eindruck machte, daß Holman seine Blindheit oft bewußt verschwieg, als wollte er keinen »Behindertenbonus« erhalten, sondern gleichrangig neben anderen Reisenden stehen. Seine Erzählung erweckt den Eindruck, es zähle nur der Inhalt und nicht der Reisende selbst, eine für uns eher befremdliche Haltung, bestechen doch die meisten Reiseberichte heute vor allem durch die penetrante Ichbezogenheit eines um keine Prahlerei verlegenen Autors.

Mit dem Schreiben wuchs der Appetit auf mehr. Holmans Berichte wurden gefräßiger. Er gab seiner Liebe zu Statistiken öfter nach, füllte seine Seiten mit Zahlen und Messungen, fertigte Vokabel- und andere Listen an und zitierte seitenlang Ausschnitte aus anderen Büchern, wodurch der falsche Eindruck entsteht, diese seien seine wichtigste Quelle gewesen. In seinem vierbändigen, weltumspannenden letzten Werk versucht er quasi als Universalgelehrter allen Themen und Aspekten gerecht zu werden: Wirtschaft, Politik, Soziologie, Landschaft, Ethnologie, Infrastruktur. Die charmante und zärtliche Brüchigkeit der Weltwahrnehmung hat sich in einen Vollständigkeit mimenden Rundumschlag der Wissensaneignung und -behauptung verwandelt, entsprechend dem kolossalen kolonialen Projekt der anbrechenden Viktorianischen Ära. Ob nun dem persönlichen Ehrgeiz oder den Einflüsterungen des Zeitgeistes geschuldet, Holmans intime Annäherung an die Fremde wich einer fast bürokratisch zu nennenden Sammelwut. Er pflückte nicht mehr Blumen am Wegesrand, er erntete im großen Stil fremde Felder ab. Die Blindheit hatte als Inspiration für einen anderen Blick auf die Welt ausgedient. Holman ist ein blinder Diener der Epoche geworden, die es ihm allerdings nicht dankt. Im Gegenteil – nach dem Erscheinen von »A Voyage Round the World« mehren sich die Stimmen, die ihm unterstellen, da er mit Blindheit geschlagen sei, könne er nichts Wertvolles in Erfahrung gebracht haben, sondern sich nur in Behauptungen dubioser Provenienz ergangen haben. Es ging die Fama, daß man seinen Erzählungen nicht trauen könne, daß er ein Aufschneider oder gar Betrüger sei. Einige der Anschuldigungen waren persönlichen Animositäten geschuldet, aber auch Kritiker, die ihn nicht kannten, schlossen sich dem Rudel an und zerfleischten seinen Ruhm. Sein letztes Manuskript fand keinen Verleger, nach seinem Tod geriet er schon bald in Vergessenheit, bis ihn vor wenigen Jahren der amerikanische Literaturkritiker Jason Roberts mit einer grandiosen Biographie in lebhafte Erinnerung rief.*

***

Bis zu seinem Lebensende blieb Holman ein Reisender. Er wurde gesichtet in Tyros und Tripolis, in Tunis und Triest, in Alexandria und Antiyochien. Man erblickte ihn beim Aufstieg zum Berg Sinai, wie er seinen Stock in den Brunnen von Moses stieß. Jemand behauptete, er habe ihn in der Kathedrale des heiligen Markus in Venedig gesehen. Und als alter Mann reiste er noch durch Großbritannien und Schottland, durch Norwegen und Schweden – er verdiente wahrlich das Epitaph »*the blind*

---

* Jason Roberts: Die ganze Welt im Sinn, München 2009.

traveller«, das der ebenfalls obsessiv reisende Richard Francis Burton voller Bewunderung prägte.

Es ist tragisch, daß seine Leistungen von folgenden Generationen wenig gewürdigt und er selbst nie in die Ruhmeshalle viktorianischer Helden aufgenommen wurde. Denn Holmans Leben und Schreiben hätte dazu dienen können, dominante Vorurteile gegenüber Blinden – »tote Augen«, potentiell böse und gewiß undurchschaubar – zu widerlegen. Zwar sind viele Blinde in der Weltliteratur beheimatet, aber meist als moralisch oder körperlich unterlegene Figuren. Weil der Sehende sich die ewige Dunkelheit nicht vorstellen kann, dämonisiert er jene, die in ihr beheimatet sind. Fast so, als verliere der Blinde das Attribut des Menschseins. Gewiß, Holman verdient Bewunderung für seine Taten, noch mehr aber regt uns sein Leben an, unsere Vorstellungen von Fähigkeiten und Makeln, von Erkenntnis und Einsicht in Frage zu stellen.

Ilija Trojanow, im Juni 2010

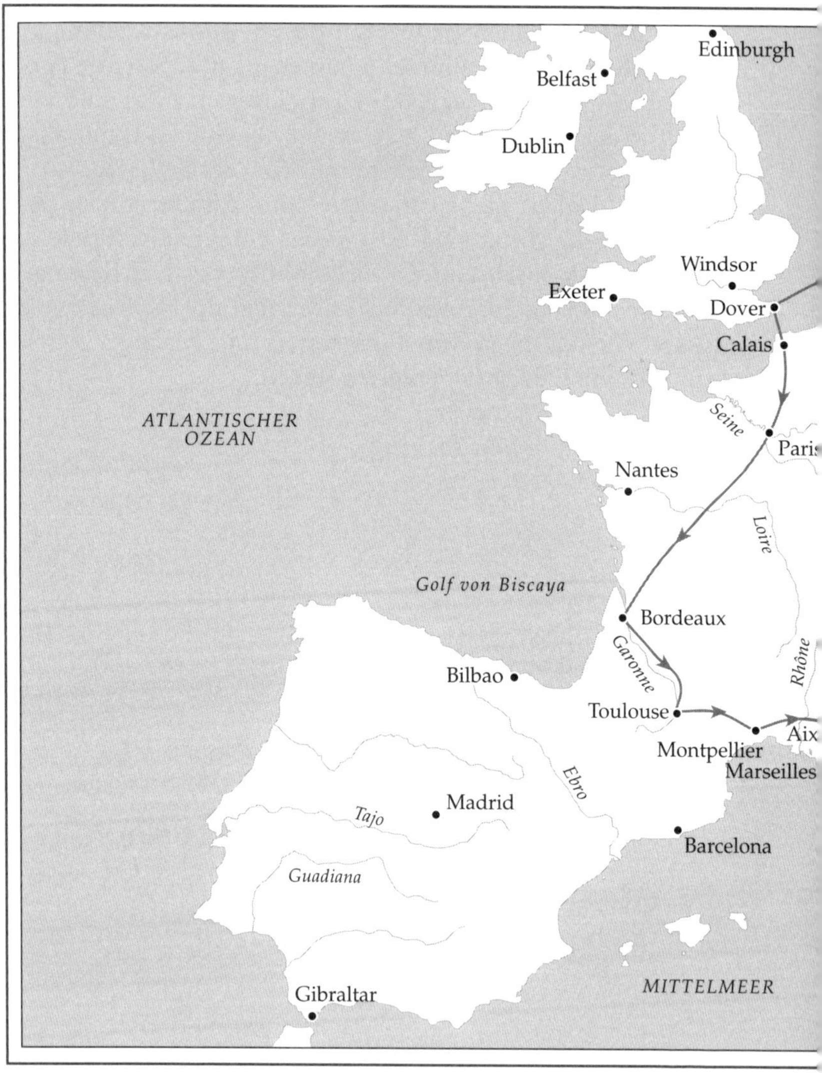

Edinburgh
Belfast
Dublin
Windsor
Exeter
Dover
Calais
ATLANTISCHER OZEAN
Seine
Paris
Nantes
Loire
Golf von Biscaya
Bordeaux
Garonne
Rhône
Bilbao
Toulouse
Montpellier
Aix
Marseilles
Ebro
Madrid
Tajo
Barcelona
Guadiana
Gibraltar
MITTELMEER

ERSTE REISE
WESTEUROPA (1819–1821)

Informieren Sie sich über die Übernachtungsmöglichkeiten.
In anderen Städten oder Ländern werden Sie wahrscheinlich
Übernachtungsmöglichkeiten oder Angebote für Blinde antreffen,
die sich von den Ihnen vertrauten heimischen Dienstleistungen
unterscheiden. Informieren Sie sich vor der Reiseplanung gründlich
über die Städte, die Sie bereisen möchten.

REISETIPS FÜR BLINDE UND SEHBEHINDERTE,
BRAILLE INSTITUTE OF AMERICA

Vorbemerkung

Die äußerst merkwürdigen Umstände, unter denen der Verfasser gedenkt, das vorliegende Buch der Öffentlichkeit vorzulegen, scheinen einiger Erklärungen zu bedürfen, und sei es nur, um möglichem Mißtrauen vorzubeugen. Etwa dem Verdacht, die hier präsentierten Schilderungen seien das Resultat einer lebhaften Phantasie und nicht aus den wahren Leben gegriffen. Ich bin mir bewußt, daß die ungewöhnlichen Reisen eines Mannes, der sein Augenlicht verloren hat – einen Informationsquell, der bei einer derartigen Unternehmung gemeinhin als unverzichtbar gilt –, zu einer derartigen Interpretation Anlaß geben könnte.*

---

* Mit dieser Einleitung beginnt James Holman seinen Bericht, der den Titel trägt »Erzählung einer Reise, unternommen in den Jahren 1819, 1820 & 1821, durch Frankreich, Italien, Savoyen, die Schweiz, die am Rhein gelegenen Teile Deutschlands, Holland und die Niederlande einschließlich einiger Erlebnisse, die dem Autor zustießen, der seit langem unter völligem Verlust des Augenlichtes leidet, sowie diverser Kenntnisse, die er während seiner Tour erwarb« – im Regency bevorzugte man langatmige Titel.

Meine Freunde waren höchst erstaunt, als ich meinen Plan verkündete, Europa zu bereisen, und viele von ihnen hatten bis zum letzten Moment Zweifel, ob es mir mit diesem Vorhaben tatsächlich ernst war. Holman begibt sich in bewährter Manier auf die sogenannte »Grand Tour«; seit dem 17. Jahrhundert ließ die europäische, vor allem die englische Oberschicht ihre Söhne nach Abschluß der Studien eine Reise durch die Länder des Kontinents antreten. Damit sollten die jungen Herren den letzten Bildungsschliff erhalten – man betrachtete antike Altertümer, besuchte Museen, ergötzte sich an malerischen Landschaften, studierte fremde Sitten und vertiefte Sprachkenntnisse. Da die Gegebenheiten vor Ort nicht einschätzbar waren, reiste man mit großem Gepäck: eigenes Bettzeug (oftmals waren die Unterkünfte in den Poststationen mehr als kärglich), Geschirr, Arzneien, Kleider – und wer gern zur Jagd ging, nahm auch seine Hundmeute mit. Selbstverständlich fragten sie mich, wie ich mit meinem Gebrechen ein fremdes Land zu durchqueren gedachte, ganz ohne einen Diener, der mir beistehen und mich beschützen würde – und zudem noch fast ohne Kenntnis fremder Sprachen. Ich entgegnete, die im Laufe von zwanzig Jahren zumeist in fremden Ländern gesammelten Erfahrungen hätten mich gewissermaßen zum Weltbürger gemacht und seien völlig ausreichend, um mich die üblichen Vorkommnisse, die einem Reisenden zustoßen können, bewältigen zu lassen.

Seit frühester Jugend hatte es mich gedrängt, ferne Regionen zu erforschen und die Vielgestaltigkeit der menschlichen Natur zu studieren, wie sie unter dem Einfluß anderer Klimazonen, Sitten und Gesetze zutage tritt. Im Dienste der Royal Navy war ich schließlich von dem innigen Wunsch getrieben, so viele Ecken der Welt kennenzulernen, wie es mir mein Beruf ermöglichte, und ich war entschlossen, mich nicht eher zufriedenzugeben, bis ich die Welt umrundet hatte.

A wise man creates more
opportunities for himself
than he finds.
FRANCIS BACON

Die Grand Tour

AUFBRUCH IN DOVER

Ich erreichte Dover am Abend des 14. Oktober 1819 und lief tags darauf bei günstigem Wind Richtung Calais aus. Dieses Datum war in mehrerlei Hinsicht ein bemerkenswertes, da es sich nicht nur um meinen Geburtstag handelte, sondern ich mich auf den Tag sechs Jahre zuvor nach dem Verlust meines Sehvermögens nach Edinburgh aufgemacht hatte, um an der berühmten Universität meine Studien aufzunehmen.* In gut drei Stunden erreichten wir den Hafen von Calais, wo wir aufgrund der Ebbe nicht anlegen konnten und ich die Möglichkeit nutzte, mit dem Boot, das die Post vom Schiff abholte, an Land zu gelangen. Für diese Gefälligkeit wurden mir fünf Francs berechnet – beinahe die Hälfte des Entgelts für die Kanalüberquerung.

---

* Holman schrieb sich für Literatur und für Medizin ein; seine Jahre auf See hatten ihn zusätzlich mit einer rheumatischen Erkrankung bedacht, die so ausgeprägt war, daß er sich oftmals kaum bewegen konnte.

Und nun seht her, ich befinde mich in Frankreich! Umringt von einem fremden, undurchschaubaren Volk, fernab von jeder Menschenseele, die auch nur ein wenig Anteil an meinem Wohlergehen nehmen könnte. Zudem war ich sämtlichen nationalen Vorurteilen ausgesetzt, welche die Franzosen dazu veranlassen, bei jeder Gelegenheit mit ihren englischen Nachbarn Schindluder zu treiben. Ich konnte also nur an die Mitmenschlichkeit im allgemeinen sowie die ehemals gerühmte *politesse* der großen Nation im besonderen appellieren. Von diesem Volk hätte wohl erwartet werden können, daß es einem behinderten Fremden zur Seite springt.

Der Anfang zumindest war vielversprechend, denn ich traf am Pier einen englischen Fremdenführer, der mir bei den Zeremonien im Zollhaus behilflich war, wo man die Freundlichkeit besaß, mir für die Mühen, mein Gepäck zu inspizieren, zwei Francs Entschädigung abzuknöpfen. Anschließend führte mich der Mann ins *Grand Cerf Hotel,* in dem ich eine kleine Stärkung zu mir nahm, und unterstütze mich bei meinen Erkundigungen nach einer Postkutsche, die mich am nächsten Morgen nach Paris bringen sollte.

Am Abend half mir Virginie, die *fille de chambre,* bei meinen Vorbereitungen für die Nacht. Sie schien tatsächlich angenommen zu haben, daß sie mir auch beim Entkleiden behilflich sein müßte. Nachdem ich ihr durch den Fremdenführer zu verstehen gab, sie solle sich meinetwegen keine Umstände machen, verabschiedete ich mich von den beiden, verschloß die Tür und begab mich zur Ruhe.

Am nächsten Morgen klingelte ich in meinem Schlafzimmer nach dem französischen Diener und bat ihn um heißes Wasser, worauf er mit »*tout à l'heure*« antwortete, einer Bemerkung, deren Bedeutung sich mir zu diesem Zeitpunkt völlig entzog. Nachdem ich eine Viertelstunde gewartet hatte, klingelte ich nochmals und erhielt die gleiche Entgegnung – »*tout à l'heure*« –, aber es tat sich immer noch nichts. Ich wiederholte meinen Auftrag abermals, und erneut erklang »*tout*

Der junge Holman mit Noctograph

à l'heure«. Schließlich brachte er nach einer guten Stunde das Wasser. Beim Frühstück ergriff ich die Gelegenheit und erkundigte mich, ob diese praktische Redewendung eine bestimmte Zeitspanne bezeichne. Sicher doch, klärte man mich auf, sie bedeute »sofort«.

IN DER POSTKUTSCHE AUF DEM WEG VON PARIS NACH BORDEAUX

Gegen neun Uhr am nächsten Morgen rief jemand aus unserer Reisegesellschaft: »*Voilà Bordeaux*!« Dieser Ausruf belebte mich ungeheuer, denn allmählich wurde ich ob Dauer und Monotonie der Reise gereizt und ungeduldig. Um zwölf Uhr hielt die Kutsche, und meine Mitreisenden sprangen umgehend ins Freie und ließen mich zurück. Selbstverständlich nahm ich an, daß wir bei der Kutschstation angekommen waren und begann lauthals nach dem *conducteur* zu rufen, der mir beim Aussteigen behilflich sein sollte. Er war sofort zur Stelle, gab das mittlerweile wohlbekannte »*tout à l'heure*« von sich und verschwand. Obwohl ich sehr wohl um die grenzenlose Bedeutung dieses Wortes wußte, was hätte ich tun sollen? Wäre ich hinausgesprungen, hätte ich nicht gewußt, wohin den Fuß als nächstes setzen; zudem goß es in Strömen. Es schien keine andere Lösung zu geben, als geduldig dazusitzen, bis es jemandem einfallen mochte, mir zu Hilfe zu kommen. Nach einer Weile hörte ich im Umkreis der Kutsche mindestens dreißig Leute, die sich lauthals in einem unverständlichen Kauderwelsch unterhielten, das ganz und gar nicht der Sprache glich, die ich bisher in diesem Lande vernommen hatte. Kurz darauf begann die Kutsche, sich auf merkwürdig ungleichmäßige Art zu bewegen. Gelegentlich wurde die Tür geöffnet, und ich war gezwungen, von einer Seite auf die andere zu rutschen, als ob ich zur Gewichtsverlagerung benutzt würde. Ich folgerte daraus, daß sie die Räder abnahmen, um die Kutsche unterzustellen. Alsbald vernahm ich plätschernde Geräusche, als ob Regenwasser aus den Hohlräumen, in denen es sich angesammelt hat, herausgedrückt würde. Vergeblich bat ich um Erklärung, warum man mich in der Kutsche zurückließ – die einzige Antwort lautete »*tout à l'heure*«, und mit ihr kam die Erkenntnis, daß mir nichts anderes übrigblieb, als mich in Geduld zu fassen.

Geduld ist oftmals aber der Heiligen
Zucht, die Versuchung ihrer Stärke.*

Schließlich begann die Heftigkeit der Bewegungen zuzunehmen, und nach einer Stunde der Ungewißheit hörte ich zu meiner großen Überraschung, wie die Pferde wieder angeschirrt wurden. Die Passagiere stiegen zurück, die Kutsche und wir setzten unsere Reise fort.

Später wurde mir erklärt, der Grund für dieses rätselhafte Vorgehen sei die Notwendigkeit gewesen, bei unserer Ankunft am Ufer der Dordogne, die bei Bordeaux in die Garonne fließt, die Kutsche per Floß vier Meilen flußabwärts zu befördern. Die Passagiere hätten den Fluß auf einer Fähre überquert, denn auf der gegenüberliegenden Uferseite wartete eine andere Kutsche auf sie. Mich aber hatte man in unserem Gefährt den Fluß hinabschippern – oder mit ihm in die Tiefen sinken lassen, ganz wie es dem Schicksal beliebte. Kurzum, ich fand heraus, daß ich, während ich mich im Hof der Kutschstation in Bordeaux wähnte, tatsächlich ein ganzes Stück weit den Fluß hinab gereist war, ohne von diesem Abenteuer auch nur das Geringste zu ahnen.

---

* Ein Zitat aus John Miltons Spätwerk »Samson Agonistes« oder in deutscher Übersetzung »Simson der Kämpfer«; Holman und seine Zeitgenossen besaßen eine ausgesprochene Affinität zu klassischen Zitaten – und oftmals wohl auch das bessere Gedächtnis als unsereiner heutzutage, der bereits nach der ersten Strophe eines hundertmal gehörten Weihnachtsliedes zungeringend nach den nächsten Worten sucht.

Wenig später plagten mich Kopfschmerzen, die ich auf mangelnde Bewegung zurückführte, und ich bedeutete dem Kutscher, er möge halten, damit ich aussteigen und eine Strecke zu Fuß zurücklegen könne. Er antwortete mit einem kühlen »*tout à l'heure*« und machte trotz meiner wiederholten Bitten keinerlei Anstalten, mir behilflich zu sein, bis ich drohte, andernfalls aus dem fahrenden Wagen zu springen. Nun hielt er es für ratsam, seine Pferde anzuhalten und mir Hilfe anzubieten, die ich jedoch ablehnte. Ich tastete mich zum hinteren Teil der Kutsche, wo ich mich mittels eines Seils anband (ich hatte es mir zur Gewohnheit gemacht, ein solches auf Reisen stets in meiner Rocktasche mitzuführen), das mir nun als Gängelband diente. Auf diese Art ging ich mehrere Meilen zu Fuß, zum nicht geringen Vergnügen der Dorfbewohner, die herzhaft lachten und mir sogar hinterherriefen. Befriedigt spürte ich, wie mein Kopfweh verging und ich mich bis zur Erschöpfung verausgabte.

MONTPELLIER: IM HAUS VON MADAME LA COUNTESS DE M.

Ich hatte das große Glück, in der Familie von Madame Countess de M. unterzukommen, die ein vornehmes Herrenhaus bewohnte, das nahe der Stadt gelegen und mit allem erdenklichen Komfort ausgestattet war, einschließlich eines wunderschönen Gartens mit terrassierten Kieswegen, einem Springbrunnen und einem kleinen Wäldchen, in dem zu meiner Überraschung die Nachtigall den ganzen Tag lang sang. Aus irgendeinem Grund gefiel es Madame, diverse Trakte ihres Hauses zu vermieten: einer wurde von zwei französischen Offizieren und ihren Familien mit Beschlag belegt, ein anderer von einem russischen Offizier. Diese Wohnungen waren vom Rest des Hauses jedoch völlig abgetrennt, und es gab nur wenig Verkehr zwischen Obgenannten und Madames Familie, die den schöneren

Teil des Hauses bewohnte und, neben Madame selbst, aus zwei Töchtern und einem Verwandten – Monsieur de C. – bestand.

Ich fühlte mich außerordentlich wohl in dieser Familie und unternahm gemeinsam mit einem Freund, der mich seit Toulouse begleitete, verschiedene Ausflüge in die nähere Umgebung. Bei unserer Rückkehr nahmen wir hin und wieder ein heißes, höchst belebendes Bad, bei dem ich erstmals einem unbekannten Luxus begegnete: ein sauberes Laken wird über die Wanne geworfen, man läßt sich nieder und wird in das Tuch eingewickelt. Wahrscheinlich handelt es sich dabei um eine der damals sehr beliebten Sitzbadewannen aus Blech, von denen es im noblen Haus von Mme de M. bestimmt mehrere gab, denn man badete seinerzeit gern in Gesellschaft. Wir gehen nicht davon aus, daß in diesem Haushalt einer jener Kleinunternehmer in Anspruch genommen werden mußte, die Wannen vermieteten und von denen es in Paris des Jahres 1836 statistisch erfaßte 1013 gab – und in Montpellier war die Lage sicherlich nicht viel weniger schmutzig.

Madames jüngste Tochter, Clementine, war ein liebreizendes Mädchen, ungefähr siebzehn Jahre alt, aber, ach! es ist mir ganz und gar unmöglich, einer Anmut, die ich nicht schauen durfte, Gerechtigkeit angedeihen zu lassen. Ein junger Gentleman, der eines Tages zufällig am Haus vorbeispazierte, beobachtete das reizende Mädchen, wie es am Strick eine Ziege in das Wäldchen hinaufführte. Von ihrer Schönheit und Natürlichkeit in Bann geschlagen, entzündete sich seine Phantasie, und die heftigste Leidenschaft ergriff seine Seele. Seine größte Freude war es, in der Nähe jenes Ortes umherzustreifen, der den Gegenstand seiner Zuneigung beherbergte, und er fühlte sich, gelang es ihm, einen Blick auf die geliebte Gestalt zu erhaschen, reichlich belohnt. Aber bald mußte er sich losreißen, um seine Studien in Paris fortzusetzen; Clementines Bild jedoch verfolgte ihn. Seine Gedanken beschäftigten sich unablässig mit ihr, und er kehrte mit unverminderter Zuneigung nach Montpellier zurück. Die Zaghaftigkeit, die für reine und unverdorbene Liebe so charakteristisch ist, hielt ihn eine Zeitlang davon ab, seine Leidenschaft zu erklären. Doch schließlich brachte er genügend Entschlossenheit auf, um ein Gespräch mit der Countess zu erbitten. Da er es aber ablehnte, seinen Namen und den Grund für das Gespräch zu nennen, weigerte sie sich, ihn zu empfangen. Nach einer Weile wiederholte er sein Ansinnen und erklärte, er habe etwas höchst Wichtiges mitzuteilen, lehnte es aber weiterhin ab, seinen Namen zu nennen. Folglich weigerte sich die Countess abermals ihn zu sehen, schickte aber Clementine, den Grund seines Anliegens zu erfragen.

Jene, denen die Liebe nicht fremd ist, mögen sich seine Gefühle vorstellen, als er sich dem Gegenstand seiner unbändigen Leidenschaft so unerwartet gegenübersah. Seine Bestürzung führte zu dümmlicher Verwirrung, er war unfähig, etwas zu äußern, und so verließ ihn das ahnungslose Geschöpf, ohne auch nur die geringste Erklärung erhalten zu haben.

Eines Nachts ängstigten mich Schritte unter meinem Fenster, und ich hegte geraume Zeit den Verdacht, das Haus könne Ziel eines Anschlags sein. Doch es war der unglückliche Liebhaber, der häufig ganze Nächte um jenen Ort wandelte, an dem er zum ersten Mal die Angebetete erblickt hatte.

Am Morgen des 24. Juni wurde ich von aufgeregten Stimmen in Haus und Garten aus dem Schlaf gerissen. Der Tonfall ließ mich vermuten, es habe sich etwas Grauenvolles ereignet. Ich warf mich schnell in meine Kleider, um den Grund für die Aufregung zu erfahren. Als ich die Tür meines Zimmers öffnete und die Vorhalle betrat, kam mir Mademoiselle de M. tränenüberströmt entgegen und rief tiefbetrübt, ein Gentleman habe sich im Garten das Leben genommen. Ihre Mutter sei früh aufgestanden, um ein Bad zu nehmen. Während die Vorbereitungen getroffen wurden, war sie mit Monsieur de C., der gerade von einer Abendgesellschaft aus der Stadt zurückgekehrt war, durch den Garten spaziert. Durch die Zweige einiger Büsche sahen sie einen Gentleman im Gras sitzen, und gerade als sie auf ihn zutreten wollten, zog er ein großes Messer und stieß es sich in die Brust. Monsieur de C. rannte sofort zu ihm und rief: »*Mon Dieu! Mon ami*, warum haben Sie das getan?« Die einzige Antwort des unglücklichen Mannes lautete: »Clementine! Clementine!« Die Countess beeilte sich, Hilfe zu holen, und bald befand sich das gesamte Haus in Aufregung. Auf die besorgten Fragen nach dem Grund seiner überstürzten Tat rief er, vom Blutverlust erschöpft, aus: »Ah, Clementine, ich sterbe für Sie! Ich fühle, daß Sie nie die meinige sein werden, und ich kann nicht ohne Sie leben!« Er wurde in ein Nachbarhaus transportiert, bald trafen ein Wundarzt und die Gendarmerie ein. Der Arzt verkündete, das Messer sei an einer Rippe abgerutscht, aber der Verletzte schwebe dennoch in Lebensgefahr. Ein Gendarm leerte pflichtgemäß die Taschen des Gentlemans und nahm den Inhalt mit auf die Wache. Darunter fand sich ein an Madame de M. adressierter Umschlag, der einen Brief an Madame und einen weiteren an Clementine enthielt, beide, so berichtete man mir, schilderten ebenso schicklich wie eindringlich seine unglückliche Liebe.

Als ich eine Woche nach diesem Ereignis Montpellier verließ, befand sich der Verzweifelte noch immer in einem hoffnungslosen Zustand.

EINE BOOTSFAHRT IM GOLFE DU LION

Monsieur de C. war so freundlich, mich zur Kutsche zu begleiten. Dort angekommen, bat er – gewiß in bester Absicht – den Kutscher und meine Mitreisenden, mich auf der Fahrt in ihre Obhut zu nehmen. Ich muß gestehen, gern hätte ich ihn davon abgehalten, da ich dadurch der erwünschten Eigenständigkeit beraubt wurde. Ich kam mir ein wenig wie ein Schuljunge vor oder ein Paket mit der Aufschrift »Vorsicht zerbrechlich!«; ich ziehe es vor, mit so wenig Aufheben wie ein Wollballen behandelt zu werden. Auch der gleichfalls in jungen Jahren erblindete

Ryan Knighton versucht, seine Blindheit außen vor zu lassen, »weil ich niemanden in Verlegenheit bringen möchte und weil ich keine Lust habe, immer die gleiche Litanei herunterzubeten, was ich denn nun sehen kann und was nicht, warum das so ist und so weiter«. Es bereitet weniger Unannehmlichkeiten, mit Fremden zu reisen, als man gemeinhin annimmt. Ich bin geübt darin, mittels meines schwer zu beschreibenden Fingerspitzengefühls, derart zutreffende Vorstellungen von Gegenständen zu gewinnen, wie sie mir die akkuratesten Beschreibungen nicht vermitteln könnten. Von den Meinungen anderer unbelastet, fällt es mir zudem leichter, Einschätzungen über die menschliche Natur zu fällen.

Holman reist nun über Aix zu einer berühmt-berüchtigten Hafenstadt, wo er sich wieder in seinem ursprüngliches Berufselement tummelt. In Marseille begeben sich viele der Einwohner früh am Morgen zum Bade in die Außenbezirke des Hafens, die Damen auf der linken Seite, die Herren auf der rechten. Wir wurden angehalten, diesem guten Beispiel zu folgen und genossen das köstliche Bad. Mit dem Boot wurden wir in ungefähr fünf Fuß tiefes Wasser gebracht, der Boden war mit feinem Sand bedeckt, und es wurden Leitern ausgeworfen, so daß wir bequem ins und aus dem Wasser steigen konnten. Ich zog es allerdings vor, vom Dollbord zu springen und einige Yards tief zu tauchen. Dann schwamm ich hinaus aufs Meer, zum Erstaunen meiner Freunde und jener anwesenden Fremden, die erst auf meinen Verlust des Augenlichts aufmerksam geworden waren, als ich ab und an hinüberrief, um mich nach der Position des Bootes zu erkundigen.

Wir sind auch verwundert – über seine Tollkühnheit, besonders aber über seine Schwimmkünste. In jenen Zeiten war es eher unüblich, daß Seeleute (und Exseeleute) des Schwimmens mächtig waren, fand man es doch barmherziger, daß diese im Fall eines Kenterns nicht lange vergeblich paddelnd um ihr Leben rangen, sondern sich eher ruckzuck dem standesgemäßen Tod durch Ertrinken ergaben. Aber wahrscheinlich verdankt

Holman diese Fähigkeit der am Elternhaus vorbeiströmenden Exe.

Per Schiff reist Holman nach Genua, eine Reise, die nicht frei ist von Zwischenfällen.

Die ganze Nacht über ging ein starker Wind, der gegen Morgen abflaute. Kurz nach Tagesanbruch lichteten wir die Anker, verließen den Hafen und segelten den Tag über gegen den Wind die Küste entlang. Gegen Abend frischte der Wind erneut auf, und es begann zu regnen. Als gegen acht Uhr der Wind zur alten Stärke zurückgefunden hatte, fand es der Kapitän klüger, für die Nacht Schutz zu suchen. Doch mittlerweile war es so dunkel geworden, daß unser Schiff vor einer kleinen unbewohnten Insel auf Grund lief. Die gesamte Mannschaft samt Kapitän schrie nun Zeter und Mordio, daß man meinen konnte, der Untergang unseres Schiffes stünde unmittelbar bevor. Es gelang uns, das Schiff gerade noch rechtzeitig an den Felsen der Küste zu vertäuen, ehe der Wind zu einem ungeheuren, von heftigem Regen begleiteten Sturm aufbrauste, der die ganze Nacht, den Tag darauf und eine weitere Nacht anhielt.

Ich war nun vollauf beschäftigt, jene italienische Begleiterin zu umsorgen, mit der ich eine Kajüte teilte und die, wie man sich vorstellen kann, fürchterlich beunruhigt war. Zu diesem Zweck legte ich meine Matratze auf den Boden, denn auf der Bank vor dem Fenster war sie zu sehr dem kalten Wind und dem Regen ausgesetzt, um noch ein erträgliches Schlaflager zu bieten. Unsere Kajüte war kein geschlossener Raum, vielmehr waren ihre Ausgänge zu beiden Seiten mit Leinwand versehen, um uns notdürftig vor dem Wetter zu schützen.

Endlich war meinen Versuchen, die Zuversicht der jungen Dame wieder herzustellen, Erfolg beschert. Sie vergalt sie mir reichlich mit ihrer fröhlichen Art und liebenswürdigen Konversation. Sterne* mag an Land acht Stunden lang mit einer

---

* Lawrence Sternes Held Yorick erlebt auf seiner »Empfindsamen Reise durch Frankreich und Italien« dieses und weitere halberotische Abenteuer.

Witwe von dreißig Jahren – die gelassen ein Regelwerk entwarf, damit ihr Benehmen schicklich blieb – in einem Raum eingesperrt gewesen sein, der halb so groß war wie unser kleines Schiff. Aber wie angenehm war seine Lage verglichen mit der meinen, zwei Nächte und einen Tag mit einer jungen Ehefrau von fünfundzwanzig Jahren – von der meine Phantasie annahm, sie wäre schön wie eine Huri* – in einer Schiffskajüte eingeschlossen, außerhalb der Hörweite einer menschlichen Seele. Die meiste Zeit schmiegten wir uns aneinander, um Wind und Kälte zu trotzen. Wie unsere Seeleute auf Expedition in den Norden machte es in diesem Zustand der Gefangenschaft keinen Unterschied, ob wir am Abend oder am Tag speisten. Auch war es für mich ebenso leicht, nachts unsere Vorräte aufzutischen wie tagsüber. Und was den Schlaf betraf, so genoß ich ihn während des Tages, da die Dame dann weit weniger verängstigt war als in der Nacht. Wann immer die See etwas fester ans Schiff schlug als gewöhnlich, rief sie voller Entsetzen: *»Monsieur! Monsieur! Nous sommes contre les rochers«*, und ich hätte in der Tat ein Herz aus Stein haben müssen, um ihr nicht nach besten Kräften beizustehen und Trost zu spenden. Tatsächlich waren die Beteuerungen meiner *animated tongue* ihr nicht weniger hilfreich als die Freuden meiner *lingua mortua*, die ihr zweifellos sehr wirksam Geist und Körper erhielten. Ich hatte nämlich bald anhand des geringen Gewichts ihres Korbes herausgefunden, daß die Vorräte für eine derart in die Länge gezogene Reise nicht ausreichten – oder wie es der Seemann ausdrückt: Ihr Brotbeutel war in Gefahr, in eine Flaute zu geraten.

Zwar war es Freitag, aber der Zustand meiner lieblichen Gefährtin verhinderte, daß sie einen fleischlosen Tag einhielt, und

---

* Die vielzitierten Jungfrauen, die im islamischen Paradies den Frommen Gesellschaft leisten. »Jenseits der Sterne im Paradiese ruhen auf weichen Polstern die *Huris*, die Charitinnen des Himmels, schwarzen Augs und unverwüstbarer Jungfräulichkeit«, erklärt der große Orientalist Joseph von Hammer-Purgstall in der Vorrede zu seiner Hafis-Übersetzung.

wenn es sich um *Vendredi saint* höchstselbst gehandelt hätte. Ich glaube, die Französische Revolution hat beträchtlich dazu beigetragen, den Aberglauben der katholischen Länder zu mindern. Ich hörte einmal einen französischen Offizier sagen, er für seinen Teil habe während des Krieges ausreichend Fastentage gehabt und könne keine weiteren ertragen, sondern müsse sich zur Wiedergutmachung der Fettlebe hingeben. Den Priestern gelingt es immer noch, daß sich viele Frauen, Kinder und Bedienstete nach ihren Vorschriften richten, aber die Männer haben es fast alle gewagt, sich von den Zwängen zu befreien. Dem Angehörigen der englischen Hochkirche sagen der knapp am Aberglauben vorbeischrammende Katholizismus und seine Riten überhaupt nicht zu; einige Wochen später ist Holman am Palmsonntag in Rom, weigert sich aber, über die Arrangements der Palmzweige oder gar die Anzahl der Küsse, mit denen die Hand des Pontifex bedacht wurde, zu schreiben.

Am Sonntag, kurz nach Tagesanbruch, linste die Dame durch einen Riß in der Leinwand, sah, daß sich das Schiff bewegte – die Bäume am Ufer glitten vorbei – und rief umgehend lauthals nach dem Kapitän. Wir schrieben ihre Schreie zuerst ihrer Angst zu, bemerkten dann aber bald, daß das Schiff samt Anker tatsächlich vom Ufer wegtrieb. Alle Mann wurden an Deck gerufen und der Anker eingeholt. Wir stellten fest, daß der Wind zwar kein Fahrwind war, doch stark genug, um segeln zu können, und im Laufe des Tages nahm er noch an Stärke zu. Bald hob der Wind so sehr an, daß die Besatzung Genua ansteuern konnte.

ITALIENISCHE IMPRESSIONEN

Der Genueser Wein des Landes wird im allgemeinen nicht für gut befunden, aber hervorragender italienischer und französischer Wein kann zu vernünftigen Preisen hier eingekauft werden. Man erwirbt ihn am besten und günstigsten im Hafen an

Bord eines Schiffes, verkostet die verschiedenen Qualitäten und wählt aus, was dem Gaumen mundet. Dann kann in beliebigem Umfang geordert werden, aber es ist ratsam, einen Träger mitzunehmen, der die Ware gleich abtransportiert, und selbige nicht aus den Augen zu verlieren, oder man läuft Gefahr, daß diese ausgetauscht wird.

In Florenz besuchte ich das Theater Cocomero und hörte den »Barbier von Sevilla«, eine so wohlbekannte Oper, daß es überflüssig ist, eine Beschreibung zu liefern. Aber ich kann nicht widerstehen, die außergewöhnliche Wirkung zu schildern, welche die Primadonna auf mich hatte. Ich hätte alles auf der Welt gegeben, um ihr hübsches Gesicht und ihre schöne Gestalt zu sehen; Ton und Ausdruck ihrer Stimme riefen jedoch in meinem Kopf eine genaue Vorstellung ihrer Person und ihrer Haltung hervor und den innigen Wunsch, über die Gabe des Sehens zu verfügen, stärker als ich ihn seit meiner Erblindung je verspürt hatte. Ich hörte, ich fühlte, ich sah oder stellte mir vor, daß ich sähe, alles was Worte, Gesten und Handlung ausdrücken konnten. Ich erhob mich, lehnte mich nach vorn und verspürte den kaum zu unterdrückenden Wunsch, auf die Bühne zu springen und mich zu vergewissern, ob meine Vorstellungen trügerisch waren oder der Wahrheit entsprachen. Und noch seltsamer, mein Verlangen zu sehen schien dem Wunsch zu entspringen, mir selbst vor Augen zu führen, daß ich nicht sehen konnte. Es mag dem Leser vorkommen, als überfrachtete ich diese Schilderung mit allzu lebhafter oder künstlicher Empfindsamkeit, aber ich kann versichern, daß diese nur einen Bruchteil des köstlichen Gefühls wiedergibt, das mich erfüllte.

Wir erreichten Ronciglione am Abend. Hier hatten wir das Vergnügen, *Mr John Bull** zu treffen, der erst vor kurzem aus Eng-

---

* Die englische Version des deutschen Michel.

land, jetzt aber frisch aus Rom gekommen ist, wo er sich mit den *Schöneren Künsten,* vulgo der Kunst des Essens und Trinkens befaßt hat, und sich nun via Florenz auf dem Weg zurück in seine Geburtsstadt London befindet. Er hat für sich und seinen Diener, *William Simple,* eine ähnliche Kutsche zur ausschließlichen Nutzung gemietet wie jene, mit der wir reisten. Sein Diener schien keiner anderen Sprache mächtig als jener, die seine Mutter für gut befunden hatte, ihm beizubringen, wohingegen Mr Bull nach drei Monaten Übung und der Hilfe eines Wörterbuchs genügend Italienischkenntnisse erworben hatte, um nach Gegenständen, die ihm gefielen, zu verlangen. Er beklagte sich laut über seinen italienischen Kutscher, *Antonio Mißlaunig,* der, entgegen der Versicherungen jener Person, von der Mr Bull in Rom die Kutsche samt Fuhrmann gemietet hatte, zwar alles tat, um es sich gutgehen zu lassen, aber nichts, was den Wünschen von Mr Bull selbst entsprach. Der arme Simple hatte zudem erst kürzlich sein Mißfallen erregt, da es ihm nicht gelungen war, sich ein Bett zu besorgen – ein Versäumnis, das er damit entschuldigte, daß er nicht wisse, wie er danach fragen solle. »Du Dummkopf«, erwiderte sein Herr, »geh die Treppe hinauf, such nach einem leeren Zimmer, schließ die Tür zu und steck den Schlüssel in deine Tasche.«

Obwohl der Ober zu beschäftigt war, um seiner Meinung nach Höflichkeit gegenüber den Gästen walten lassen zu müssen, wurde ich mit einem ziemlich guten Abendessen und einem Bett versorgt und war auch nicht ohne Bettgenossen. Wäre ich ebenso lebhaft gewesen wie diese, der Tanz von St. Vitus hätte keinem Vergleich mit meinen Verrenkungen standgehalten.

IM VATIKAN

Am 6. April 1820, einem Donnerstag, besuchte ich zum ersten Mal den Vatikan. Sein Museum ist jeden Donnerstag und Sonntag für die Öffentlichkeit zugänglich, aber es ist möglich, an jedem anderen Tag Zugang zu erhalten, ebenso es am Abend bei Fackellicht zu besichtigen, wiewohl diese nächtlichen Rundgänge seit kurzem auf zwölf Personen je Gruppe beschränkt sind.

Meine Gefühle beim Eintritt in dieses Museum, das die prachtvollste Bildhauerkunst der Welt beherbergt, waren weniger stürmisch als die eines Kunstliebhabers oder eines gewöhnlichen Betrachters. Nein, mir erging es anders als jenen, die beim Anblick einer solchen Sammlung der schönsten Statuen nicht wissen, welche sie zuerst oder am meisten bewundern sollen und für gewisse Zeit von der köstlichen Vielfalt verwirrt sind und diese als Ganzes betrachten, ehe sie ihre Aufmerksamkeit einem einzelnen Objekt widmen können. Wie anders waren meine Gefühle! Denn als mir gesagt wurde, ich befände mich inmitten dieser erlesenen Kunstwerke, war zwar meine Phantasie aufs äußerste angeregt und darauf ausgerichtet, den Ausfall der Sehorgane zu kompensieren. Aber letztlich war sie doch kaum fähig, mir die Eindrücke einer visuellen Begutachtung zu vermitteln. In Ermangelung dieser Eindrücke mußte ich der Reihe nach zu jeder Statue hingehen und einer lahmen Beschreibung ihrer Schönheit lauschen. Mir war nicht einmal vergönnt, die Kunstwerke durch Berührung zu inspizieren, befanden sich doch in jedem Saal Soldaten, die ein solches Vergehen verhindern sollten.* Wäre mir diese Art der Untersuchung erlaubt gewesen, wäre ich zweifellos ebensosehr befriedigt gewesen wie die Sehenden, denn der Tastsinn vermittelt mir eine ebenso klare oder zumindest zufriedenstellende Vorstellung von Form und, ich darf hinzufügen, Macht des künstlerischen Ausdrucks wie anderen der Sehsinn. Gelegentlich konnte ich die Statuen dann doch noch heimlich auf diese Weise untersuchen, denn man wies mich darauf hin, wenn mir die Soldaten den Rücken zuwandten.

---

* Oder wie es Ryan Knighton formuliert: »Was ich nicht berühren kann (...), existiert für mich nicht.«

Wochen später in der Statuensammlung von Count Therwaston in Rom sind ihm hingegen gewisse Handgreiflichkeiten erlaubt. Meine Freunde wollten wissen, ob mir der Unterschied auffallen würde, und legten in einem Saal meine Hand auf das Bein eines lebendigen Mannes, von dem gerade ein Abguß genommen wurde – ohne mich darauf aufmerksam zu machen, daß diese Statue lebende und nicht tote Materie war.

NEAPEL UND UMGEBUNG

»*Vedi Napoli e po mori*« lautet ein patriotisches Sprichwort dieses Landes*, in dem ich mich nun befand, denn die braven Einwohner bilden sich ein, daß nach einem Besuch in Neapel nichts auf der Welt mehr einen Blick wert sei. Ein weiteres Beispiel ihrer Voreingenommenheit kommt in folgender Ansicht zum Ausdruck: »Wenn ein Neapolitaner schlechtgelaunt ist, muß er nur einen Blick aus dem Fenster auf sein Vaterland werfen, und sein Wohlbehagen ist wieder hergestellt.«

Auch ich wurde bei meiner Ankunft der großartigen Schönheit gewahr und fühlte mich zugleich in Hochstimmung versetzt, da ich dieses *nec plus ultra* für europäische Reisende unbeschadet erreicht hatte.

Mein Freund C.** war so begeistert vom stattlichen Anblick des Aquädukts von Maddaloni, daß es uns nicht gelang, ihn zum

---

* Neapel hatte bis 1860 den Status eines Königreichs.

** Hier begegnet uns zum wiederholten Male eine im 18. und 19. Jahrhundert verbreitete Marotte – aus Gründen der Diskretion werden Protagonisten selten mit vollem Namen genannt, seien sie real oder fiktional wie beispielsweise die »Marquise von O…« (nicht zu verwechseln mit der 146 Jahre später erschienen »Geschichte der O«, in welcher es weitaus freizügiger zugeht als bei Kleist, auch wenn das Schicksal der Marquise nicht frei von Pikanterie ist). Diese Diskretion, so holpernd sie sich liest, wünscht man sich heute im Zeitalter des florierenden Datenhandels sehnsüchtig zurück.

Aufbruch zu bewegen, bis die Dunkelheit ein weiteres Verweilen unmöglich machte und wir nach Neapel zurückkehrten. Auf der Fahrt hatten wir einigen Grund, die Furcht unseres Kutschers vor einem Überfall ernst zu nehmen, denn als wir uns vier Meilen vor der Stadt befanden, wurden wir von drei Gesellen überrascht, die aus der Heide auftauchten. Sie folgten unserem Gefährt einige Zeit und begutachteten uns, als ob sie unsere Schlagkraft einschätzen wollten. Einer von ihnen versuchte sogar hinten auf die Kutsche aufzuspringen, aber mein Freund C. brüllte etwas auf Italienisch, woraufhin der Mann abließ und umgehend mit seinen Kumpanen verschwand. Es war natürlich unvorsichtig von uns, zu so später Stunde in der Gegend um Neapel unterwegs zu sein, denn auch wenn die Stadt von österreichischen Truppen geschützt wurde, war es doch wohlbekannt, daß etliche entlassene Soldaten und unzufriedene Bauern durch das ganze Land streiften.* Wir erreichten Neapel erst nach halb elf, und ich ging umgehend in meine Unterkunft und überließ es meinem Begleiter, den Fahrpreis mit dem Kutscher auszuhandeln. Diese Auseinandersetzung zog sich bis Mitternacht hin und endete damit, daß wir einen Taler mehr zahlten als gefordert. Schon früh findet sich in der Reiseliteratur der Topos vom Neapolitaner, der den Reisenden bis aufs letzte Hemd beraubt.

Mein Freund war übrigens unglücklicherweise taub und auch sonst bei schlechter Gesundheit. Es mag als seltsamer Zufall un-

---

* *Neapel sehen und sterben* klang zeitweise wie eine Rekrutierungslosung, so viele fremdländische Soldaten landeten im »zwischen Natur- und Völkerereignissen hin und wider getrieben(en)« Neapel (Johann Wolfgang von Goethe). 1707 besetzten während des Spanischen Erbfolgekriegs zum ersten Mal österreichische Soldaten die zur spanischen Krone gehörende Stadt. Anfang 1799 zogen französische Revolutionstruppen ein. Nach der Niederlage Napoleons sorgten Habsburger Truppen, finanziert von der Rothschild-Bank, für die Wiederherstellung der absoluten Monarchie im Königreich beider Sizilien. Etwas später unterdrückte das österreichische Militär auch noch das aufkeimende *Risorgimento*.

serer Zweierreisegesellschaft gelten, daß es mir am Augenlicht und ihm am Hörsinn mangelte. Dieser Umstand war einigermaßen drollig und erregte beträchtliche Heiterkeit bei jenen, die mit uns reisten, und so waren wir des öfteren Zielscheibe ihrer Scherze, an denen wir uns für gewöhnlich beteiligten und die wir manchmal sogar auf die Spitze trieben.

Am nächsten Tag folgten auf einen schönen Morgen gegen Mittag Wolken, und auf dem Rückweg vom Zollhaus, wohin ich einen Gentleman begleitet hatte, holte uns ein fürchterliches Gewitter ein, das von Regenstürmen begleitet wurde. Es gelang uns jedoch, Schutz zu finden. Bei dieser Gelegenheit vermißte ich mein Taschentuch – ob es nun vom unverschämten Wind oder vom flinkfingrigen Adel, von dem es in dieser Stadt nur so wimmelt, entwendet wurde, kann ich nicht sagen, obwohl ich dazu neige, letzteren zu verdächtigen. Dies war jedoch der einzige Verlust dieser Art, den ich auf meiner Reise erlitt.

Montag, der 4. Juni schien für mein Vorhaben, die Überreste von Pompeji zu besuchen, das ungefähr vierzehn Meilen von Neapel entfernt liegt, günstig zu sein. Mein Freund C. und ich mieteten ein *curriculo* oder Gig*, das uns an diesen Ort bringen sollte. Für diese Strecke zahlten wir nur zwölf Carlini**, was ungefähr vier Shilling entspricht, ruft man sich aber ins Bewußtsein, daß der Fahrer sich und sein Pferd für ein Achtel dieser Summe den ganzen Tag versorgt, wirkt dieses Entgelt nicht mehr verachtenswert.***

---

* Zweirädriger offener Einspänner.

** Neapolitanische Münze, wurde lt. der deutschen Numismatikkoryphäe Friedrich von Schrötter seit 1278 geprägt und war bis 1859 in Umlauf; sie trägt die Darstellung des englischen Grußes, die Jungfrau Maria geneigten Hauptes und Erzengel Gabriel einen Granatapfel haltend.

*** Sparsamkeit auf Reisen in allen Ehren – *a penny saved is a fare earned* in Abwandlung von Franklins schwäbischem Schottenspruch.

Wir verließen Neapel kurz vor sechs und erreichten, nach einem Frühstückshalt in Torre del Annunciata, gegen neun Uhr Pompeji. Unser Weg führte durch üppige Weinberge und mehrere Lavabetten – Überreste von Ausbrüchen des Vesuvs. Wir kamen durch die Stadt Torre del Greco, die 1794 durch eine dieser fürchterlichen Heimsuchungen zerstört wurde – und dennoch ist die Anhänglichkeit der verblendeten Bewohner dieses Ortes so groß, daß an selber Stelle eine neue Stadt entstand.

Wir betraten den Stadtrand Pompejis durch die Villa jenes Römers, dessen Skelett im Garten gefunden wurde, mit einer Börse Goldstücke in der Hand, mit der er wohl zu fliehen versuchte, als er vom überwältigenden Ascheregen aufgehalten wurde. Nachdem wir diese Außenbezirke, in denen uns mehrere Grabmale und Gefäße für die Asche der Toten auffielen, hinter uns gelassen hatten, gelangten wir durch ein antikes Tor in die Stadt selbst. Es ist weder einfach, die Gefühle zu schildern, die meine Seele bestürmten, als ich mich inmitten dieser imposanten Stadt befand, noch ihr eine so detaillierte Beschreibung angedeihen zu lassen, wie sie es verdient hätte. Unser Erkundungsgang unterschied sich jedenfalls von jenem, der gewöhnlich von den Cicerones eingeschlagen wird, die einen zuerst zum Amphitheater führen. Wir hingegen begannen mit jenen Dingen, mit denen Fremde normalerweise ihren Besuch beschließen, betrachteten das Amphitheater als letztes und arbeiteten uns so vom Kleinen zum Großen vor.

Wie sehr mir von allen Seiten auch ausgemalt wurde, welche Schwierigkeiten eine Besteigung des Vesuvs für mich bereithielte, mein Wunsch war so brennend, daß ich den Versuch sicherlich auch allein unternommen hätte, wäre ein Freund, Mr M., nicht so freundlich gewesen, mir seine Begleitung anzubieten. Ich erwartete mir von ihm allerdings, auf die Gefahr hin, für eitel gehalten zu werden, eher Unterhaltung und Beschreibungen denn Schutz und Führung.

Meine Freunde trachteten mich von diesem Unternehmen abzubringen und antworteten mir auf meine Frage, auf welche

Weise andere die Besteigung angingen: »Na ja, sie *sahen* ihren Aufstiegsweg.«

»Dann habe ich keine Zweifel, daß es mir möglich sein wird, den meinigen zu *fühlen.*« Ich gestehe, ich war verärgert, ständig auf Schwierigkeiten hingewiesen zu werden, von denen mir keine unüberwindlich schien. Auch gestehe ich Menschen, die sich nicht in der gleichen Lage wie ich befinden, nicht zu, eine Einschätzung abzugeben, welche Fähigkeiten jemand erwirbt, dem ein Sinn abhanden gekommen ist.

Wir verließen Neapel gegen fünf Uhr nachmittags mit der Absicht, den Berg im Mondschein zu sehen. Nachdem wir durch Portici gefahren waren, erreichten wir gegen sieben Uhr Resina, wo die Kutsche nach unserer Expedition auf uns warten sollte, um uns wieder nach Neapel zurückzubringen. Wir heuerten einen Führer aus dem Hause Salvatori an – diese Familie stellt die angesehensten Reisebegleiter zum Vesuv – und begannen unverzüglich mit dem Aufstieg.

Am Fuß des Vulkans stehen ständig mehrere Esel für jene zur Verfügung, die des Gehens nicht mächtig sind oder Erschöpfung fürchten; die Tiere können ihre Reiter zwei Drittel der Strecke bis zum Gipfel transportieren. Da ich aber eine genauere Vorstellung des Weges gewinnen wollte, entschlossen wir uns, zu Fuß zu gehen.

Wir gingen eine gut befestigte Straße entlang, bis wir ein Haus erreichten, das ungefähr auf halbem Weg zu einer Eremitage am Westhang lag. Wir rasteten dort kurz und erfrischten uns mit Wein und Wasser. Danach wurde die Straße allmählich schlechter und schließlich so beklagenswert, daß ich, hätte ich nicht bei früheren Gelegenheiten die erstaunlichen Fähigkeiten von Eseln und Maultieren erlebt, es für unmöglich gehalten hätte, daß die Tiere sie emporklettern konnten. Wir erreichten die Einsiedelei gegen halb neun, versorgten uns auf Vorschlag unseres Führers mit Wein und Brot aus den Vorräten des Einsiedlers und nahmen den mühseligeren Teil unserer Reise in Angriff. Der Weg wurde bald sehr weich, er bestand aus dem

Staub, der aus dem Krater gespuckt worden war, durchsetzt mit großen und scharfen Steinen aus derselben Quelle. Einige von ihnen waren von solch enormer Größe; hätten wir nicht um die erstaunliche Kraft des Elements Feuer gewußt, wir hätten es kaum für möglich gehalten, daß solche Brocken derart weit aus dem Inneren des Berges geschleudert werden.

Zu den größten Unannehmlichkeiten dieses Aufstiegs gehörten die Ascheteilchen, die sich in meine Schuhe mogelten und meinen Füßen solche Pein verursachten, daß ich mehrmals gezwungen war, die Schuhe auszuziehen, um die lästige Materie loszuwerden. Nachfolgenden Reisenden empfehle ich daher für den Aufstieg feste Lederstiefel.

Endlich erreichten wir den einzigen Teil des Berges, der zu diesem Zeitpunkt aktiv war und Flammen und Schwefeldampf ausstieß. Der Führer nahm mich beim Arm und geleitete mich zu einer Stelle, an der Feuer und Rauch aus den Rissen zwischen jenen Steinen drangen, auf denen wir gingen und die wir ständig unter unseren Füßen knacken hörten, als ob sie auseinanderbrechen und wir ins Innerste des Berges stürzen würden. Unweigerlich kam mir die erhabene Schilderung Vergils* in den Sinn. Uns vielleicht eher die erste von Goethes Vesuvbesteigungen im Jahr 1787, die sich in der »Italienischen Reise« findet: »Den 2. März bestieg ich den Vesuv, obgleich bei trübem Wetter und umwölktem Gipfel. Fahrend gelangt' ich nach Resina, sodann, auf einem Maultiere, den Berg zwischen Weingärten hinauf; nun, zu Fuß, über die Lava vom Jahre Ein und Siebenzig, die schon feines, aber festes Moos auf sich erzeugt hatte; dann an der Seite der Lava her. Die Hütte des Einsiedlers blieb

* Vergil hatte ein Faible für Vulkane (Vulcanus/Volcanus war der römische Gott des Feuers), im dritten Buch der »Aeneis« hat Ätna einen mächtigen Auftritt: Oftmal Graus und Gesteine, dem Schoß entrissen des Berges, / Bäumet er strudelnd empor, und geschmolzene Felsen zum Himmel / Drängt er mit dumpfem Gekrach und tobt aus dem untersten Grund' auf.

mir links auf der Höhe. Ferner den Aschenberg hinauf, welches eine saure Arbeit ist. Zwei Dritteile dieses Gipfels waren mit Wolken bedeckt. Endlich erreichten wir den alten nun ausgefüllten Krater, fanden die neuen Laven von zwei Monaten vierzehn Tagen, ja eine schwache von fünf Tagen schon erkaltet. Wir stiegen über sie an einem erst aufgeworfenen vulkanischen Hügel hinauf, er dampfte aus allen Enden. Der Rauch zog von uns weg und ich wollte nach dem Krater gehn. Wir waren ungefähr funfzig Schritte in den Dampf hinein, als er so stark wurde, daß ich kaum meine Schuhe sehen konnte. Das Schnupftuch vorgehalten half nichts, der Führer war mir auch verschwunden, die Tritte auf den ausgeworfenen Lavabröckchen unsicher, ich fand für gut umzukehren und mir den gewünschten Anblick auf einen heitern Tag und verminderten Rauch zu sparen. Indes weiß ich doch auch, wie schlecht es sich in solcher Atmosphäre Atem holt.

Übrigens war der Berg ganz still. Weder Flamme, noch Brausen, noch Steinwurf.«*

Ich muß zugeben, daß sich meine Phantasie an all den möglichen Unfällen entzündete, und doch ließ ich mich führen, mein Zutrauen von der Überzeugung inspiriert, mich in der Obhut eines achtsamen Führers zu wissen. Mein Cicerone schien höchst zufrieden und versicherte mir, es sei das erste Mal, daß sich ein Mensch, der das Augenlicht verloren hatte, dort hingewagt hätte. Er fügte hinzu, er sei sicher, dies würde den König sehr erstaunen, wenn er darüber aus dem Rapport erführe, der täglich die Personen, die den Berg besteigen, auflistet. Ein wei-

---

* Bei diesem ausführlichen Goethe-Zitat handelt es sich um eine Art nachgetragene Lektürerache, ermüdet doch Holman in seinen sieben Bänden den Leser des öfteren mit seitenlangen Auszügen aus Büchern anderer Autoren, die langatmig über das plaudern, was ihm zu sehen verwehrt wird oder sich in Statistiken ergehen, welche Pflanzen auf welchem Eiland wachsen und zu welchem Prozentsatz die jeweilige Ernte exportiert wird.

teres Verweilen war nicht möglich, da der Boden unter unseren Füßen zu heiß und der Schwefeldampf zu intensiv war. Auch war unser Fremdenführer der Meinung, er habe uns einen ausreichenden Eindruck von diesem Teil des Berges vermittelt, und so zogen wir uns auf eine festere und kühlere Position zurück. Zuvor hatte er jedoch meinen Gehstock in Richtung Flammen gehalten, welche die Eisenspitze schmelzen ließen und den unteren Part ankokelten. Ich bewahre ihn immer noch als Erinnerung auf.

Wir wurden nun zum Rand eines schmalen, nun erloschenen Kraters geführt, von dem aus ein Franzose, der mit der Unsterblichkeit des Empedokles konkurrieren und einen Tod zu sterben suchte, der einer großen Nation würdig sei, sich in den feurigen Abgrund gestürzt hatte. Der Cicerone führte meine Hand an genau jene Stelle, an der er zuletzt gestanden haben soll, ehe er übereilt die Ewigkeit ansteuerte.

Ich war erpicht, bis zum Trichter des höchsten und größten Kraters weiterzusteigen, aber unser Cicerone hatte Einwände, ja weigerte sich, uns dorthin zu führen, es sei denn, wir warteten bis zum Morgengrauen. Der Mond sinke schnell, so daß es dunkel würde, noch ehe wir den Trichter erreicht hätten. Folglich sei dieser Versuch mit höchstem Risiko verbunden.

Dies verhinderte die vollständige Erfüllung meines sehnlichen Wunsches, denn unsere Vereinbarungen in Neapel ließen es weder für meinen Freund noch für mich erstrebenswert erscheinen, bis zum nächsten Morgen zu verweilen. Es wäre auch nicht angenehm gewesen, hier einige Stunden ohne Verpflegung zu verbringen, vor allem da ich meinen Mantel in der Einsiedelei gelassen hatte und wir in dieser Höhe sehr froren.

Nachdem wir uns einige Zeit damit beschäftigt hatten, manche der riesigen, kalzinierten Felsbrocken zu untersuchen – manche von ihnen bildeten Würfel von zwanzig Fuß Seitenlänge –, die durch die vulkanische Kraft ausgespuckt worden waren, begannen wir unsere Schritte zur Klause hinabzulenken. Diese war, wie unser Führer uns mitteilte, vier Meilen entfernt, aber das muß eine übertriebene Schätzung gewesen sein. Als wir uns dem Haus nährten, trafen wir eine Gruppe, die den Berg bestieg, mit der Absicht, den Tagesanbruch abzuwarten, um dann bis zum Gipfel vorzudringen.

Wir bedienten uns nun reichlich an den Vorräten des braven Eremiten und genossen seinen Lacrimae Christi, sowohl den weißen als auch den roten – wogegen er keine Einwände hatte, da er doch erwartete, reichlich dafür entlohnt zu werden. Wahrscheinlich sind es ähnliche Gründe, die ihn bewegen, an diesem Ort zu leben. Der jetzige Eremit wohnt noch nicht lange hier; sein Vorgänger, ein sehr alter Mann, zog sich vor ein paar Jahren zurück, um den Rest seiner Tage im Schoß seiner Familie zu verbringen.

Die kreglen Klausner scheinen sich großer Attraktion erfreut zu haben – August von Kotzebue, der seinerzeit so populäre Dramatiker, hat den erwähnten Vorgänger 1804 getroffen und in seinen »Bemerkungen auf einer Reise aus Liefland nach Rom und Neapel« verewigt: »Ermüdet aber fröhlich kamen wir zu unserm freundlichen Eremiten zurück, und schlugen die Einladung, seine bescheidene Wohnung zu betreten, nicht zum zweytenmahl aus. Wir fanden ein Zimmer, dessen vollkommenster Schmuck ein ziemlich weiches Sofa war. Die Verzierung der Wände, wie sie jetzt war, möchte wohl nicht lange die nähmliche bleiben, ich eile daher, sie wenigstens hier auf dem Papiere fest zu halten. Ein geübter Mahler war vor kurzem da gewesen, und hatte mit Kohle über dem Kamin, in Lebensgröße, das gutmüthige Gesicht des Wirtes abkonterfeyt. Vermuthlich hatte er sich in der Gesellschaft von Lucian Bonaparte befunden; denn dieser, seine Gemahlin, und mehrere französische Gesichter, waren rings umher in großen Medaillons, gleichfalls mit Kohle, auf die Wand gezeichnet. Das neufürstliche Paar fand ich sehr ähnlich, wie auch den Eremiten; die Uebrigen kannte ich nicht.

Natürlich wird hier eine Art Stammbuch gehalten, in welches jeder, der zu den Wundern des Vesuvs, wenn auch nur bis hieher, wallfahrtet, seinen Nahmen verzeichnet, und sonst noch etwas Dummes oder Kluges, nach Belieben oder Vermögen, dazu schreibt. Hilf Himmel! welch' eine Suppe von Unsinn, auf der die Gedanken wie einzelne Fettaugen schwammen. Viele, sehr viele, hatte die leidige Empfindsamkeit ergriffen, (und das waren die fatalsten) die hatten sich nun lang und breit über die herrliche Aussicht und über den gewaltigen Vulcan expectorirt; Einer hatte sogar versichert, die Flamme habe ihn hold angeschauet. Andere hatten schlechte Späßchen und eckelhaften Witz in Wasserströmen von sich gegeben; Einer erzählte zum Exempel, sein pfiffiges Kammermädchen Lisette sey auf dieser Reise vom Esel gefallen. Ein Wunder, daß er uns nicht auch ihre Stellung beschrieben hatte. In allen Sprachen fand man hier dergleichen Allotria, doch muß ich beschämt gestehen, daß, beym flüchtigen Durchblättern, es mir so vorgekommen, als hätten die Deutschen das meiste dumme Zeug geschrieben; wenigstens affectirten sie die meiste Empfindsamkeit.

Indessen sind diese Bücher, in der öden Wohnung, in welcher sie gefunden werden, immer ein angenehmer Zeitvertreib für Leute, die eben nichts Besseres zu thun haben. Schade nur, daß die ältesten, schon voll geschriebenen Bücher nicht mehr vorhanden, sondern, ich weiß nicht wohin, abgeliefert worden sind. Jetzt ist nur Ein angefülltes zu durchblättern, das zweyte ist erst vor kurzem angefangen.

Der behagliche Eremit setzte uns Käse, Brod und recht guten *Lacryma Christi* von seinem eigenen Gewächs vor. Er schwatzte auch wohl recht gern, nur erstreckt sich sein Ideenkreis nicht über den Golf von Neapel hinaus. Das Interessanteste, was wir aus seinem Munde vernahmen, war die Beschreibung von drey Erdstößen, welche in der vergangenen Nacht seine Wohnung so sehr erschütterten, daß, wie er sich ausdrückte, ihm alle Zähne mitwackelten. Hierauf hatte sich eben ein neuer Schlund im Innern des Kraters eröffnet, und das Sausen und Brausen im Innern des Schlundes, welches schon gänzlich aufgehört hatte, ließ befürchten, daß die dießjährige Eruption noch nicht zu

Ende, sondern noch ein schreckliches Nachspiel zu erwarten sey. Wir konnten uns des egoistischen Wunsches nicht erwehren, daß der schwarze Vorhang der Hölle doch je eher je lieber wieder aufgezogen werden möchte.«

Die Lage der Einsiedelei ist wahrscheinlich nicht so gefährlich, wie man sich vorstellt; an die kleinen Eruptionen hat sich unser Klausner gewöhnt und sich von ihrer Harmlosigkeit überzeugt, und was die heftigeren betrifft, so geht ihnen eine Vielzahl von Vorboten voraus, die jenen, die ihnen ausgesetzt sind, als rechtzeitige Warnung dienen. Zudem ist unser Eremit kein einsamer Mensch, denn die vielen Gruppen, die seine Zelle besuchen, verschaffen ihm ein reges gesellschaftliches Leben. Er legte uns sein Buch vor, das die Namen jener verzeichnet, die ihn besucht haben. Wir konnten ihm entnehmen, daß sie aus allen Herren Ländern kamen, dazwischen fanden sich Bemerkungen in Reim und Prosa. Mein Freund war erpicht, daß ich mein Scherflein zu diesem Sammelsurium beitragen sollte, und da ich recht hochgestimmt war, die Schwierigkeiten bewältigt zu haben, die meine Freunde dazu bewegt hatten, mir von dieser Exkursion abzuraten, verfaßte ich folgenden Zweizeiler

Some, difficulties, meet full many;
*I find them not, nor seek for any.**

Es war dieses Buch, in dem der Franzose seine Absicht, sich umzubringen, niedergeschrieben hatte, es war ein Glück für seinen Führer, das er dies tat und ihn so von dem Verdacht befreite, etwas mit seinem Tod zu tun zu haben. Den armen Mann regte dieser Fall und seine Befürchtungen ob der Konsequenzen so sehr auf, daß er einen Fieberanfall bekam, von dem er sich immer noch nicht ausreichend erholt hatte, um das Bett verlassen

---

* Manche treffen auf Schwierigkeiten zuhauf, / Ich geh ungestört durch den Weltenlauf.

zu können. Der Eremit war leider nicht mit der französischen Sprache vertraut, sonst hätte die furchtbare Katastrophe vielleicht verhindert werden können. Das Buch wurde der Polizei übersandt, die fragliche Seite entfernt und einbehalten und Erkundigungen hinsichtlich der Umstände eingezogen.

Kurz darauf traf ich in Florenz einen Engländer, Mr H., der von Frankreich bis Neapel zusammen mit dem unglücklichen Mann gereist war und für geraume Zeit im selben Haus logiert hatte. Er erzählte mir, der Franzose sei ein Kaufmann aus Nantes gewesen, einem Ort, den er aufgrund seiner schlecht laufenden Geschäfte mit so viel Geld, wie er auftreiben konnte, verlassen hatte. Als die Summe aufgebraucht war, trieb ihn sein Elend in den Selbstmord, wobei er völlig außer acht ließ, daß er durch diese Art, den Sorgen im Erdental ein Ende zu setzen, seine Hoffnungen auf das Jenseits verwirkt hatte.

Während wir uns auf dem Berg befanden, traf eine Gruppe Österreicher ein, mit der Absicht, sich auf den Sofas niederzulassen, die der Eremit zu diesem Zweck bereitgestellt hatte, und bei Morgengrauen zum Krater aufzubrechen. Diese Vorgehensweise war wahrscheinlich besser als jene, die wir gewählt hatten.

Nach einer Stunde in der Klause gingen wir, da der Mond hinter dem Horizont verschwunden war, im Fackelschein nach Resina zurück. Gegen drei Uhr stiegen wir wieder in unsere Kutsche und erreichten um vier Uhr morgens Neapel.

Die Straße, die wir an diesem Nachmittag befuhren, war hügelig, schmal und uneben. Wir machten jedoch nur einmal kurz halt, um in Modane zu schlafen. Die Herberge war voller sardischer Soldaten, und wir ergriffen daher die Vorsichtsmaßnahme und ließen unser Gepäck in unsere Schlafzimmer bringen, denn meinem Freund C. wurde der Gurt von seinem Koffer gerissen, ehe er sich's recht versah. Wir hatten merkwürdige Schwierigkeiten, der Frau, die uns aufwartete, unsere Wünsche hinsichtlich des Gepäcks zu erklären. Mein Freund, der ein großes Sprachtalent war, versuchte vergebens, ihr unsere Vorstellungen verständlich zu machen, bis wir schließlich feststellten, daß sie taubstumm war. Sie besaß jedoch außerordentlichen Scharfsinn und verstand fast alles, was man ihr mittels Handzeichen erklärte. Hinterher bediente sie uns zuverlässig beim Abendessen und überwachte am nächsten Morgen den Transport unseres Gepäcks zur Kutsche.

BEIM BLINDEN BIENENFORSCHER IN GENF

Zu jenen Ereignissen, an die ich mit größtem Vergnügen zurückdenke, muß ich den höchst interessanten Besuch bei M. Huber in Genf zählen, der literarischen Welt bekannt durch seine präzisen Naturkundebeobachtungen, besonders seiner geduldigen und herausragenden Untersuchungen zu Gewohnheiten und Haushalt dieses nützlichen Insekts, der gemeinen Honigbiene.* Es gab zwischen diesem freundlichen Mann und mir eine Sympathie und ein Gefühl der Gemeinsamkeit, denn wir beide waren seit langem von allen Freuden des »Sehstrahls« ausgeschlossen. Vor vierzig Jahren, in der Blüte seines Lebens, hatte M. Huber das Pech, sein Augenlicht zu verlieren. Neben seinen überragenden Kenntnissen in Naturkunde ist er ein passionierter Mathematiker und ausgezeichneter Musiker.

Ehe wir uns persönlich kennenlernten, waren wir einander allerdings nicht völlig unbekannt, da wir auf Vermittlung von Dr. P. aus Edinburgh Briefe gewechselt hatten.

Wir logierten in M. Hubers Landhaus, eineinhalb Meilen von Genf entfernt. Wir trafen ihn an, als er allein durch seinen Garten wanderte, zu diesem Zweck hatte er entlang einer be-

---

* Der früh erblindete Schweizer Naturforscher François Huber (1750–1831), ein Schüler Charles Bonnets, entwickelte durch den Einsatz teilverglaster, aufklappbarer Bienenstöcke eine völlig neue Methode der Bienenforschung und gelangte mit seinem Hauptwerk »Nouvelles observations sur les abeilles« (1792; engl. Übers. 1806) zu beträchtlichem Ruhm.

stimmten Route eine Schnur gespannt, die ihm erlaubte, wenn er sich tief in Gedanken befand, sicher ausschreiten zu können.

Ungeachtet der großen Wertschätzung der öffentlichen und literarischen Persönlichkeit M. Hubers; die größte Zuneigung wird ihm im Schoß seiner Familie entgegengebracht: seine Integrität, Güte und Weltoffenheit haben ihm den Respekt und die Liebe aller gewonnen. Besonderes häusliches Glück war ihm in Gestalt seiner Gefährtin zuteil geworden. Wir hatten das Vergnügen, Madame H. vorgestellt zu werden, ihre Wesenszüge gereichen ihr zur höchsten Ehre. M. H. und sie hatten einander schon Zuneigung entgegengebracht, ehe er sein Augenlicht verlor. Nach seinem Unglück drängten ihre Freunde sie, ihn zu vergessen. Aber weder ihre Zuneigung noch ihre Herzensgüte ließen es zu, daß sie jenen Menschen, den sie in guten Tagen geliebt hatte, in schlechten Tagen verließ. Sie heirateten, und ihr wird nun die große Genugtuung zuteil, daß sie einem ehrenwerten Mann, mit dem sie nun seit langem höchst glücklich durch das Tal des Lebens schreitet, Unabhängigkeit schenkt.

Einer der Söhne von M. H. eifert dem literarischen Vorbild seines Vaters nach und hat sich durch einen Aufsatz über das Arbeitsverhalten der Ameise hervorgetan; eine Arbeit, die so wohlgeschätzt ist, daß sie in fremde Sprachen übertragen wurde.

M. Hubers Empfang war herzlich und schmeichelhaft, und nach einem viel zu kurzen Besuch war ich – voll unauslöschlichem Respekt und Ehrfurcht vor diesem wahrlich liebenswürdigen und unermüdlichen Philosophen – verpflichtet, mich loszureißen.

VOM BESETZTEN MAINZ DEN RHEIN ENTLANG

Mainz ist eine interessante Stadt, und die Rheinbrücke, die Befestigungsanlage und Spazierwege sind das Augenmerk des Reisenden wert. Es gibt mehrere Schiffsmühlen, die im Fluß vertäut sind und einen einzigartigen Anblick bieten. Zum Zeitpunkt unseres Aufenthalts war die Stadt von österreichischen, preußischen und Brandenburger Truppen besetzt.

Der Morgen erwies sich unseligerweise als kalt und regnerisch und natürlich nicht für eine Reise zu Wasser geeignet. Wir verließen Mainz um sechs Uhr in der Früh. Ungeachtet der Wetterunbilden war mein Freund höchst interessiert an der wunderschönen Uferlandschaft des prächtigen Rheins mit ihren Schlössern, Ruinen, Dörfern und malerischen Häuschen vor dem Hintergrund der Weinberge. Wir fuhren am Johannisberg vorbei, auf der rechten Seite gelegen, der für seine Weine hoch gerühmt wird.

Während wir in Bingen das Mittagsmahl einnahmen, zog der Großherzog Nikolaus von Rußland durch die Stadt, von den Emser Bädern kommend, auf seinem Weg zum Herzog von Nassau, dessen Schloß auf der rechten Rheinseite gelegen ist, ungefähr vier Meilen unterhalb von Mainz.

Unsere Speisegesellschaft bestand aus einer zusammengewürfelten Gruppe aus aller Herren Ländern, von denen einige Personen liebenswürdige, angenehme Menschen waren. Unter ihnen befanden sich, was beinahe schon ungewöhnlich ist, zwei oder drei gesprächige Deutsche sowie ein humorvoller alter Niederländer, dem mein Freund betreffs der besten Reiseroute nach Amsterdam viele Informationen entlockte. Wir waren geneigt, unsere Reise nach Holland mit diesem Mann fortzusetzen, um von seinem Wissen über Land und Leute zu profitieren. Ob seine Begleitung in allen Belangen hilfreich wäre, erschien uns allerdings ungewiß, denn auf dem Kontinent trifft man nur selten auf Mitreisende, die honett genug sind, einen vor den Betrügereien ihrer Landsleute zu warnen.

Ein höchst anschauliches Gegenbeispiel war uns allerdings gerade um diese Zeit zugestoßen. Ich habe häufig einen französischen Gentleman erwähnt, mit dem wir seit Bern reisten und für dessen freundliche Aufmerksamkeit und höfliches Benehmen wir bei einer Reihe von Gelegenheiten zu höchstem Dank verpflichtet waren. Eines Tages schlug ihm ein anderer Franzose, der ebenfalls mit uns reiste, vor, den Wirt der Herberge, in der wir speisten, anzuweisen, von C. und mir das Doppelte des vereinbarten Preises zu verlangen, so daß die beiden Franzosen nichts zahlen müßten. Unser Freund wies dieses Ansinnen äußerst indigniert zurück, teilte dem Mann mit, er sei eine Schande für sein Land, und das Verhalten solcher Schurken sei seinem Ruf in höchstem Maße abträglich.

Ich muß noch von einem anderen Mitglied unserer Gesellschaft erzählen, einem Uhrmacher mit einem Bündel Taschenuhren, von denen er uns einige zeigte. Seine Preise reichten von sechs Francs bis zwölf Louis d'or, einige unserer Gefährten kauften Uhren für sechs Francs. Warum er es sich erlauben konnte, zu solch niedrigen Preisen zu verkaufen, läßt sich nicht leicht erklären, ohne anzunehmen, daß er seine Ware gestohlen hatte. Er war ein höflicher Mann in mittleren Jahren und hatte fast ganz Europa bereist, vor allem war er der französischen Armee nach Rußland gefolgt, wo er viele Taschenuhren an die Soldaten verkaufte, im Austausch gegen Plündergut. Nach dem Essen setzen wir unsere Reise fort und kamen um halb neun in Koblenz an.

Einige unserer Reisegenossen empfahlen, Logis im *Pomme d'Or* zu nehmen, der sich jedoch als zweitklassiger Gasthof erwies. Später erfuhren wir, das Hotel *Drei Schweizer* sei für Reisende, die mit dem Treidelschiff weiterführen, geeigneter.

Am nächsten Morgen bildeten wir mit zwei Deutschen eine Reisegruppe und suchten die Bäder von Ems auf, die ungefähr drei Meilen entfernt auf der anderen Rheinseite lagen. Zu diesem Anlaß mieteten wir eine Kutsche, die uns über die bis dato schlechtesten Straßen transportierte.

Holman als umschwärmter Reisender

Die Badeanstalt ist vielleicht die größte der Welt. Das Hauptgebäude umfaßt 220 Fremdenzimmer zu unterschiedlichen Preisen, die Preislisten hängen an den Türen; es befinden sich dort ferner mehrere wunderschöne Speisesäle &c. Wir sahen in einem von ihnen eine Gesellschaft von nicht weniger als 300 Personen eine Mahlzeit einnehmen sowie kleinere Gruppen in den anderen Räumen. Im Parterre liegen elegante Läden und Bäder. In einem neuen Anbau befindet sich ein äußerst edles Kaffeehaus mit Räumen für Billard und Pharao*.

Die Landschaft hier ist überaus schön, eingerahmt von Bergen, die majestätisch bis in die Wolken ragen und bis zum höch-

* Faro, Pharo, Pharao, Pharaon: Glücksspiel, das mit zwei Paketen französischer Karten gespielt wird; besonders beliebt im rauhen Nordamerika des 19. Jahrhunderts, so beliebt, daß eine Stadt im kanadischen Yukon-Territorium den Namen Faro trägt und als Mahnmal für »wie tagsüber ersiebt, so abends verspielt« steht.

sten Gipfel in Weingärten gekleidet sind. Die Bäder gehören zum Besitz des Herzogs von Nassau, dessen Hauptstadt ungefähr eine Meile entfernt liegt.

Am 11. August verließen wir um sechs Uhr morgens Koblenz mit dem Treidelschiff. Unter den Mitreisenden, die uns am meisten interessierten, befand sich ein junger polnischer Gentleman, unzweifelhaft ein Mann aus guter Familie, der an einer der Universitäten am Rhein studiert hatte. Wir waren von seiner fröhlichen, geselligen Art und offenkundigen Großzügigkeit sehr angetan. Ihm lag sichtlich daran, Allgemeinbildung zu erwerben, und dies war wahrscheinlich der Grund für seine Reisen. Seine Kenntnisse des Französischen und Deutschen waren beträchtlich, und er sprach davon, demnächst Italien und andere Teile des Kontinents zu bereisen.

Um elf Uhr hielten wir eine Stunde, um das Mittagessen einzunehmen und legten kurz in Bonn* an, wo wir zur Unterhaltung einen Geiger an Bord nahmen, der unsere Ohren für mindestens drei Stunden mit einer Vielzahl der mißtönendsten Anstrengungen sowohl stimmlicher als auch instrumentaler Art plagte.

Nachdem wir in Bonn abgelegt hatten, kamen wir an einer großen, schönen Insel vorbei, auf der ein Nonnenkloster lag.** Gegen vier Uhr verwandelten sich die Hügel der Landschaft in

---

* Vorausschauend verhunzt Holman, dem so manche Eigennamenmißschreibung unterläuft, den Namen zu »Born« – der »Born« der Bundesrepublik.

** Es müßte sich um die »Liebfraueninsel« handeln, die im 19. Jahrhundert den Namen Nonnenwerth erhielt; auf ihr befindet sich ein Benediktinerinnenkloster, das allerdings 1802 säkularisiert wurde; 1822 mussten die letzten Nonnen das Kloster verlassen. Heute wird das Gebäude als Gymnasium genutzt, unter Trägerschaft der Franziskanerinnen von der Buße und der christlichen Liebe.
Die einzige Interpretationskrux liegt in der Lage der Insel – sie befindet auf der Reiseroute Holmans *vor* Bonn.

fruchtbare Felder. Gegen acht Uhr abends erreichten wir Köln und fanden Unterkunft im *Hotel de Mayence*. Hier stießen wir in den Zeitungen auf das erste Bulletin über die Erkrankung der Königin* sowie den Bericht über ihren Tod.

Wir hatten keine Zeit, Kirchen und andere interessante Gebäude in Köln zu besichtigen, von denen das Geburtshaus von Rubens zu den berühmtesten gehört. Hier wurde Holman mit unzähligen anderen Touristen genasführt, bei dem Haus Nr. 10 in der Sternengasse handelt sich nicht um Rubens' Geburtshaus – er wurde in Siegen geboren –, sondern um das Gebäude, in dem er seine Kindheit verbrachte. Auch die fliegende oder eher schwebende Brücke über den Rhein, die aus zwei riesigen Kähnen besteht, konnten wir nicht begutachten. Die Kahnbrücke ist mit Bohlen belegt und zur Vermeidung von Unfällen mit Geländern versehen, und soll breit genug sein, um mindestens tausend Menschen sowie Kutschen &c. auf einmal Platz zu bieten. Ein Anker in der Mitte des Flusses verhindert, daß sie den Strom hinabgetrieben wird. Beim Klang einer Glocke wird das Ganze in Gang gesetzt und von der Strömung, mit Unterstützung eines Steuerruders, auf die andere Seite transportiert. Dies wiederholt sich alle Viertelstunde.

Köln ist eine alte, graue Stadt mit vielen engen, schlecht gepflasterten Straßen. Jedermann weiß, daß sie für die Herstellung des beliebten Duftwassers, Eau de Cologne, berühmt ist. Ursprünglich gab es nur eine Manufaktur, die diesen Artikel produzierte**, aber die Nachfrage ist mittlerweile so angestie-

---

* Caroline Amalie Elisabeth von Braunschweig-Wolfenbüttel, Gemahlin von Georg IV. (der, ehe er seinem Vater Georg III. auf den Thron folgte, berüchtigtste aller Prinzen von Wales), starb am 7. August 1821 und war von geringer historischer Relevanz, es sei denn, man wollte ihre Verwicklung in einen Ehebruchsprozeß als bedeutsam erachten.

** Hierbei handelt es sich keineswegs um das Unternehmen 4711, sondern um die Firma Johann Maria Farina gegenüber dem Gülichplatz, deren Gründer 1709 das Kölnisch Wasser erfand.

gen, daß sich der Herstellung inzwischen zehn Betriebe verschrieben haben. Man teilte uns mit, daß hier eine Schachtel mit sechs Flaschen für sechs Francs verkauft wird. Wir hätten gern einige zum Nutzen und Frommen unserer lieben Freunde erworben, fürchteten jedoch, sie würden beschlagnahmt, und unterließen es. Ein Hoch auf Holmans Sinn für Gleichberechtigung bei seiner Abneigung gegenüber katholischen Gotteshäusern – da der Mainzer Dom keine Erwähnung findet, bekommt auch der in Köln keine Zeile ab. Oder lag es doch eher daran, daß der Dom zu Köln immer noch unvollendet im Stadtbild stand und statt der Kirchturmspitzen ein Baukran den Abschluß bildete?

Hier nahm nun unser liebenswürdiger französischer Freund, der uns seit Bern begleitete, von uns Abschied. Sein Name war M. Gérard Mignon, ein Weinhändler aus Reims und ehemaliger Hauptmann der französischen Armee. Er wollte über Aachen nach Brüssel reisen, wo ich mir später die Freude machen wollte, ihn wiederzutreffen.

Wir hatten vorgehabt, auf unserem Weg nach Amsterdam dem Lauf des Rheins so weit wie möglich zu folgen, mußten aber feststellen, daß es keinen regelmäßigen Schiffsverkehr gab, und nahmen statt dessen die Gelegenheit wahr, in einer Kutsche mitzufahren, die auf dem Rückweg von Berlin nach Kleve war. Jeder von uns zahlte für diese Strecke sechzehn Francs, und da die Reise zwei Tage dauern würde, hatten wir dann wohl ausreichend Zeit in diesem Land verbracht.

Um neun Uhr am Sonntagmorgen brachen wir in Köln auf und reisten den ganzen Tag auf tiefen, sandigen Straßen. Unser Kutscher war deshalb sehr um seine Pferde besorgt, alle zwei Stunden versorgte er sie mit Brot und Wasser. Er hatte sich vor Fahrtbeginn vorausschauend mit etlichen Laiben versehen – von denen wir zuerst meinten, sie wären für ihn gedacht. Wir aßen in einer Stadt namens Neuss und hielten zur Übernachtung in Krefeld, einer kleinen, aber ansehnlichen Stadt, die für ihre Seiden- und Samtmanufakturen berühmt ist.

AMSTERDAM

Nun kam der Augenblick, an dem mein Freund C. nicht mehr umhinkam, sich von mir zu trennen. Tag um Tag hatte er seine Abfahrt nach St. Petersburg verschoben, in der Hoffnung, eine bessere Reiseverbindung als die sich anbietende zu finden. Er wäre nämlich gezwungen gewesen, einen Teil seiner Reise über Wasser und einen Teil über Land zu bestreiten, letzteren beinahe eine Woche lang ununterbrochen, durch Wildnis und auf miserablen Straßen. Nun hatte er jedoch einige Aussicht, bis Hamburg in Gesellschaft eines Schweizer Geistlichen reisen zu können, der uns von Nimwegen bis Utrecht begleitet hatte. Aber er wurde enttäuscht, denn dieser Gentleman wußte nicht genau, wann er würde abreisen können, und angesichts des fortgeschrittenen Sommers und der Möglichkeit eines früh einbrechenden Winters fand es mein Freund unklug, die Abfahrt noch länger zu verschieben. Er beschloß daher, am Abend des 19. August, einem Sonntag, abzureisen, mit einem Schiff, das über die Zuiderzee nach Lemmer fuhr, wo er mit der Postkutsche oder dem Schiff nach Groningen weiterreisen würde und von dort aus weiter nach Bremen und Hamburg.

Am Sonntagmorgen besuchten wir die neue Kirche, deren Orgel die größte Europas sein und die berühmte in Haarlem übertreffen soll. Danach gingen wir zum Stadthaus, eines der prächtigsten europäischen Gebäude, dessen Grundstein 1648 gelegt wurde. Es besteht aus Sandstein, 288 Fuß lang, 235 breit und 116 hoch. Der große Saal ist 120 Fuß lang und 100 hoch. Wir bestiegen den Turm, von dem aus, wie mein Freund C. sagte, man einen überaus weiten, äußerst schönen Blick über die ganze Stadt samt Hafen sowie weit über Wasser und Land hat. Die Atmosphäre Amsterdams ist sehr dunstig und der Ort daher sehr feucht, ein Umstand, der rheumatische Erkrankungen fördert und verschlimmert – vielleicht die beste Ausrede für den allgemeinen Tabakkonsum, die sich finden läßt. Tabak als Heilmittel – o tempora, o mores.

Beim Abschied von meinem lieben Freund, mit dem ich auf dieser Reise mehr als 1400 Meilen gemeinsam verbracht hatte, vertrieben wir die Traurigkeit des Abschiednehmens mit der Aussicht auf ein baldiges Wiedersehen. Zum Glück blieb uns für nutzlose Bekümmernis wenig Zeit, denn als wir die Gracht erreichten, war das Boot im Begriff abzulegen und hier gilt die eherne Regel, auf niemanden zu warten. Sogar ein englischer Gentleman, der jeden Augenblick die Ankunft zweier Freunde erwartete, die ihn begleiten sollten, war gezwungen zurückzubleiben, da das Boot nach dem Läuten der Signalglocke keine Sekunde länger verweilen wollte. Mein Freund bedauerte dies sehr, denn er hatte sich bemüht, diesen Gentleman für mich zu interessieren, und ich hatte mir in der Tat einiges Vergnügen von seiner Gesellschaft versprochen. Nicht daß mein Herz unterdes französisch genug geworden wäre, um sich umgehend der Wärme einer neuen Freundschaft zu öffnen, nein! Ich zog es vor, in Erinnerungen an meinen liebenswerten Begleiter zu schwelgen, dessen Freundlichkeit und Fürsorge ich niemals, niemals vergessen werde.

Ich war nun wieder mir selbst überlassen und stellte bald fest, daß sich an Bord zwei junge Niederländer befanden, die Kenntnisse der englischen Sprache besaßen. Ihr Vater war Kaufmann, fand ich später heraus, der sich angesichts der derzeitigen schlechten Lage aus dem Geschäft zurückgezogen hatte, um die Früchte seiner früheren Arbeit zu genießen. Die Söhne hatten Englisch als notwendige Voraussetzung für ihre Pflichten im Betrieb ihres Vaters gelernt, da er hauptsächlich Geschäfte mit England abwickelte.

Haarlem liegt sieben Meilen von Amsterdam entfernt, und die Reise dauert beinahe drei Stunden. Ungefähr nach der Hälfte kamen wir in einem Dorf an, wo wir sowohl die Wasserstraße als auch das Boot wechseln mußten. Nach unserer Ankunft in Haarlem begleitete mich der Kapitän, nachdem er sich zuvor um seine anderen Passagiere gekümmert hatte, zum *Lion d'Or*, das mir empfohlen worden war. Ehe ich das Gasthaus betrat, war ich nicht wenig überrascht, daß sich die Tochter des Wirts auf englisch erkundigte, wo mein Freund sei. Als ich erwiderte, ich sei allein und er nach Hamburg weitergereist, bot sie mir an, mir behilflich zu sein und, falls ich nach Den Haag oder Rotterdam weiterreiste, mich mit Empfehlungsschreiben zu versehen, so daß mir in den jeweiligen Häusern jegliche Aufmerksamkeit zuteil werden würde. Natürlich wollte ich wissen, wie sie von meiner Person erfahren habe. Sie erklärte mir, ihr Vater sei gestern in unserem Gasthaus in Amsterdam gewesen und habe von meinem Vorhaben, Haarlem zu besuchen, erfahren und sie hätten nun nach mir, diesem ungewöhnlichen Reisenden, Ausschau gehalten.

RÜCKKEHR IN DIE HEIMAT

Der Samstagmorgen war sehr angenehm und der Wind günstig; um ein Uhr mittags nahmen wir an Bord des Postschiffes Abschied von Ostende und seinem Hafen. Das Schiff wurde von Captain Fox befehligt, mit dem ich vereinbart hatte, er möge mich in Margate an Land lassen. Der Wind, zuerst frisch, ließ allmählich nach, gegen Mitternacht wurde es windstill und neblig. Bei Tagesanbruch erhob sich eine leichte Brise, gegen elf Uhr lichtete sich der Nebel, und um zwölf wurde ich mit einigen anderen Passagieren in einen Logger gesetzt, der bald darauf mit uns in Margate anlegte.

Die unbeschreibliche Freude, mit der ich mein Heimatland nach so langer Abwesenheit begrüßte, wurde nicht wenig gemehrt durch die Verbesserung meiner Gesundheit, deren Wiederherstellung einer der Hauptgründe für diese Reise gewesen war.

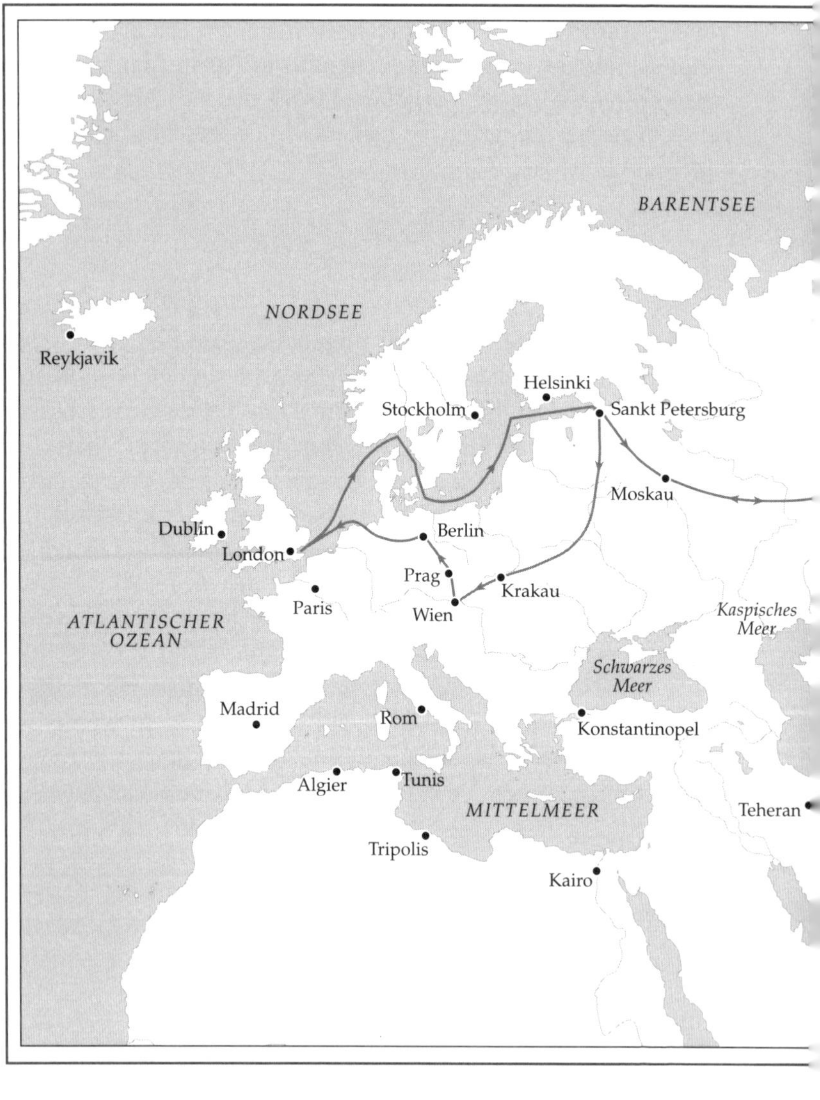
BARENTSEE
NORDSEE
Reykjavik
Helsinki
Stockholm
Sankt Petersburg
Moskau
Dublin
London
Berlin
Prag
Krakau
Paris
Wien
Kaspisches Meer
ATLANTISCHER OZEAN
Schwarzes Meer
Madrid
Rom
Konstantinopel
Algier
Tunis
MITTELMEER
Teheran
Tripolis
Kairo

ZWEITE REISE
RUSSLAND UND SIBIRIEN
(1822–1824)

To be blind is not miserable;
not to be able to bear blindness, that is miserable.
JOHN MILTON

Aufbruch nach Osten

Am 19. Juli 1822 ging ich in London an Bord der *Saunders-Hill*, eines von Captain Courtney befehligten Schoners mit Ziel St. Petersburg. Mein vorgeblicher Beweggrund war der Besuch des Russischen Reiches, der wahre Grund aber, sollten sich die Umstände als günstig erweisen, eine vollständige Weltumsegelung. Die einfache Erklärung, warum ich einen so wichtigen Plan verschwieg, liegt im Widerstand meiner lieben Freunde begründet, die stets geneigt waren, das zu unterdrücken, was sie unter meinen besonderen Umständen als Grillen ansahen. Ein Widerstand, der meinen sehnlichsten Wünschen in die Quere kam. Ach, wie wenig sind die so Urteilenden doch fähig, meine wahren Gefühle und Fähigkeiten zu erfassen; ich verspüre ein dringendes Verlangen, meinen Geist zu beschäftigen, handfestes Wissen zu erwerben und über Hindernisse zu triumphieren, die andere für unüberwindbar halten. Wenn der Verstand angemessen ausgerichtet ist, ruft die Beeinträchtigung eines Sinnes naturgemäß die Intensivierung der anderen hervor. In meinem Fall folgte dem Verlust des Augenlichts ein verstärkter

Wunsch nach Bewegung – auch wenn mich die Welt dafür nur wenig gerüstet hält, habe ich doch meine diesbezügliche Befähigung nie überschätzt. Kurzum, es gibt nur wenige Hürden, die durch menschliche Hartnäckigkeit nicht zu überwinden sind.

Nach einer vielstündigen Verspätung, der Abwesenheit des Kapitäns und anderen Gründen geschuldet, steuerte unser Schiff Gravesend an, das wir jedoch nicht vor sieben Uhr abends am folgenden Tag erreichten. Nachdem wir am nächsten Tag erst spät diesen Ort verließen, bekamen wir Gegenwind und ankerten um fünf Uhr mittags bei Lower Hope. Hier ereignete sich gegen Mitternacht ein Unfall, der zu einer lästigen Verzögerung führte. Ein großes und schwerfälliges Kohleschiff brachte es fertig, uns zu rammen. Dieser Zusammenstoß löste eine derartige Erschütterung aus, daß wir dachten, unser Schiff bräche auseinander; das Ankertau riß, die Galionsfigur löste sich und ein Teil unserer Takelage wurde weggerissen. Wir faßten uns jedoch bald wieder und warfen einen Ersatzanker aus.

Da dieser Unfall durch die Unachtsamkeit der anderen Partei verursacht wurde, beschloß unser Kapitän, sie zur Begleichung des entstandenen Schadens zu zwingen. Deshalb und um die nötigen Reparaturen auszuführen, mußten wir nach Gravesend zurückkehren – was um so lästiger war, als der Wind kurz darauf für unsere Weiterfahrt den Fluß hinab günstig gewesen wäre.

Während der Verwirrung, die dem Unfall folgte, konnte ich mich nützlich machen, indem ich das Steuer ergriff und die »Steuerbord«- und »Backbord«-Rufe des Kapitäns befolgte. Das Köstlichste war, daß er, bis die Schlacht geschlagen war, nicht ahnte, einen blinden Steuermann befehligt zu haben. Er hatte jemanden im Nachthemd gesehen (denn in diesem Aufzug hatte ich meine Koje während des Zusammenstoßes verlassen) und mich zuerst für seine Frau gehalten. Er war jedoch mit meinen nautischen Künsten so zufrieden, daß er es mir später erlaubte, das Schiff bei Windstärke 5 zu steuern.

Am 24., nachdem die Schäden an unserem Schiff repariert waren, verließen wir abermals Gravesend, und da der Wind frisch und die Gezeiten günstig waren, passierten wir bald die Flußmündung.

Meine Kajüte teilte ich mit dem Kapitän, seiner Frau und seinem Kind, einem kleinen Mädchen von ungefähr zwei Jahren, dessen quengelige Art seinen Eltern und mir keinen geringen Verdruß bereitete. Bald nachdem wir die offene See erreicht hatten, wurde die Dame seekrank; das Kind jedoch blieb verschont und weiterhin lästig.

Obwohl ich selbst nie die bedauerliche Erfahrung der Seekrankheit machte, wurde ich oft genug Zeuge ihrer Auswirkung, um mich der Einbildung hinzugeben, eine Reihe von Ratschlägen zur Verhinderung oder Milderung dieses Übels geben zu können. Ich äußere diese Empfehlungen in der Hoffnung, dem einen oder anderen leidenden Reisenden Linderung schaffen zu können.

Da ich glaube, daß diese Erkrankung im allgemeinen von einer übermäßigen Gallensekretion begleitet wird, erscheint es wünschenswert, bereits einige Tage vor Fahrtantritt die Verdauungsorgane zu schonen. Deshalb sollte die Ernährung einfach und reizarm sein und alles vermieden werden, was eine Magenübersäuerung hervorruft, gleichzeitig können zur Reinigung des Gallentraktes ein, zwei kleine Dosen Kalomel eingenommen werden. Die persönlichen Lebensmittelvorräte bestehen am besten aus einfachen, ungesüßten Keksen, magerem Schinken, abgehangenem Rindfleisch und ein wenig gutem Brandy; Zunge, Butter, Honig und Zuckerwerk sollten vermieden werden. Nachdem der Reisende das Schiff betreten hat, sollte er sich ruhig verhalten und unter keinen Umständen, wie gut er sich auch fühlen mag, Spaziergänge auf Deck unternehmen, die Umgebung oder die Takelage des Schiffes betrachten, bis er sich an die Bewegungen desselben gewöhnt hat. Er sollte seine Gedanken soweit als möglich von den Schiffsbewegungen ablenken, indem er sich mit einem kurzweiligen Gegenstand beschäftigt. Die erste Mahlzeit sollte besonders karg ausfallen, sowohl hinsichtlich ihrer Qualität als auch ihrer Quantität. Handelt es sich um das Frühstück, sollte dieses aus einer einzigen Tasse Kaffee oder Tee bestehen, mit nur wenig Zucker und ohne Milch, begleitet von einem Keks oder einem Stück trokken Brot. Wenn der Hunger zwischen Frühstück und Mittagessen zu dringlich wird, kann er mit etwas Brandy mit Wasser oder einem Glas Sodawasser gelindert werden. Beim Mittagessen ist das beste Essen ein wenig gesottenes oder gebratenes Fleisch ohne Fett oder Sauce, mit einer gekochten Kartoffel oder Brot. Von Gemüse, das viel Zucker enthält, sollte Abstand genommen werden. Als Getränk können Sie ein wenig Brandy mit Wasser oder Sodawasser zu sich nehmen. Falls Wein gewünscht wird, sind Madeira oder Teneriffa* den anderen Sorten vorzuziehen. Am Abend kann wie am Morgen Tee oder Kaffee eingenommen werden, und wenn Sie sich zur Ruhe legen wollen, lassen Sie Vorsorge treffen, daß Sie ausreichend frische Luft haben, denn die dumpfe Kajütenluft gehört zu den Hauptauslösern dieser Indisposition. Wenn sich dennoch Symptome der Seekrankheit zeigen, würde ich beim ersten Anzeichen, wenn möglich an Deck – wegen der frischen Luft – eine horizontale Lage einnehmen und gelegentlich, besonders aber nach jedem Erbrechen, ein wenig Sodawasser zu mir nehmen. Wenn Sie diese Anweisungen befolgen, kann während der Reise ein Anfall vermieden oder zumindest beträchtlich gemildert werden.

Um drei Uhr am Nachmittag des 10. Juli näherten wir uns dem Wachschiff vor dem Hafen von Kronstadt, das einen Schuß abfeuerte, um uns hier zur Ankerlegung zu zwingen. Der Kapitän hätte dies allzugern vermieden, da ein starker Sturm ging, und

* Der Überbegriff Teneriffa hat den Zeitengeschmack nicht überdauert, auch wenn heutzutage durchaus schmackhafter Wein (vor allem Rotwein) von der Kanareninsel kommt, allerdings viel frischer und trockener als die süßen Weine von damals.

er fürchtete, der Liegeplatz könnte den Verlust seines Schiffes bedeuten. Er mußte sich jedoch fügen, mit dem Ergebnis, daß die erste Ankerkette riß und das Schiff mit dem zweiten Anker beinahe ans Ufer trieb. Dieses Unglück wäre der völligen Gleichgültigkeit des befehlshabenden Offiziers zuzuschreiben gewesen. Schließlich beruhigte sich das Wetter, und wir konnten sicher ankern.

Früh am nächsten Morgen stattete uns das Wachboot einen Besuch ab, seine Mannschaft im Zustand offensichtlicher Berauschung – dank ihrer vorangegangenen Besuche auf anderen Schiffen, wo sie unweigerlich erwartete, mit alkoholischen Getränken bewirtet zu werden. Ein Benehmen, das sich sehr von dem der britischen Wachschiffmannschaften unterscheidet.

Unser Kapitän war nicht geneigt, zu ihrer weiteren Erheiterung beizutragen, aber sobald die Offiziere in die Kajüte gedrungen waren, verlangten sie, ihre Mannschaft sei mit Brandy zu versorgen. Unserem Kapitän wurde bedeutet, er müsse für den Schuß zahlen, der über unser Schiff abgefeuert worden sei; dies sei eine Sonderzulage für den Kapitän des Wachschiffes. Ich müßte mich jedoch sehr täuschen, wenn der Schuß wirklich über unsere Köpfe hinweg gefeuert worden wäre. Mag es nun sein wie es will, es ist schlimm genug, für das Instrument aufzukommen, das für die eigene Strafe verantwortlich ist, wie ein Schuljunge, dem die Rute, die ihn kitzelt, berechnet wird.

VON KRONSTADT NACH ST. PETERSBURG

Wir wurden nun einige Zeit durch das notwendige Procedere am Zollhaus aufgehalten, ich zog es solange vor, an Bord des Schiffes zu bleiben, statt eines der Gasthäuser von Kronstadt aufzusuchen, die nur um weniges besser als Bierstuben sein sollen. Es war mir nicht erlaubt, nach St. Petersburg weiterzureisen, bis mein Paß entsprechend bearbeitet war, ein Vorgang, der nicht weniger als 24 Stunden in Anspruch nahm. Am nächsten Nachmittag wurde ich jedoch aufgrund der höflichen Einladung von Reverend Mr B., einem ortsansässigen englischen Geistlichen, an Land gelassen. Er hatte von mir aus der Presse erfahren. Unser Kapitän und seine Frau begleiteten mich, und wir besuchten ein großes Geschäft, in dem uns Tee angeboten wurde, mit Zitronensaft als Sahneersatz, wie es hier zur Fastenzeit Sitte ist. Danach hatte ich das Vergnügen, einen sehr erfreulichen Abend in Gesellschaft von Mr B. und seinen Schwestern zu verbringen. Ich kam nicht umhin, eine Eigentümlichkeit beim Tee zu bemerken, der schmeckte, als sei er aus Kräutern gemacht. Er war von guter Qualität, aber mit den Blüten eines chinesischen Strauchs aromatisiert (*olea fragrans*, von den Chinesen *quai-fa** genannt), von denen eine kleine Menge oben in jede Teekiste gelegt wird. Der Tee wird dementsprechend »Blumentee« genannt und von den Russen besonders geschätzt.

Mr B. war so freundlich, mich zur Zeit des Gottesdienstes in eine griechische Kirche mitzunehmen, sowie anschließend zu seiner neuen Kapelle, die noch nicht fertiggebaut war, aber später eine äußerst wichtige Einrichtung für die zahlreichen britischen Seeleute sein wird, die in diesen Hafen einlaufen. Am Abend kehrte ich an Bord zurück.

Am nächsten Morgen ging ich abermals an Land, um unserem ehrenwerten Konsul, Mr Booker, einen Besuch abzustatten, dessen rohrgeflochtenes und mit Leder bezogenes Rettungsboot ich untersuchen durfte. Es besitzt über seine gesamte Länge zwei Kufen, mit denen es möglich ist, den Finnischen Meerbusen entweder auf dem Wasser oder auf dem Eis zu überqueren, je nachdem wie es die Umstände erfordern. Mr Booker, dessen Haus ein wahrer Tempel der Gastfreundschaft ist, lud mich freundlicherweise ein, den Rest des Tages mit ihm zu verbringen, da aber mittlerweile mein Paß fertig war, wollte ich umgehend nach St. Petersburg weiterreisen.

---

* Auf deutsch schlicht »Duftblüte« oder »Süße Duftblüte«.

Um fünf Uhr unternahm ich mit einem Dampfboot die Reise in das ungefähr fünfzehn Meilen oder zweiundzwanzig russische Werst von Kronstadt gelegene St. Petersburg. Für die Überfahrt zahlte ich fünf Rubel*. Mir wurde jedoch nicht erlaubt, mein Gepäck mitzunehmen, es sei denn, ich hätte einen Zollbeamten bezahlt, der als Begleiter desselben fungierte. Ich begnügte mich daher mit dem Notwendigsten für die nächste Zeit und ließ den Rest mit der Fracht unseres Schiffes zum Zollhaus von St. Petersburg befördern.

Auf dieser kurzen Fahrt hatte ich das Glück von einem der Beamten Mr Bookers begleitet zu werden, der mich bei unserer Ankunft in der Hauptstadt gegen acht Uhr freundlicherweise mit einer Droschke versorgte und mich zum Aufenthaltsort meines guten alten Freundes Mr C-l-b-k brachte, jenes Gentlemans, den ich so häufig in meinem Bericht über meine Reise durch Frankreich und Italien erwähnte. Als ich in St. Petersburg eintraf, erfreuten sich unser Botschafter und Konsul, ebenso wie der größte Teil der englischen Kaufmannschaft, ihrer Sommersitze, die ungefähr fünf bis fünfzehn Meilen außerhalb der Stadt lagen. Dank der freundlichen Vermittlung meines Freundes C. und der vielen Empfehlungsschreiben, mit denen ich versehen war, gelangte ich in den Genuß zahlreicher Einladungen, so daß ich binnen kurzem in den fröhlichen Trubel dieser lebhaften Metropole und ihrer Umgebung eintauchen konnte. Meine einzige Sorge war, einen Diener anzustellen, doch ich hatte das große Glück, einen intelligenten russischen Jüngling von achtzehn Jahren zu finden, der gut Französisch sprach und als Dolmetscher bei meinen diversen Transaktionen mit seinen Landsleuten fungieren konnte.

Am 17. August hatte ich das Vergnügen, Gast des Englischen Klubs sein zu dürfen. Nach dem Mittagsmahl zogen sich einige

---

* Der russische Rubel entspricht dem französischen Franc und somit (abhängig vom aktuellen Tauschkurs) zehn englischen Pence.

Holman mit Noctograph, einen leeren Globus betastend (Frontispitz zu »Travels«)

Mitglieder zum *bowling-green** zurück, und ich war eitel genug, den Versuch zu wagen, an ihrem Spiel teilzunehmen – wobei sich herausstellte, daß kein großer Unterschied bestand zwischen jenen, die sehen, und jenen, die *nicht* sehen konnten. Eine durchaus stolze Leistung von Holman, sich ohne Hilfsmittel in diesem Spiel wacker zu schlagen. Die blinden Kricketspieler im heutigen New Delhi, die jeden Mittwoch zu Training antreten, haben es da schon leichter. Plastikummantelte Kugellager kullern klappernd aus der Hand des Werfers über den Rasen, das Geräusch verrät dem Batter, wohin er seinen Schläger halten muß. Aber nicht nur in Indien wird zum Blind Cricket angetreten, mittlerweile werden in dieser Disziplin sogar Weltmeisterschaften ausgetragen.

Donnerstag, der 27., war ein Tag großer Freude für mich, denn ich hatte die Ehre, *à la cosaque* mit dem berühmten General Jefremow zu speisen, im Dorf, das als Quartier für die Kosakentruppen fungierte, die in St. Petersburg stationiert waren, und welches ungefähr eine Meile hinter dem Newski-Kloster liegt. Unsere Gruppe wurde vom General aufs herzlichste empfangen. Ich war, glaube ich, der einzige Fremde, aber seine höfliche Aufmerksamkeit verbannte bald alle Reserviertheit. Er besaß sogar die Güte, mir seinen Helm und eine Reihe anderer Gegenstände zu reichen, von denen er annahm, sie könnten mich interessieren. Er ließ auch einige seiner Soldaten hereinführen, damit ich ihre Uniform und ihre Ausrüstung untersuchen konnte. Wie erfreulich, derartige Aufmerksamkeit von solch einem Mann geschenkt zu bekommen, und wie ungerecht, eine Nation als barbarisch zu bezeichnen, die einen Menschen hervorbrachte, der, vom Rang eines einfachen Soldaten aufgestiegen, einem offensichtlich glücklosen Individuum wie mir so viel Feingefühl entgegenbrachte.

---

* Ein Spiel im Freien, das Boccia oder Boule ähnelt und bei dem der Spieler versucht, seine Kugeln so nah wie möglich an die Zielkugel zu rollen.

Ehe das Mahl angekündigt wurde, hatten wir Gelegenheit, unseren Appetit mit Kaviar, Don-Dörrfisch, Käse &c. anzuregen, begleitet von Brandy und anderen Spirituosen, einschließlich eines seltsamen Getränks, das im Land der Donkosaken hergestellt und in das Birkenknospen eingelegt werden – es ist so bitter, daß einem beinahe übel wird.

Endlich wurde das Mittagessen serviert – in umgekehrter Abfolge als ich es gewohnt bin. Der erste Gang bestand aus gepökeltem Rindfleisch, gefolgt von Stör, dem wiederum eine Suppe folgte. Danach hatten wir Eintopf und Wild, gebratenes Fleisch bildete den Abschluß.

Es bleibt zu hoffen, daß Holman unter Kosaken seinem eigenen Eßrhythmus folgen konnte, denn bei anderen Diners in Rußland konnte es ab und an ungemütlich zugehen.

Die Russen legen bei ihren Mahlzeiten solche Eile an den Tag, daß selten Zeit für Konversation bleibt. Oftmals wurde mein Teller abgetragen, nachdem ich die Gabel lediglich kurz niedergelegt hatte, um denen einen oder anderen der Tischgesellschaft anzusprechen. Da es allerdings viele aufwartende Diener gibt, wurde der Teller so schnell auf der einen Seite abgetragen wie von der anderen Seite ein neuer an seinen Platz gestellt wurde. Mir entging dieser Wechsel meist, so daß ich sehr überrascht war, *nichts* auf meinem Teller zu finden. Gläser scheinen gottlob von diesem fliegenden Wechsel verschont geblieben zu sein. Und Gläser kamen bei der Tafel des Kosakengenerals reichlich zum Einsatz.

Wir hatten eine Vielzahl von Weinen, darunter französische und Madeira, aber diese wurden zugunsten der gefälligeren von den Gütern des Generals im Donland vernachlässigt. Die meisten dieser Weine waren sehr süß und schäumend, wie Champagner oder Cider, angenehm im Geschmack, aber zugleich sehr gefährlich und angelegen, einem am nächsten Tag Kopfschmerzen zu verursachen, wenn man ihnen zu sehr zusprach, vor allem dann, wenn sie, wie dies hier Sitte ist, aus Bechern getrunken werden. Dieser Art der Becherei begegnet

Holman auch im *German Club-House* St. Petersburgs, wo nicht nur eine enorme Vielzahl von Zeitungen bereitliegt, sondern auch bei ganz normalen Mittagessen die Champagnerkorken zahlreich durch die Luft schwirrten.

Sobald die Mahlzeit beendet war, begaben wir uns zum Kaffee in den angrenzenden Raum; eine Stunde später wurde die höchst opulente Nachspeise aufgetragen. Die Gläser wurden nun wieder reichlich gefüllt, und da es kein Entrinnen vor des Generals Aufmerksamkeit gab, fürchte ich, nur wenige der Gäste konnten hoffen, der Strafe des folgenden Morgens zu entkommen. Unser braver Gastgeber war die Seele dieser Gesellschaft, und ich konnte mich nicht erinnern, je einen anregenderen und glücklicheren Tag erlebt zu haben.

Während wir Wein tranken, rannten gelegentlich Kosakenkinder ins Zimmer, von denen ich eines, ein ungefähr drei Jahre altes Mädchen, in meine Arme nahm und einen Schluck Wein trinken ließ, der ihm offensichtlich so sehr mundete, daß es mich nur ungern wieder verließ.

Das Ungewöhnlichste des Tages stand jedoch noch aus. Ein Dutzend strammer Kosaken betrat nun den Raum und fing an, uns mit ihren Volksliedern zu unterhalten. Nach einer Weile griffen sie sich plötzlich einen aus unserer Gesellschaft, legten ihn auf ihre verschränkten Arme und fingen an, ihn in die Luft zu werfen, ließen ihn dergestalt zu ihrer Melodie tanzen. Dieser Vorgang wurde nach und nach mit allen Anwesenden durchgeführt, er gilt als große Ehre, die mit einem kleinen Geldgeschenk erwidert wird. Nur ein Mitglied unserer Gesellschaft entkam diesem Lufttanz: ein Kammerherr des Zaren, der so massig war, daß die Donamateure sich scheuten, mit seiner Person Schabernack zu treiben.

Die Befriedigung, die ich ungeachtet meines Sehverlustes aus der mehrmaligen Betrachtung der verschiedenen Sehenswürdigkeiten zog, die St. Petersburg bietet, läßt sich nicht beschreiben. Der Leser wird sich wahrscheinlich fragen, wie ich unter diesen Umständen überhaupt zu einer zutreffenden Vorstellung dieser Sehenswürdigkeiten kommen konnte. Da dies ein oft geäußerter Einwand ist, mein gesamtes Reisevorhaben betreffend, werde ich diese Gelegenheit ergreifen, um mich zu erklären und zu verteidigen.

Die verschiedenen Sinnesorgane sind die bloßen Instrumente, mit denen die Eindrücke unbekannter Gegenstände an das Hirn übermittelt werden, das dann darüber sinniert und Schlüsse über das Wesen dieser Gegenstände zieht. Die so erzielten Folgerungen sind folglich bloße Ansichten und beinhalten doch alles, was wir über Aussehen, Form und Eigenschaft all jener Dinge, die uns fremd sind, erfahren. In diesem Sinn ist unser ganzes Wissen über die äußere Welt erdacht. Da diese Vorstellungen über fremde Dinge im Kopf ausgelöst werden, spielt es keine Rolle, durch welchen Sinn diese Vorstellungen übermittelt werden, über den Sehsinn, den Tastsinn, den Hörsinn oder welchen Sinn auch immer. Es ist bemerkenswert, mit welcher Nonchalance Holman in dieser Passage den Empirismus, die heißgeliebte Ersatzmetaphysik der Briten, auf die Spitze treibt, um sein Projekt zu rechtfertigen. Zudem sind seine ophthalmologischen Erklärungen nicht weit von der Auffassung heutiger Wissenschaftler entfernt, die davon ausgehen, daß Sehen im Gehirn zustande kommt. Das Auge erzeugt nur die notwendigen Impulse, die das Gehirn in Bilder übersetzt. Auch wenn das Auge für diesen Zweck im allgemeinen am geeignetsten ist, wird es doch von allen anderen Sinnen unterstützt oder, wenn kein Blick möglich ist, durch sie ersetzt, und es ist wohlbekannt, welche Kräfte diese unter derartigen Umständen entwickeln. Es wird aber darauf gedrängt werden, daß ein auf diese Art erworbenes Wissen als nicht völlig verläßlich gewertet werden kann. Das gebe ich zu, aber das hat auf das letztendliche Resultat hinsichtlich der Empfindung der jeweiligen Person keine Auswirkung. Ein Mensch, der nicht mehr über alle Sinne verfügt, kann also zum gleichen Eindruck kommen wie einer, der ihrer noch mächtig ist – dank seiner Vorstellungskraft und der Erinnerungen, die vor dem Verlust des betreffenden Sinnes erworben wurden. Daher verschaffen mir die Eindrücke von jenen Ländern, durch die ich reise, unbeschreibliches Entzücken. Ich habe vielleicht gar noch einen anderen Vorteil – meine Aufmerksamkeit richtet sich auf die prächtigeren und interessanteren Eigenschaften, die minderen werden entsprechend weniger beachtet.

Der Leser wird wahrscheinlich nun die Art und Weise verstehen, wie ich zu dem gelange, was vielleicht die beste Kenntnis der von mir besuchten Orte zu nennen wäre. Von einem klugen Freund oder Reiseführer begleitet, untersuche ich jeden interessanten Ort, berühre, was mir zu berühren erlaubt ist, lausche allen Informationen, verbinde das so erworbene Wissen über den jeweiligen Gegenstand mit meiner Vorstellungskraft und forme in meinem Kopf ein Bild, das einen starken Eindruck der Wirklichkeit vermittelt und meinen Zwecken so gut entspricht, beinahe als ob ich es gesehen hätte. Inwiefern meine Beschreibungen dieser Bilder mit den Merkmalen der Gegenstände tatsächlich übereinstimmen, muß ich dem Urteil anderer überlassen.

IN DER EREMITAGE

In einer schmalen Nische zwischen zwei Räumen steht die prächtige Napoleonstatue von Canova*, von kolossaler Größe, die das Schmuckstück der Kunstakademie ist. Ursprünglich war sie für die Stadt Hamburg bestimmt, von dort aus wurde sie nach St. Petersburg gesandt, wo sie zwei Jahre im Lagerhaus eines russischen Kaufmanns verbrachte.

* Antonio Canova (1757–1822), italienischer Bildhauer; es müßte sich um *Napoleon als Mars, der Friedensstifter* handeln, eine Statue aus carrarischem Marmor, die heute in Apsley House, London wohnt, samt Feigenblatt und lässig über den Arm geworfenem Umhang.

Der Sockel der Statue war so hoch, daß ich mit der Hand nur bis zu den Knien der Figur reichen konnte, aber das genügte, um mich von ihrer erlesenen Machart überzeugen zu können. Die Kniescheibe, die Wadenmuskeln, die Knöchel, die Anspannung der Zehen, ausgelöst durch das Gewicht des auf ihnen ruhenden Körpers – all das war einzigartig, hatte der Meißel großartig in den Marmor geschrieben. Die Berührung erfüllte mich dergestalt, daß ich nur unter Schwierigkeiten meine Hand davon lösen konnte. Wäre das Bein mit echtem Schuh und Strumpf bekleidet gewesen, ich hätte es für lebendig gehalten.*

EIN RUSSISCHES BLINDENHEIM

Naturgemäß war ein Besuch im Blindenasyl für mich von besonderem Interesse. Die Institution schien mir ausgesprochen gut geführt zu sein. Ich traf ihre armen, vom Schicksal heimgesuchten Bewohner auf schickliche und angenehme Weise beschäftigt an, manche musizierend, manche lesend, andere mit der Herstellung von Körben, Matten oder Seilen befaßt. Ist es nicht merkwürdig, daß Holman, der blind die gesamte Welt zu bereisen gedenkt, keine Regung des Mißfallens äußert? Seine Leidensgenossen werden wie eine infizierte Tierart separat gehalten, fernab vom Wüten der Welt, und in ihm regt sich kein Protest, keine Solidarität. Diese Ausgrenzung sollte noch über ein Jahrhundert anhalten, wie Jacques Lusseyran, der 1932 im Alter von acht Jahren erblindete, später auf seine Einschulung im selben Jahr rückblickend feststellt: »Die Satzungen und Institutionen der Gesellschaft, die mir noch mehr als einen bösen Streich spielen sollten, traten mir schon jetzt entgegen. Das war

---

* Man muß nicht nach London reisen, um ein ähnliches Gefühl schon beim bloßen Anblick zu bekommen – ein Blick auf Max Klingers *Badende sich im Wasser spiegelnd* im Museum der bildenden Künste in Leipzig tut den Sinnen mehr als Genüge.

übrigens nicht so überraschend, war es doch noch nicht lange her, daß man die Blinden allesamt an den Rand der Gesellschaft verbannt und dazu degradiert hatte, in kleinen Kapellen Harmonium zu spielen, Stühle zu flechten und sogar Bettler zu werden.«*

Die Art und Weise, wie die Druckkunst ausgeführt wurde, empfand ich als besonders beachtenswert. Die verschiedenen, in einer Kiste alphabetisch sortierten Lettern werden mit großer (durch Übung erreichte) Schnelligkeit in die Fächer eines Holzrahmens plaziert. Nachdem auf diese Weise ein gutes Stück des fraglichen Textes gesetzt worden ist, wird ein feuchtes Blatt Papier daraufgelegt, mit einem Kissen festgedrückt und dann allmählich bei geringer Hitze getrocknet. Auf diese Art und Weise sind die Buchstaben erhaben genug, um mit den Fingern ertastet werden zu können. Mit ihrer Hilfe wird die Richtigkeit des Textes überprüft. Dazu werden beide Hände benutzt, eine fährt über die Oberfläche, von der anderen sogleich gefolgt, um Bestätigung zu erhalten. Das Ganze wird mit einer Geschwindigkeit ausgeführt, die jeden Fremden erstaunt.

Alle scheinen gewisse Musikkenntnisse zu besitzen, zumindest ausreichend, um einen vor und nach dem Mittagessen angestimmten Choral mitsingen zu können. Wir hatten die Freude, bei dieser interessanten Zeremonie anwesend zu sein sowie nach ihrer Beendigung mit einem Konzert unterhalten zu werden.

Wir besichtigten die Schlafgemächer, in denen jeder ein sauberes, bequemes Bett sowie weiteres Mobiliar besitzt. Kurzum, ich verließ den Ort höchlichst befriedigt und tief von der Güte des Zaren beeindruckt, unter dessen Protektion das Heim steht.

---

* Jacques Lusseyran (1924–1971), französischer Widerstandskämpfer, KZ-Überlebender und Professor für französische Literatur in seiner Autobiographie »Das wiedergefundene Licht«.

In St. Petersburg wird Holman im wahrsten Sinne des Wortes zum Fremdenführer und offeriert praktische Ratschläge wie Übernachtungstips, als eiferte er John Murray III vor, dem »Erfinder« des Reiseführers, der ab 1836 die berühmten roten »Murray's Handbooks« herausbrachte, die bequem in die Westentasche paßten und dem wagemutigen britischen Reisenden Hilfe und Warnung im fremden Land boten. In einer großen Stadt sind jene Unterkünfte für den Fremden die besten, die zu seinem Wohlbefinden beitragen. An solchen herrscht Mangel in St. Petersburg, seine Hotels und anderen Herbergen sind weit davon entfernt, sich mit jenen in London, Paris oder anderen europäischen Hauptstädten messen zu können.

Hier gibt es einige wenige große Hotels, die die Bezeichnung »gut« verdienen. *Demont's*, am Moikakanal gelegen, hat den Ruf, das beste zu sein, aber das angenehmere ist wohl das *London Hotel*, situiert am Newski-Prospekt, der Bond Street* St. Petersburgs. Die Lage des *Hôtel de l'Europe*, nahe dem Steinernen Theater**, ist ebenfalls keineswegs unangenehm, wenn auch weniger komfortabel, da nicht so zentral gelegen. In allen Hotels können Suiten gemietet werden, ohne daß von dem Gast erwartet wird, daß er seine Mahlzeiten im Haus einnimmt.

Ich nahm Unterkunft im *Hotel Page*, das einer Pension in

---

* Seit dem 18. Jahrhundert ist diese Straße eine der berühmtesten (und teuersten) Einkaufsmeilen der Welt; Holman kann sich wahrscheinlich noch daran erinnern, daß hier auch die skandalumwehte Emma Hamilton, die Geliebte Lord Nelsons, einstmals Quartier bezogen hatte.

** Hier wird's verwirrend: besagtes Theater hieß zuerst Kamenny-Theater (kamenny/Каменный, russ.: Stein), nach seinem Wiederaufbau Bolschoi-Theater und als es später an anderer Stelle neu gebaut wurde, bekam es den Namen Mariinski. Das uns im Westen hingegen gut bekannte Bolschoi-Theater in Moskau hieß zuerst Petrowski-Theater …

den Vereinigten Staaten von Amerika ähnelt. Hier ist es möglich, Kost und Logis zu erhalten, oder falls man anderweitig eine Unterkunft gefunden hat, für drei Francs pro Person eine exzellente *table d'hôte* englischer Art zu genießen. Dort ist stets eine angenehme, bunte Gesellschaft aus Konsuln, Offizieren, Kaufleuten, Männern des Geistes, Reisenden &c. &c. anzutreffen. Es ist eigentümlich, daß russische Offiziere aller Ränge hier besonders gerne speisen. Der Preis für Kost und Schlafgemach beträgt zehn Rubel pro Tag; Wein, Bier, der Kaffee nach dem Essen &c. müssen gesondert gezahlt werden.

Die wenigen Speiselokale und Kaffeehäuser, die es in St. Petersburg gibt, sind rund um das Gostiny Dwor* angesiedelt und werden vornehmlich von russischen Kaufleuten und Händlern aufgesucht. Auch wenn die angebotenen Speisen eher mittelmäßig sind, wird man eine große Auswahl an Gerichten finden, die schon servierbereit sind oder gerade angerichtet werden; besonders häufig stehen Fischgerichte auf der Karte, vor allem während der Fastentage, von denen es bei den Russen viele gibt. Aber selbst an diesen können Koteletts, Steaks oder andere Fleischspeisen, so gewünscht, bestellt werden.

Die zahlreichen Teehäuser dienen vor allem der Verköstigung der einheimischen Kaufleute und unteren Klassen, die diesem Getränk gemeinhin besonders zugetan sind.

Privatunterkünfte sind knapp und folglich um so beliebter.

VOM ÖFFENTLICHEN LEBEN

Die Polizeiregularien zur Wahrung des öffentlichen Friedens und der Ordnung in den Straßen sind sehr streng und einige von ihnen recht eigenartig. So ist die Kunst des Pfeifens ebenso

---

* Das größte Kaufhaus der Stadt, am Newski-Prospekt gelegen, zwischen 1761 und 1785 errichtet; die Fassadenlänge beträgt mehr als einen Kilometer.

verboten wie der Genuß des Rauchens. Einer meiner Freunde erhielt eines Tages, als er während seines Spazierganges ein Lied trällerte, eine Verwarnung. Wie ärgerlich müssen solche Bestimmungen für Bäckerjungen und Deutsche* sein – erstere könnten daraufhin zum *Denken* getrieben, letztere davon abgehalten werden.

Folgender Zwischenfall, dessen Zeuge ein Freund von mir eines Tages auf der Straße wurde, soll die Furcht der unteren Klassen vor der Macht der Polizei illustrieren. Mein Freund überquerte gerade die Isaaksbrücke, als plötzlich eine Droschke vor ihm hielt, der Kutscher absprang und wie von Sinnen seinen Passagier aus dem Wagen zerrte und ihn auf die Straße legte. Dann schwang sich der Fuhrmann hastig zurück auf den Kutschbock und fuhr mit höchster Geschwindigkeit davon. Der Passagier hatte einen Anfall bekommen, und da er fürchtete, er könnte sterben, griff der verängstigte, aber einfallsreiche Russe zu dieser Methode, um ihn loszuwerden und dergestalt die Schwierigkeiten zu vermeiden, die ihm die Polizei gemacht hätte, wäre er mit einer Leiche im Wagen angehalten worden.

Seltsame Gesetze herrschen auch im *Englischen Klub* in Moskau, in welchem Holman einmal zum Abendessen eingeladen ist, und dessen Hauptattraktion die Karten- und Billardtische sind. Hier gibt es eine großartige Vorschrift, um die Mitglieder daran zu hindern, bis in die frühen Stunden dem Spiel zu frönen; jedermann, der bis nach Mitternacht verweilt, muß drei Rubel zahlen, wobei dieser Betrag mit jeder weiteren halben Stunde verdoppelt wird. Diese Anordnung führte einmal zu einer lustigen Begebenheit: Ein russischer Gentleman, der sich auf einem Sofa niedergelassen hatte, schlief tief und fest bis fünf Uhr morgens. Seine Strafe hätte dementsprechend nicht weniger als 1536 Rubel oder 64 Pfund Sterling betragen. Die Mitglieder diskutierten nun, da der Vorfall auf ein Versehen

* Deutschen, die pfeifen, und Hühnern, die krähen, soll man beizeiten die Hälse umdrehen.

und nicht auf das Kartenspiel oder ähnliches zurückzuführen war, ob er sich tatsächlich regelwidrig verhalten hatte. Schließlich wurde in dieser Frage gegen ihn entschieden, da die Vorschrift nicht zuletzt die Bediensteten davor bewahren sollte, bis in die frühen Morgenstunden aufbleiben zu müssen.

Nichts dürfte mehr dazu beigetragen haben, die nächtlichen Ruhestörungen und die Liederlichkeit zu mindern, als jene moderne Sitte, die Straßen bei Nacht zu beleuchten – was im Sommer in St. Petersburg allerdings völlig unnötig ist. Zu jeder anderen Jahreszeit werden sie mit Öl beleuchtet, Gas wurde noch nicht eingeführt, obwohl darüber nachgedacht wird. Ein Vertreter der London Gas Company verhandelte vor meiner Abreise über einen entsprechenden Vertrag.

Unredlichkeit hat auch in St. Petersburg, wie in allen großen Städten, die Oberhand gewonnen; stehen die Türen deines Hauses zufällig offen, zögern die Bettler nicht, dies als Einladung anzusehen. Ich lag einmal, in Abwesenheit meines Dieners, auf dem Sofa, als mich eine schwache, mitleiderregende Stimme auf deutsch anflehte. Ich vermutete, daß sie einer Frau gehörte, versicherte mich dessen, indem ich meine Hand auf ihren Arm legte. Unverzüglich führte ich sie daraufhin höflich aus der Wohnung und nahm mir dabei nicht einmal die Zeit, die es gebraucht hätte um festzustellen, ob sie jung und hübsch oder das Gegenteil war.

Bei einer anderen Gelegenheit störte mich auf ähnliche Weise ein Mann, der mir ein Papier entgegenhielt, dessen Inhalt er mir vergebens begreiflich zu machen suchte. Da ich jedoch annahm, sein eigentliches Ziel sei es, etwas zu erbetteln oder einige meiner Habseligkeiten zu entwenden, legte ich meine Hand auf seine Schulter und versuchte ihn ihn in Richtung Tür zu lenken – eine Maßnahme, gegen die er einen beträchtlichen Widerstand an den Tag legte und welche er zu vereiteln suchte, indem er in eine andere Ecke des Zimmers strebte. Just in diesem Moment trat mein Diener ein. Dieser stellte fest, daß das fragliche Papier eine Rechnung war, die der Mann einem meiner Freunde überbringen sollte. Zudem hatte er beim Betreten des Zimmers seinen Hut abgelegt, so daß ihm nicht nur sehr daran gelegen war, den Grund seines Besuchs zu erläutern, sondern auch »seinen Filz wiederzubekommen«.

ALS HOCHZEITSGAST

Die erste russische Hochzeit, die ich miterlebte, ging auf den Antrag des Bräutigams zurück. Er schien der Familie der Braut eine gute Partie zu sein, und so hatte die junge Dame, obwohl erst vierzehn Jahre alt, eilends die Schule zu verlassen, damit der Ehe nichts mehr im Weg stand.

Vor der Hochzeit richteten die Freunde der Braut traditionsgemäß einige Feiern aus, die nach der Vermählung dann von Freunden des Bräutigams erwidert wurden.

Unser erster Besuch galt demnach dem Brautvater, einem dieser modernen, kultivierten russischen Kaufleute – d.h. er trug keinen Bart und konnte sich auf französisch unterhalten. Als wir das Zimmer betraten, begrüßte er uns mit einem Kuß auf beide Wangen, hieß uns aufs herzlichste willkommen und dankte uns für die Ehre, die wir ihm erwiesen. Daraufhin führte er uns in ein anderes Gemach und bot jedem von uns ein Glas Champagner an. Anschließend umkreiste uns eine Schar Diener, die uns eine Vielzahl von Genüssen wie Schokolade oder Tee anbot, gefolgt von Punsch, Zuckerwerk, Früchten und Wein.

Danach mischten wir uns unter die Gesellschaft, manche tanzten, andere erkundeten die verschiedenen Zimmerfluchten oder nahmen an der Zerstreuung teil, die ihrem Geschmack am meisten entsprach.

Die verschiedenen Räume waren alle höchst elegant möbliert und geschmückt, einer verdiente jedoch besondere Beachtung: in seiner Mitte stand eine lange Tafel, deren leinenes Tischtuch bis auf den Boden reichte und die rundum mit Girlanden verziert war. Sie war mit den erlesensten Früchten bedeckt und mit Tempeln, Pyramiden und Blumenbändern geschmückt, das Ganze mit Lüstern hell erleuchtet. An einem Ende dieser Tafel stand unter einem Baldachin ein Sofa, auf dem sich Braut und Bräutigam gelegentlich ausruhten. Bei ersterer handelte es sich um ein molliges, kleines Mädchen von recht natürlichem, wenn auch nicht sonderlich lebhaftem Benehmen. Ihr Kleid war äußerst prächtig, ihr Kopf mit einer Diamanttiara geschmückt, und sie trug ein üppiges Halsband aus demselben Edelstein. Das Sofa war allerdings so gestellt, daß die beiden kaum zu sehen waren, es sei denn, man näherte sich mit der ausdrücklichen Absicht, das Brautpaar zu beäugen – ein Verhalten, das keineswegs als aufdringlich gewertet wurde.

Auf diesem Sofa vergnügte sich das glückliche Paar ausgiebig mit allerlei amourösen Spielchen; dies wird als notwendiger Teil der Zeremonie betrachtet, um auf diese Art der Gesellschaft beständig Anzeichen der Beglückung zu zeigen. Auch wenn sie hinter dem Tisch nicht richtig zu sehen waren, die Küsse, die sie wechselten, waren unüberhörbar.

Nachdem eine geraume Zeit ausdauernd getanzt worden war, wurde ein Mann in bäuerlicher Kleidung hereingeführt, der auf gefällige Weise Volkslieder vortrug. Diese Lieder hatten auf ein Mitglied der Gesellschaft, einen bärtigen Gentleman, von dem es hieß, er sei Hauslehrer, und der dem Punsch reichlich zugesprochen zu haben schien, einen sehr erheiternden Effekt. Der Mann war so entzückt, daß er den Bart des Sängers, nachdem dieser geendet hatte, abwechselnd küßte und streichelte. Nun begann man wieder mit dem Tanzen, das bis vier Uhr andauerte und mit einer Polonaise endete. Danach setzte sich die Gesellschaft zu einem höchst opulenten Abendessen zusammen, bei dem alle Köstlichkeiten der Jahreszeit sowie eine Auswahl hervorragender Weine aufgefahren wurden.

Während des Essens wurde eine lange Reihe von Trinksprüchen ausgebracht, bei deren Ankündigung ein Herold jeweils »*touché*« ausrief, nachdem zuvor eine Trompetenfanfare erklungen und die Kapelle ein lebhaftes Liedchen gespielt hatte. Jeder Trinkspruch wurde von drei Hochrufen begleitet, und als wir auf das Wohl unseres Gastgebers tranken, warfen wir die Gläser über unsere Köpfe hinweg zu Boden – eine Geste, mit der ihm höchste Ehre bezeigt wurde. Danach wurden er und der Bräutigam von den ausländischen Gästen auf Stühle gesetzt und um die Tafel getragen.

Gegen sieben Uhr morgens endeten die Feierlichkeiten mit einem von den englischen Gästen getanzten Reel – zum nicht geringen Vergnügen der Einheimischen. Wir ließen die Braut wieder und wieder hochleben und verabschiedeten uns von unserem übermütigen Gastgeber, der uns viele Umarmungen und eine dringliche Einladung zu seinem nächsten Fest zuteil werden ließ.

AUFBRUCH NACH MOSKAU

Der 13. März 1823 war der Tag, für den ich zur Weiterfahrt nach Moskau einen Platz in der Postkutsche reserviert hatte. Die Abfahrtszeit war auf neun Uhr festgelegt. Ich lief jedoch Gefahr, nicht mitgenommen zu werden, da ich beim Packen beträchtlich in Verzug kam. Das Packen ist eine Tätigkeit, die von mir höchste Aufmerksamkeit fordert, und die ich entgegen meiner Gewohnheit nicht am Vorabend durchführen konnte, da ich auf einer Feier, bei der ich mich von vielen meiner lieben Freunde verabschiedete, festgehalten wurde. Es stimmt, daß mir von vielen Seiten Hilfe angeboten wurde, da man annahm, ich sei recht hilflos – eine Meinung, die übrigens sehr irrig ist. Die beste Vorgehensweise beim Packen ist, so lehrte mich die Erfahrung, mich in meinem Zimmer einzuschließen, wie ein Schuljunge, der eine schwierige Aufgabe zu lösen hat. Denn wenn ich einmal in Verwirrung geraten bin, lenkt mich die Anwesenheit und Hilfe einer zweiten Person nur noch mehr ab, und der Grad der Verwirrung nimmt zu. Ausgehend von diesem Prinzip habe ich eine Packmethode entwickelt, bei der ich nicht nur exakt weiß, wo jeder Gegenstand, der sich in meinem Gepäck befindet, liegt, sondern auch meine Freunde zuhause anleiten kann, jeden Gegenstand zu finden, den ich eventuell vergessen habe.

Noch ehe ich diese unerläßliche Aufgabe abgeschlossen hatte, erschienen nacheinander mehrere Boten, die mir mitteilten, daß die Kutsche bereitstünde. Ich glaube, ihre Verspätung war der Gruppe meiner Freunde geschuldet, die sich an der Station versammelt hatten, um von mir Abschied zu nehmen. Der liebste unter ihnen war mein guter, alter Freund C.; seiner Freundlichkeit verdanke ich den größten Teil des Glücks, dessen ich so lange teilhaftig wurde. Er schien es zu seiner Aufgabe gemacht zu haben, mir alles widerfahren zu lassen, was meine Freude am Unterwegssein noch vergrößern könnte, beispielsweise durch die Einführung in seinen ehrenwerten und großen Bekanntenkreis, von dem er geliebt und geschätzt wird. Ich überlasse es der Phantasie des Lesers, sich die Gefühle auszumalen, die mich bewegten, als ich einem solchen Freund adieu sagte.

Ah never shall my soul forget
The friend I found so cordial hearted;
Dear shall be the hour we met
*And dear shall be the time we parted.**

* Es ist nicht die verständliche sentimentale Anwandlung Holmans, die diesen Vers erschaffen hat, er stammt aus der Feder Thomas Moores, des berühmten irischen Balladendichters (und in seiner Eigenschaft als literarischer Nachlaßverwalter unseligen Vernichters von Byrons Memoiren), betitelt »Impromptu, upon leaving some friends«.

ANDERE LÄNDER, ANDERE SCHÖNHEITSBEGRIFFE

Ein Freund von mir beobachtete, als er letztes Jahr durch Wyschni Wolotschok fuhr, daß viele der Frauen mit geschwärzten Zähnen herumliefen – ein Effekt, der durch das Auftragen einer Beize aus Salpetersäure entsteht. Diese Sitte war früher wohl in ganz Rußland verbreitet. Mir wurde erzählt, daß die Zähne der Damen häufig diese bezaubernde Farbe durch pure Vernachlässigung erhalten, ohne die Mühen, sie künstlich zu besudeln.

ANKUNFT IN MOSKAU

Um sechs Uhr passierten wir die Tore Moskaus und erreichten bald die Postkutschenstation. Dort verlor ich, freundlich von Mr M. unterstützt, keine Zeit, herauszufinden, wo sich das Büro meiner Bankiers Messrs* G. und H. befand, denen ich vor kurzem mit der Bitte geschrieben hatte, sie mögen mir eine Unterkunft in Moskau besorgen. Sie empfingen mich mit der größten Freundlichkeit und Aufmerksamkeit und brachten mich im selben Hotel unter, in dem Mr M. beabsichtigte, Quartier zu nehmen. Auch in anderer Hinsicht hatte ich Glück: Messrs G. und H. trennten sich an ebenjenem Abend von einem Bediensteten, von dem sie annahmen, er könne für meine Zwecke geeignet sein. Es gab allerdings zwei Bedenken: erstens war er unverschämt, und zweitens sprach er nur Russisch. Nachdem ich es mir gut überlegt hatte, entschloß ich mich dennoch, ihn einzustellen, da aufgrund meiner Unkenntnis dieser Sprache der Großteil seiner Unverschämtheiten an mir vorbeigehen würde. Außerdem hoffte ich, zumindest einige russische Wörter von ihm zu lernen.

---

* Wenn Ihnen das französisch vorkommt, liegen Sie nicht ganz falsch, denn der Plural von Mister ist neben Misters auch Messieurs, abgekürzt Messrs.

Mancher Leser mag sich jetzt fragen, welches Vergnügen oder welche Kenntnisse ich überhaupt aus der bisher beschriebenen Reise gewonnen haben könnte, da ich doch der hiesigen Sprache nicht mächtig war, hätte ich nicht zwei Begleiter gehabt, die sich mit mir unterhalten und folglich alles Interessante schildern konnten, das uns unterwegs begegnete. Und wie wäre ich bei meiner Ankunft in Moskau ohne derartige Hilfe vorgegangen?

Die Antwort auf die erste Frage lautet, daß ich mich, wie stets wenn ich auf mich allein gestellt bin, auf meine eigenen Geisteskräfte verlassen hätte. Obwohl ich Augen habe, die nicht sehen, und Ohren, welche die Sprache, in der sie angesprochen werden, nicht verstehen, finde ich doch Wege, die gewöhnlicheren Begebenheiten des Lebens zu erfassen. Wenn zum Beispiel die Pferde gewechselt werden, höre ich, wie man die alten aus- und die neuen einspannt sowie die Unterhaltung ihrer Betreuer, und es benötigt nicht viel Phantasie, um sich die Konversation von Stallknechten und Kutschern vorzustellen. Hier gesteht Holman, daß auch er das Genre der literarischen Reportage pflegt und Lücken in seiner Wahrnehmung der Realität mit den Erzeugnissen seiner Phantasie füllt und somit tatsächlich anderes zu berichten weiß als jene, die sich mit dem Offensichtlichen bescheiden. Die Phantasie als Erkenntnisinstrument darf nicht unterschätzt werden, so manch ein erfundener Dialog klingt realistischer und glaubwürdiger als ein von den Lippen der Realität abgelesener. Auch fällt es mir nicht schwer, die mitleiderregenden Bitten der Bettler am Wegesrand zu verstehen. Das gleiche Prinzip gilt mehr oder weniger auch für die ungewöhnlicheren Zwischenfälle einer Reise. Bei einer Fahrt durch Rußland kommen Augen jedoch nicht besonders zum Einsatz, da das Erscheinungsbild recht gewöhnlich und wenig abwechslungsreich ist, die Städte und Dörfer ähneln einander sehr. Es gibt nur wenige Orte, wo gegnerische Armeen ihre Kämpfe ausfochten und mit Ausnahme einiger Grabhügel, die von den Tatarenhorden als Gedenkstätten für ihre Toten aufgeschüttet wurden, keinerlei Anzeichen früherer Helden. Zudem erlaubt es die Geschwindigkeit der Postkutsche weder dem Künstler noch dem Altertumsforscher, sich ihren Lieblingsbeschäftigungen hinzugeben.* Die wohl beste Art, sich durch dieses Land zu bewegen, ist in rascher Folge eine Stadt nach der anderen zu besuchen, wo sich die Wahrscheinlichkeit, auf interessante Dinge zu stoßen, erhöht. Italien, schönes Italien – dies ist das Land, das dem Reisenden die höchsten Verlockungen bietet und in welchem er bei jedem Schritt klassischen Boden berührt.

Was nun die zweite Frage betrifft, bitte ich zu bedenken, daß ich niemals die Reise zu einem unbekannten Ort antrete, ohne mir die eine oder andere Adresse besorgt zu haben, an die ich mich vor Ort wenden kann. Wenn ich die Poststation erreiche, warte ich geduldig, bis der Kutscher seine dortigen Angelegenheiten abgewickelt hat und mich dann, von der Hoffnung auf Entlohnung beflügelt, zu der gewünschten Adresse führt. Auf diese Art bin ich unter ähnlichen Umständen vorgegangen und nie auf eine Schwierigkeit gestoßen, die sich nicht hätte bewältigen lassen.

Bei unserer Ankunft im Galitzin-Krankenhaus wurden wir in der Wohnung von Dr. A., dem Arzt dieser Einrichtung, mit Tee bewirtet und hatten das Vergnügen, mit den Damen seiner Familie bekannt gemacht zu werden, welche ich besonders interessant und schön fand.

Meine Fähigkeit, weibliche Schönheit zu beurteilen, wurde so oft in Frage gestellt, und mir so häufig gesagt, für mich spiele es ja keine Rolle, ob eine Frau hübsch sei oder nicht, daß einige erklärende Worte nicht fehl am Platze sind.

---

* »Wenn wir in der alten Postkutsche saßen, brauchten wir zur Feststellung unserer Geschwindigkeit keinen Beleg außer uns selbst. Die lebendige Erfahrung unserer Sinne ließ keinen Zweifel über unsere Geschwindigkeit zu; wir hörten die Geschwindigkeit, wir sahen sie, wir spürten sie als Erregungszustand.« (Thomas de Quincey, »The English Mail-Coach«)

Wenn meine Fähigkeit, Kenntnis einer mir unbekannten Sache zu erlangen durch das Fehlen »des vollkommensten und köstlichsten unserer Sinne«, wie Addison* sagt, eingeschränkt ist, füllt die Vorstellungskraft die Lücke.

Stellt man mir eine Dame vor, und ich finde ihre Konversation vernünftig und kultiviert, werden ihre Ansichten mit angenehmer Stimme geäußert, nehme ich umgehend an, daß ihre restlichen Qualitäten damit mehr oder weniger übereinstimmen und ihre äußere Erscheinung gleichfalls erfreulich ist.** Die Phantasie nimmt nun die Arbeit auf und hat keine Schwierigkeiten, die Frau zu erhöhen und ein schönes Bild zu malen, da wir den Gegenstand unserer Bewunderung naturgemäß so vollkommen wie möglich wünschen. Wenn jedoch im Gegenteil die Stimme schroff ist, es der Ausdrucksweise an Anmut und Geschicklichkeit mangelt, die Ansichten abgeschmackt sind, sind meine Folgerungen entsprechend ungünstig. Auch wenn diese Dame tatsächlich schön wie ein Engel wäre, würde dieser Eindruck in meinem Kopf nicht hervorgerufen.

Es stimmt, daß meine Meinung aufgrund dieser Anhaltspunkte zu falschen Schlüssen neigt, aber wenn ich zusätzlich die Gelegenheit habe, die Hand zu betasten und das Gesicht ganz leicht zu berühren, dann kann ich anhand der Zartheit und des Profils ein so sicheres Urteil gewinnen, daß ich eitel genug bin, zu glauben, mich nicht oft geirrt zu haben.

---

* Joseph Addison (1672–1719), englischer Schriftsteller und Politiker, »The Pleasures of the Imagination«.

** Um einmal glücklich dieser Illusion nachzuhängen, wünscht man sich fast, blind zu sein.

ERSTE BEGEGNUNG MIT JOHN DUNDAS COCHRANE

Am Samstag, dem 31. Mai, hatte ich die Ehre, von General Fonbrien besucht zu werden. Er erschien in Begleitung von Captain Cochrane, einem sehr interessanten Reisenden, dessen Ankunft aus Sibirien ich seit geraumer Zeit erwartet hatte. Ich hoffte, von ihm Einzelheiten über dieses Land, in das ich selbst reisen wollte, zu erfahren. Auch wenn meine Absicht, nach Sibirien vorzudringen von meinen Freunden lauthals mißbilligt wurde, stand mein Entschluß schon lange felsenfest – noch ehe ich meinen Plan kundtat –, und kein Einwand hätte mich davon abbringen können. Immer wieder sagte ich mir, was andere vollbracht hatten, sollte für mich nicht gänzlich unmöglich sein.

TIEF HINEIN INS RUSSISCHE REICH

In der Zeit vor meiner Abreise aus St. Petersburg achtete ich sorgsam darauf, mein Vorhaben vor meinen Freunden zu verbergen; selbst als Seine Exzellenz Sir Charles Bagot* mich fragte, welche Richtung ich einzuschlagen gedächte, vermied ich, konkrete Einzelheiten meines Planes preiszugeben. Ich sagte ihm lediglich, ich würde nach Osten in Richtung Kasan reisen, und er sicherte mir gern seine Unterstützung in allen Belangen zu. Zudem bestätigte Seine Exzellenz, daß ich als Privatperson von den Oberhäuptern der verschiedenen Regierungen, deren Gebiete ich durchreiste, alle erdenkliche Aufmerksamkeit erhalten sollte. Er hielt es nicht einmal für nötig, sich wegen Schutzbriefen an den Innenminister zu wenden, wie mir einige meiner Freunde empfohlen hatten.

Als mein Vorhaben erstmals in Moskau durchsickerte, fühlte sich jeder berufen, den Wahnwitz darzulegen, den eine derart

---

* Sir Charles Bagot (1781–1843) war zu dieser Zeit britischer Botschafter in Rußland.

gefährliche, uninteressante und unangenehme Reise in ein Land bedeutete, wo es – vor allem für mich – nichts zu sehen und zu hören gab! Kurzum, der Name Sibirien schien in ihren Köpfen nur Grauen hervorzurufen. Obwohl der dem Mongolischen entlehnte Name so gütig klingt: Sibir, das schlafende Land. Kein Fremder, dem ich vorgestellt wurde, der nicht als erstes meine Pläne ansprach und versuchte, mich von ihrer Durchführung abzuhalten. All diese Versuche waren gut gemeint, aber mein Entschluß war gefaßt, und ihr Insistieren führte lediglich zur phrasenhaften Antwort »die Zeit wird es schon weisen, inwieweit meine Ansichten bloße Schimäre waren«.

Und was, so könnte der Autor abermals von seinen englischen Lesern gefragt werden, war der Grund, derart auf seiner Meinung zu beharren, die doch so ganz verschieden von jener des ganzen Freundeskreises war? Ich gestehe, daß der Wunsch, Neuem zu begegnen, einer meiner vordringlichsten Beweggründe war.

»Der Wunsch, Neuem zu begegnen«, zählte in der Tat nur selten zu den Kardinaltugenden. Seit Adam und Eva von den Früchten des Baumes der Erkenntnis kosteten, stand die Neugier im Verruf, der unerlaubten Grenzüberschreitung Vorschub zu leisten, und spätestens als Augustinus die *curiositas* als diesseitige, rein sinnliche »Begehrlichkeit der Augen« verteufelte, wurde sie im Abendland zu einem Laster. Auch wenn die »Entdeckung« der »Neuen Welt« einen neuen Erkenntnisdrang freisetzte und der Fortschrittsglaube im 18. Jahrhundert die Erforschung der Welt postuliert, bleibt die Neugier eine ambivalente Angelegenheit. Einerseits wird dem Menschen ein naturgegebener Wille zum Wissen zugestanden, andererseits zählt Neugier nach wie vor zu den »Geschmacklosigkeiten«, oder wie der schottische Aufklärer Lord Kames in seinem »Elements of Criticism« meinte: »*Wenn Neugier dem Erwerb von Wissen dient, muß sich ihrer niemand schämen. Aber etwas zu bevorzugen, nur weil es neu ist, zeugt von schlechtem Geschmack, dessen man sich schämen sollte.*«

Ich hatte bereits einen großen Teil Südeuropas sowie den nordamerikanischen Kontinent bereist und hegte den Wunsch, die Sitten und Gebräuche eines Landes kennenzulernen, mit dem die Bewohner Europas bis dato nur wenig Austausch pflegen und von dem sie bestenfalls eine sehr unvollkommene Kenntnis besitzen. Ein Land, das immer noch als so barbarisch gilt, daß es kaum zum Kreis der zivilisierten Staaten gezählt werden kann und von dessen Zelten für jeden Fremden Gefahr ausgeht.

Da ich mich jedoch auf das Verbindende der menschlichen Natur verließ, deren unterschiedliche Erscheinungsformen lediglich auf Sitten oder Vorurteilen beruhen, hatte ich keine Befürchtungen, mich unter ein solches Volk zu mischen, überzeugt davon, daß eine Anpassung an seine Gewohnheiten und Gebräuche sowie die Vermeidung von Spöttelei und Widerspruch es beschwichtigen und meine Sicherheit gewährleisten würde.

Weiterhin trieb mich der Wunsch an, der Welt zu beweisen, daß ich ungeachtet meiner persönlichen Einschränkungen fähig war, jene Schwierigkeiten zu bewältigen, die ihr unüberwindbar erschienen.

Am nächsten Tag, dem 1. Juni, hatte ich das Vergnügen, Captain Cochrane zunächst zum Kommandanten und anschließend zum Generalgouverneur Moskaus zu begleiten. Letzter teilte mir mit, daß es, entgegen der Annahme Captain Cochranes, für mich nicht notwendig war, vom Innenminister besonderen Schutz oder eine spezielle Erlaubnis zu erlangen, um nach Sibirien vorzustoßen, da die sibirische Regierung in diesen Belangen ebenso nachsichtig verfuhr wie andere Teile des Zarenreiches. Als ich seine Frage nach dem beabsichtigten Umfang meiner Reise mit der Bitte beantwortete, meine Erlaubnis für die Reise mit Postpferden bis Irkutsk zu erweitern, gab er mir zu verstehen, dort könne diese für jede von mir gewünschte Strecke verlängert werden. Eine Zusicherung, die mich beruhigte und deren Urheber mir genügend Autorität zu besitzen schien, um mich auf selbige zu verlassen.

Es ist an der Zeit, einige Worte über die schillernde Gestalt des John Dundas Cochrane zu verlieren, der Jahre vor dieser Begegnung aufgebrochen war, als erster Mensch zu Fuß die Welt zu umrunden und als Beiwerk eine Landzunge zwischen Sibirien und Alaska zu finden. Cochrane war ein kleiner, aber sehr zäher Mann, dem es gelang, mit bescheidenen Mitteln ganz Eurasien zu durchqueren, denn er reiste wie ein Einheimischer, wie sein Ratschlag belegt: »Gehen Sie los, wandern Sie mit den primitiven, beinahe unmenschlichen Wilden! – gehen Sie und seien Sie den wilden Tieren Kamerad! – gehen Sie und sinnen Sie nach über das Wesen Mensch, egal in welchem Element, welchem Klima ... Nur mit Geduld, Beharrlichkeit und Demut, damit, daß man sich auf die unterste Stufe des Menschseins begibt, kann man darauf hoffen, solch ein Martyrium sicher oder gar befriedigt zu überstehen.«* Zuerst ein Freund Holmans, verwandelte sich Captain Cochrane später in einen erbitterten Widersacher, der Holmans Büchern jeglichen Wert absprach.

Captain Cochrane wurde ab Kamtschatka von einer interessanten, jungen Dame begleitet, einer Bewohnerin dieses Landes**, mit der er glücklich in ehelichen Banden vereint war, und der er unbedingt die Wunder dieser riesigen Stadt zeigen wollte. Ich hatte das Vergnügen, sie gemeinsam mit einer anderen Dame und einem Herrn zum Kreml zu begleiten, wo wir den Glockenturm Iwan der Große*** bestiegen. Wir erwarteten na-

---

* Aus »Narrative of a Pedestrian Journey Through Russia and Siberian Tartary, From the Frontiers of China to the Frozen Sea and Kamtchatka«, Vol 1. 1829.

** Womit angedeutet sein mag, daß die Frau dem Volk der Tschuktschen, Nenzen, Chanten oder Ainu angehörte.

*** Russ. Колокольня Ивана Великого, mit 81 Metern das höchste Gebäude des Kreml. Napoleon wollte nach seinen Einmarsch in Moskau 1812 das goldene Kreuz, das oben auf dem Zwiebeldach thront, abnehmen und in Frankreich auf der Spitze des Invalidendoms anbringen lassen. Bei der Abnahmeprozedur stürzte das Kreuz allerdings in die Tiefe und zerbrach. Ob aus

türlich, daß die junge Dame ihrer Bewunderung wortreich Ausdruck verleihen würde; doch offenbar war sie zwar angetan, aber nicht überrascht von dem, was sie sah. Ein oder zwei Tage später gingen wir mit ihr ins Theater und nahmen an, daß sie diese Zerstreuung zu schätzen wüßte, da sie des Russischen mächtig war. Sie war sehr aufmerksam und schien besonders an einer unterhaltsamen Varieténummer Gefallen zu finden, über die sie herzlich lachte. Das von uns erwartete Erstaunen – immerhin war dies die erste Theateraufführung, der sie jemals beigewohnt hatte – blieb jedoch aus.

Diese Dame, die mir als sehr hübsch geschildert wurde, obwohl sie aus einem so fernen Land stammte und erst fünfzehn Jahre alt war, hatte keinesfalls eine ungeschliffene oder unbeholfene Art. Sie war von großer Zurückhaltung, die sie nur noch interessanter machte. Ihre Eltern waren mit den zivilisierteren Teilen des Zarenreichs vertraut und hatten sie entsprechend dieser Gepflogenheiten erzogen.

Am 6. besuchte ich mit einer Gesellschaft das Gefängnis, auf russisch *ostrog*, in dem bewundernswerte Disziplin herrschte. Zu diesem Zeitpunkt befanden sich hinter seinen Mauern ungefähr 450 Gefangene. Die gängigen Strafen sind Auspeitschen und die lebenslange Verbannung nach Sibirien, die nur durch ein besonderes Anliegen oder einen Gnadenakt des Zaren aufgehoben werden kann. Wir inspizierten die Knute und die Art ihrer Handhabung, man demonstrierte die Wirkung an einer Gipswand, wobei jeder Schlag einen Teil der Wand herausriß. Der Griff des Geräts maß ungefähr zwei Fuß und war in der Mitte durch ein Ledergelenk in zwei Hälften unterteilt, so daß die obere Hälfte mit der Peitschenschnur hin- und herschwingen konnte. Die Schnur war ungefähr vier Fuß lang, besaß an ihrem Ende einen Ring von drei Zoll Durchmesser, an dem ein

---

schierer Wut darüber oder als Imperatorengeste, beim Abzug aus der Stadt gab er den Befehl, den Glockenturm zu sprengen. Ob nun aus Trotz oder dank solider Bauweise: Iwan der Große erlitt lediglich einige Risse.

Riemen aus hartem Leder von der Länge eines Gamaschenstegs befestigt war. Dank dieser Vorrichtung, so wurde mir versichert, mißglückt es dem Vollstrecker (stets ein begnadigter Verbrecher) selten, mit jedem Schlag ein Stück Fleisch aus dem Rücken des Opfers zu reißen.

So grauenhaft dies scheinen mag, die Lage der Verbrecher, sowohl was ihre Behandlung im Gefängnis als auch die Härte der Strafe betrifft, hat sich unter der Herrschaft des jetzigen Zaren beträchtlich verbessert. Auch wird keiner der Verbannten ohne ausreichend Kleidung ins Exil geschickt.

Am Abend des Sonntags, des 8., nachdem ich mit einem Freund auf dem Land zu Abend gespeist hatte, besuchten wir die Lustgärten von Prinz Dolgoruki bei Petrowski Rasumofski. Uns wurde die Ehre zuteil, diesem ehrwürdigen Herrn, der mittlerweile achtzig Jahre zählte, und seiner Tochter, der Prinzessin Gertschikow, vorgestellt zu werden. Hier hatte ich auch zum ersten Mal das Vergnügen, die schöne landestypische Hornmusik zu hören, deren Sanftheit jegliche Vorstellung übersteigt. Denn wie sagt schon Lusseyran: »Die Musik ist für einen Blinden eine Nahrung, wie es für die, die sehen, die Schönheit ist. Er braucht sie, er muß sie regelmäßig erhalten, wie eine Mahlzeit. Andernfalls entsteht in ihm ein quälendes Gefühl der Leere.« Ryan Knighton begeistert sich hingegen für Slamdance, nicht nur weil ihm die Musik durch die Glieder fährt, sondern auch weil er als Blinder nach Gusto andere Tanzende anrempeln darf. Die so entstandenen Töne können nur mit den melodiösesten Klängen der Orgel verglichen werden und übertrafen sie doch gleichzeitig. Das Orchester des Prinzen bestand aus zweiundzwanzig Musikern, von denen jeder drei Töne spielte; gewöhnlich bestehen Orchester mit dieser Art von Repertoire aus vierzig bis sechzig Hörnern, von denen jedes nur eine einzige Note spielt.

Der Sommer nahte nun mit raschen Schritten, und das Wetter war extrem warm geworden, aber immer noch wechselhaft, besonders gegen Abend. Dann tobten oftmals heftige Gewitter, die beträchtlich zur Abkühlung der Luft beitrugen. Mittlerweile hatte ich alle lästigen Formalien überstanden, die von der Polizei gefordert wurden, bevor ich mit Postpferden bis Irkutsk reisen durfte, und ich war entschlossen, meinen Aufenthalt in Moskau so schnell wie möglich zu beenden.

Von St. Petersburg nach Moskau war ich mit der Postkutsche gereist, mußte aber erfahren, daß diese Art der Beförderung im Landesinneren nicht vorgesehen ist und als staatlicher Ersatz allein die *telega* oder Pferdewagen bereit stand, ein kleines, leichtes Gefährt auf vier ungefederten Rädern. Ich wollte daher lieber in meiner eigenen Equipage reisen und war drauf und dran, eine Britschka zu erstehen, als Captain Cochrane eintraf und mir die Kutsche anbot, die er in Kazan neu erworben hatte. Ich heuerte auch denselben tatarischen Postillion an, der ihn seit Kazan begleitet hatte, und war dergestalt auf einmal beinahe für meine Reise ausgerüstet.

Dr. Lyall, dem ich mich aufgrund seiner freundlichen Aufmerksamkeit stets verbunden fühlen werde, war so nett, mir zu helfen einen Arzneivorrat anzulegen, nicht nur in der Absicht, mich selbst zu kurieren, sollte mich Krankheit in abgelegener Gegend ereilen, sondern auch, um anderen Hilfe anbieten zu können. Ein Vorhaben, zu dem mich meine Kenntnisse über Heilkunde ermutigten, die ich während meines Aufenthaltes in Edinburgh gewonnen hatte, wo ich an der hervorragenden Universität mehrere Seminare besucht hatte.

Mein freundlicher Bankier veranlaßte, daß ich ihm aus jeder Stadt schreiben und mir den gewünschten Geldbetrag mit der Post schicken lassen konnte.

Ich stattete mich mit Tee und Zucker für die gesamte Dauer der Reise aus sowie mit sechs Flaschen Brandy und ebenso vielen französischen Weins. Stets achtete ich darauf, mich in jeder Stadt mit ausreichend Brot und Fleisch zu bevorraten. Da ich überdies eine Teekanne, Tassen &c. &c. mit mir führte, war ich bis auf heißes Wasser ziemlich unabhängig von der zufälligen und unzulänglichen Bewirtung, die von den Poststationen angeboten wurde. Holman ist der Kochbuchengländer schlechthin: mit einem Täßchen Tee ist man gegen alle Unbilden des Lebens gewappnet.

Nun blieb nichts mehr zu tun als meinen liebgewonnenen Freunden adieu zu sagen, die mir Gastfreundschaft und Aufmerksamkeit zuteil werden ließen, und es waren dieser viele, wie ich voller Dankbarkeit rühmen darf, so daß dieser Vorgang einen Gutteil meiner Zeit in Anspruch nahm.

Um 9 Uhr am Morgen des 12. Juni ging ich zur Postkutschenstation, wo ich Captain Cochrane traf, der bereits im Wagen saß und im Begriff war, nach St. Petersburg abzureisen. Ich kam gerade rechtzeitig, um ihm die Hand zu schütteln und ihm und seinen Begleitern ein *bon voyage* mit auf den Weg zu geben. Ich kehrte in meine Unterkunft zurück, um mich auf meine eigene Abfahrt vorzubereiten und trat dann meine langersehnte Reise nach Sibirien an.

Ich befand mich nun in einer völlig neuen Situation. Ich würde unter außergewöhnlichen Umständen allein mehrere tausend Meilen durch ein Land reisen, das vielleicht das wildeste auf Erden war und dessen Bewohner bisher kaum mit der Zivilisation in Berührung gekommen waren – einzig begleitet von einem unverschämten Tataren, dessen Sprache in meinen Ohren fremd klang. Und dennoch war ich frohgemut und blickte den Unbequemlichkeiten und Gefahren meines beschwerlichen Unternehmens gelassen entgegen. Ja, ich zog sogar echte innere Befriedigung aus meinem Rückzug aus dem fröhlichen Kreis der Vergnügungen und gesellschaftlichen Zerstreuungen, in dem ich mich so lange bewegt hatte, bis die Gesellschaft anderer mir schon beinahe zur Last geworden war. Wieder und wieder verglich ich mein freiwilliges Exil mit der aufgezwungenen Verbannung der vielen unglücklichen Kreaturen, die dazu verdammt waren, in jener ungastlichen Wildnis dahinzuschmachten, die ich durchqueren wollte, Überreste einer Existenz, auf ewig abgeschnitten von all den Segnungen, die ihnen im Leben die wichtigsten waren.

Ich wurde jedoch schon bald aus meinen Träumereien gerissen, als ich feststellte, daß unser Postillion sich verfahren hatte. Es war vereinbart worden, daß ich nicht weit von der Stadt entfernt den Landsitz eines Herrn besuchen sollte, und meine Freunde hatten dem Postillion entsprechende Anweisungen gegeben. Da seine Worte völlig unverständlich waren, versuchte er vergebens von mir Auskunft zu erlangen. Wer weiß, wie lange diese Verlegenheit angedauert hätte, wäre nicht ein junger Gentleman vorbeigeritten, der des Englischen mächtig war und sich zufällig als Neffe jener Dame herausstellte, deren Familie ich besuchen wollte. Dieser Gentleman bot uns seine Hilfe an, und so meinte ich mir dazu gratulieren zu dürfen, mich nun auf dem richtigen Weg zu befinden. Aber nein, ein Mißgeschick folgte auf das andere, denn unser neuer Führer verirrte sich ebenfalls und gab, nachdem er uns von einer Straße zu anderen gelotst hatte, endlich offen zu, nicht zu wissen, welche Richtung wir einschlagen sollten. Zu diesem Zeitpunkt befanden wir uns inmitten eines Waldes, durch den Wege in alle Himmelsrichtungen führten. Nachdem wir eine Weile umhergestreift waren, stolperten wir über einen Bauern, der uns auf die Hauptstraße führte und die Richtung des von uns gesuchten Hauses wies, in dessen Nähe wir uns offensichtlich bereits vor ungefähr zwei Stunden befunden hatte. Wir wurden herzlich von unseren Freunden willkommen geheißen, die sich nicht wenig und hauptsächlich auf Kosten ihres jungen Verwandten über unser Waldabenteuer amüsierten.

Nach dem Mittagessen setzte ich meine Reise fort und kam endlich bei der ersten Poststation an, wo mir zu meinem Verdruß mitgeteilt wurde, es könnten keine Postpferde herbeigeschafft werden. Zugleich gab man mir zu verstehen, ich hätte die Möglichkeit, Pferde von den Bauern des Ortes zu mieten. Da ich eine beträchtliche Zusatzsumme dafür hätte bezahlen müssen, drängte sich mir der Eindruck auf, zwischen Postmeister und Bauern bestünde das geheime Abkommen, Reisende auszunutzen. So lehnte ich ihr Angebot ab, spielte eine Zeitlang den Gleichgültigen und gab zu verstehen, ich wolle warten, bis die Postpferde kämen. Als es heftig zu regnen begann, hüllte ich mich in meiner *Pawoschka* mit allen sichtbaren Anzeichen der Ungerührtheit in eine Decke. Schließlich sah ich aber doch ein, daß Zeit kostbarer als Geld war, mietete die Pferde der Bauern und reiste zu einer Wollmanufaktur weiter, die jenem Herrn gehörte, in dessen Haus ich soeben gespeist hatte. Ich hoffte, er könnte mir behilflich sein, Vereinbarungen für meine weitere Reise zu treffen, aber bei meiner Ankunft hatte ich das Pech, daß er soeben gegangen und auf der Straße an mir vorübergeritten war. Mir blieb nichts anderes übrig, als das Beste aus meiner Fahrt nach Koparna zu machen, einem Dorf, in dessen Nähe ein Landsmann lebte, der Verwalter einer Prinz Usupow gehörenden Manufaktur war. Dieser vornehme Herr war ob meiner Ankunft sehr überrascht und wollte meinem Bericht zunächst keinen Glauben schenken. Dennoch lud er mich ein, die Nacht in seinem Haus zu verbringen und war so freundlich, mir zu versprechen, mich am nächsten Morgen mit Pferden zu versorgen. Ich verbrachte einen vergnüglichen Abend und war dankbar für eine weitere Nacht in einem bequemen Bett – womit ich nach meiner Abfahrt aus Moskau nicht mehr gerechnet hatte.

IM SIEDLUNGSGEBIET DER TATAREN

Mein Quartier in Kasan war so spärlich ausgestattet, wie ich es allmählich gewohnt war, mit einem Tisch, Holzstühlen, und einem Gestell, auf das ich meine Matratze legte. Mein Zimmer war gut durchlüftet, da es keine Fensterscheiben gab und meine Bitte um ebensolche unerhört blieb.

Am Freitag ergriff ich die Möglichkeit, eine Moschee während des Gottesdienstes zu besuchen; dies ist der Tag, an dem der Hauptgottesdienst gefeiert wird. Auch ich mußte hier meine Schuhe am Eingang ausziehen. Die Andacht dauerte nicht länger als eine Stunde, während dieser sich die Menschen in großer Erregung befanden, gelegentlich aufsprangen und sich dann niedersetzten oder -legten, wenn der Molla besondere Koranstellen vorlas. Frauen war die Teilnahme selbstverständlich nicht erlaubt.

Und nun zerstört Holman unser schönes blutrünstiges Tatarenbild, das wir seit jenen Zeiten pflegen, als Dschingis Khans Horden brandschatzend über den östlichen Teil der Weltkugel marodierten und nur das Kaspische Meer sie davon abhielt, vor den Toren Wiens zu stehen. Die Tataren schlafen ohne Ausnahme in Federbetten, die ihre Haut zarter und empfindlicher werden läßt als die ihrer russischen Nachbarn; folglich sind sie außerstande, den Stock oder die Peitsche ohne größere Verletzungen zu ertragen und fürchten sich vor diesen Strafen so sehr, daß sie, um ihnen zu entgehen, häufig ihrer Religion abschwören und Christen werden – eine Konversion führt zur Herabsetzung des Strafmaßes. Sie begehen jedoch sehr selten Schwerverbrechen wie Mord oder ähnliches, die sie in Gefahr brächten, mit der Peitsche Bekanntschaft zu machen; allerdings nehmen sie jede sich bietende Gelegenheit zum Diebstahl wahr, besonders gern entwenden sie Pferde, deren Fleisch ihre Leibspeise ist. Viele von ihnen sind auch in der Fälschung von Banknoten oder anderen Dokumenten sehr begabt; ihnen gelingt mit dem Füllfederhalter eine so genaue Nachahmung, daß der Betrug nur sehr schwer zu entlarven ist.

Das Tatarenbild, das Holman hier entwirft, hebt sich nicht nur von dem unsrigen markant ab, sondern auch von dem seiner Zeitgenossen. Galten die Tataren doch weithin als die wildesten unter den »Barbaren« der Neuzeit. Buffon hatte sie in seiner großen »Histoire Naturelle« bereits im 18. Jahrhundert als »kriegerische, der Jagd ergebene Menschen« beschrieben, die von Natur aus »viehisch, grob und abgehärtet« seien; und noch 1820 konnte der britische Gentleman – nicht ohne wohliges Schaudern – in einem Osteuropa-Reisebericht nachlesen, die Krimtataren seien »*the wildest people in Europe*«. Knapp

150 Jahre zuvor wußte der englische Geograph Richard Blome gar noch Grausigeres von ihnen zu berichten: »*Sie sind sehr grausam, barbarisch und rachsüchtig, verschonen ihre Feinde nicht und verspeisen sie aus Rache.*«* Demgegenüber nehmen sich Holmans ebenso zivilisierte wie dünnhäutige Tataren, die sich allenfalls durch ihre kunstfertig ausgeübte Kleinkriminalität auszeichnen, fast schon wie Chorknaben aus.

Ich verließ Kasan um Mitternacht und wurde beinahe eine halbe Stunde lang am Stadttor aufgehalten, weil sich die Soldaten und mein Postillion in Zänkereien verwickelten, deren Gegenstand mir verschlossen blieb. Der nächste Tag, der 7. Juli, erwies sich als sehr schön, aber auch als sehr heiß und staubig. Gegen zwei Uhr erreichte ich ein Tatarendorf, in dem ich vergebens auf ein Mittagessen hoffte und gezwungen war, mich mit trocken Brot und Kwaß** zufriedenzugeben. Dies war wahrlich ein Gegensatz zum vorangegangenen Tag, an dem ich allen Luxus, den eine wohlhabende Stadt bieten kann, in Gesellschaft ihrer Großen und Gelehrten genossen hatte. Nun war ich dazu verurteilt, mein bescheidenes Mahl in Einsamkeit einzunehmen, ohne eine Seele, der ich meine Gefühle mitteilen konnte. Dennoch lächelte ich meinen Brotknust an und sinnierte, wie wenig der Mensch benötigt, wenn seine Seele zufrieden und willens ist, sich den Umständen zu beugen.

Vielleicht läßt sich über kein Thema so trefflich philosophieren wie über ein trockenes Stück Brot, und so ließ ich meine Gedanken kreisen, und als mein Hunger gestillt war, setzte ich meine Reise fort, mit der Vorfreude auf ein besseres Mahl am morgigen Tag.

---

* »A Geographical Description of the Four Parts of the World« (1670).

** Russisch квас; beliebtes Gärgetränk, das aus Wasser, Roggen und Malz hergestellt wird und schwach alkoholisch ist oder laut Grimmschem Wörterbuch: »Ein (russisches) säuerlich schmeckendes und kühlendes, die Stelle des Biers vertretendes Getränk.« Ja, zu Zeiten der Niederschrift galt Bier nicht als Alkohol, sondern als harmloses Nahrungsmittel …

Die Straße war uneben und hügelig, die Dörfer hauptsächlich von Tataren bewohnt, deren Kinder mir gelegentlich folgten und wilde Erdbeeren zum Verkauf anboten. Dies erinnerte mich an die Zigeunerkinder, die bei Shooter's Hill und in anderen Gegenden Kents den Kutschen hinterherrennen. Während dieser Reise kam ich nicht umhin, zu bemerken, daß die Tataren viel zivilisierter als die Russen wirken, geschickter in dem, was sie anpacken, höflicher, nachgiebiger in ihrem Benehmen, und ihre Dörfer versahen mich allgemein mit den besten Pferden und Kutschern.

Dienstag, der 8., war ein heißer Tag. Der Zustand der Straßen hatte sich verbessert, sie waren allerdings immer noch sehr staubig. Ich wurde abermals von meinem Mittagessen enttäuscht, da weder Fisch, Fleisch noch Geflügel aufgetrieben werden konnten – mit der Ausnahme von Pferdefleisch, das sie sich mir nicht anzubieten getrauten, andernfalls hätte ich sicherlich das Experiment gewagt, ein paar Bissen zu probieren. Und so lächelte ich wieder über Brot und Kwaß still vor mich hin und hoffte auf bessere Zeiten.

Der Leser wird bemerken, daß ich unseligerweise Kasan ohne meinen üblichen Proviantvorrat verlassen hatte, was zwei Umständen geschuldet war – Nachlässigkeit und Bescheidenheit. Letztere Tugend, so hat mich die Erfahrung gelehrt, steht dem Reisenden nur im Wege, und dennoch hatte ich es irgendwie zugelassen, daß sie mein Wohlbefinden beeinträchtigte. Ich hatte in Kasan meine üblichen Vorkehrungen getroffen und einen Freund gebeten, mir die notwendigen Vorräte zu besorgen; da er aber dachte, ich würde nicht zur festgelegten Zeit aufbrechen, hatte er es verabsäumt, sie reisefertig verpacken zu lassen.

Gegen fünf Uhr erreichte ich die Stadt Malmisch im Gouvernement Wjatka. Nachdem ich meinen Tee zu mir genommen hatte, bereitete ich mich gleich zur Weiterfahrt vor und wurde dabei von einem Mann angesprochen, der mir mühsam begreiflich machte, daß bald ein Gentleman einträfe, der des Französischen mächtig und dem sehr daran gelegen sei, daß ich seine Ankunft abwartete. Da ich dachte, ich könnte von diesem Mann Auskunft über das Land erhalten, durch das ich reiste, entsprach ich diesem Ansinnen und begleitete ihn zu seinem Haus. Sobald ich Platz genommen hatte, zwang er mich geradezu, ein Glas Wein mit ihm zu trinken, eine Aufforderung, der ich sehr geduldig nachkam und dabei jeden Moment das Eintreffen seines Freundes erwartete. Dieser ließ jedoch auf sich warten und ich hörte, wie mein Gastgeber immer häufiger besorgt aus dem Fenster schaute und, wann immer ich Anstalten zum Aufbruch machte, ausrief: »*Sechas! Sechas!*«, was »umgehend« bedeutet*.

Endlich traf nach einer Stunde und zu unser beider Erleichterung der Gentleman ein, ein großer, beleibter Mann, der mir, nachdem er sich mit dem anderen Herrn unterhalten hatte, herzhaft die Hand schüttelte und mich unter übermäßigem Gelächter auf deutsch ansprach – und ich stellte enttäuscht fest, daß er des Französischen keineswegs mächtig war. Nachdem mir meine lachende Bekanntschaft noch ein paarmal kräftig die Hand geschüttelt hatte, rüstete ich mich abermals zur Weiterreise.

Später erhielt ich von einem Herrn, den ich in Sibirien traf, eine Aufklärung dieses mysteriösen Vorfalls.

Der Mann, dem so viel an meiner Unterhaltung mit dem Gentleman gelegen war, der des Französischen mächtig sein sollte, trug die Verantwortung für die Poststation des Ortes. Da ich ihm, als er mich ansprach, nicht ins Gesicht blickte, schloß er scharfsinnig, ich sei ein Spion; als man ihm erklärte, ich sei blind, bemerkte er, daß es für einen Blinden ganz und gar unmöglich sein, so zu reisen wie ich dies offenkundig tat. Er war so von der Richtigkeit seiner Annahme überzeugt, daß er keine Zeit verlor, den lachenden Gentleman herbeieilen zu lassen, bei dem es sich um einen Destillateur handelte, der tatsächlich

---

* Also ein russisches »*tout à l'heure*«.

Französisch sprach, zumindest morgens – unseligerweise war sein Sprachsinn mittlerweile durch die Dämpfe seiner Destillationsapparate oder vielleicht durch den überreichlichen Genuß ihres Inhalts so getrübt, daß er sich nur noch auf russisch oder deutsch verständigen konnte.

ÜBER DEN URAL

Am 15. hatte sich das Wetter zum Besseren gewendet. Ich überquerte nun den Ural, der Europa und Asien trennt, und mein Herz hüpfte vor Freude, da ich nun einen beträchtlichen Teil meiner Reise bewältigt hatte und jetzt eine neue Welt betrat, eine Welt voller Fremder, die Vorsehung mein einziger Wegweiser. Nun hat sich der Wunsch erfüllt, der schon seit vielen Jahren einer meiner innigsten war und dessen Erfüllung mir stets wenig wahrscheinlich erschien – der Wunsch, den vierten Teil der Weltkugel zu bereisen. Die Befriedigung, die ich verspürte, ist unbeschreiblich und ließ mich mit verstärktem Eifer auf meinen geplanten Projekten beharren. Ich hatte beinahe das Gefühl, daß mir eine übernatürliche Macht verliehen worden war und ich nur meinen Zauberstab bewegen müßte und jedes Hindernis, jede Schwierigkeit würde weichen. Solchermaßen beschwingt erreichte ich Jekaterinburg.

Am nächsten Tag fuhr ich zu Mr M., einem englischen Gentleman, für den ich ein Empfehlungsschreiben bei mir führte und der auf dem Lande lebte, zehn Meilen entfernt. Ich wurde drei Damen vorgestellt, die vergebens versuchten, mit mir auf russisch und deutsch ins Gespräch zu kommen. Mr M. betrat jedoch bald darauf das Zimmer und drängte mich auf so warmherzige Art, ein paar Tage bei ihm zu verbringen, daß ich mir dieses Vergnügen nicht versagen wollte.

Dieser Gentleman, der seit vielen Jahren in Rußland lebt, weist hinsichtlich allerlei Maschinen eine große Begabung auf, weswegen ihm die Regierung als Belohnung für seine Dienste ein schönes Stück Land samt Dorf zur Verfügung gestellt hat, das er nun bewohnt – unter der Bedingung, daß er dort eine Besteckmanufaktur aufbaut und eine gewisse Anzahl Leibeigene in diesem Handwerk unterweist.

Das Anwesen umfaßt zwei Quadratmeilen, und das Dorf, es trägt den Namen Istock, ist höchst idyllisch gelegen. Von zwei Flüssen bewässert, strotzt es vor Wäldern, Wildtieren, Fisch und üppigem Grün.

Ich hatte das Vergnügen, an diesem Rückzugsort mehrere Tage zu verbringen und erfreute mich an häufigen Spaziergängen über die Felder und in die benachbarten Wälder, stets begleitet von den Damen der Familie. Wenn es regnete, zogen wir uns in Mr M.s Bibliothek zurück, die eine Auswahl englischer Bücher umfaßte, aus denen mir eine englische Dame, die Gesellschafterin seiner Töchter gewesen war, die Güte besaß vorzulesen. Die Gesellschaft dieser Dame war mir wahrlich teuer, auch wenn sie das Pech hatte, taub zu sein.

Mr M.s Familie bestand aus seiner Ehefrau und zwei Töchtern sowie seinem Sohn, einem achtjährigen Knaben. Es ist bemerkenswert, daß weder Mrs M. noch die jungen Damen ein Wort Englisch sprachen, und was noch überraschender ist: Mr M. konnte sich mit seinen eigenen Töchtern in keiner Sprache unterhalten! Was ein rechter englischer Gentleman ist, der läßt sich unter keinen Umständen herab, eine barbarische Sprache zu lernen, auch wenn es bedeutet, daß er sich mit den eigenen Töchtern nicht unterhalten kann. Ein vorzügliches Beispiel von elegantem Selbstzwecksnobismus.

SIBIRISCHE HEILKUNST

Nachdem ich beinahe eine Woche in Tobolsk, der berühmten sibirischen Hauptstadt, verbracht hatte, die, wie mir scheint, außer ihrer feinen Gesellschaft nichts Bemerkenswertes aufzuweisen hat, begann ich, an die Weiterreise Richtung Osten zu denken. Ich traf einen Herrn, dem sehr viel daran lag, mich länger in Tobolsk festzuhalten. Es handelte sich um den Heilkünstler, der die Familie meines freundlichen Gastgebers behandelte. Er beteuerte mir zuversichtlich, er könne mir, für den unbedeutenden Gegenwert von zehn Rubeln, innerhalb von sechs Monaten wieder zu meinem Augenlicht verhelfen. Falls ich es für angemessen hielte, ihm ein zusätzliches Entgelt zu zahlen, würde er dieses nicht ablehnen. Die Konditionen waren in der Tat sehr großzügig, aber meine früheren Erfahrungen mit derartigen Heilern hatten meinen Glauben aufgezehrt, und seine Erklärung, genau jenes Auge, das jede andere medizinische Kapazität für hoffnungslos erblindet erklärt hatte, würde als erstes genesen, nahm mich zusätzlich gegen ihn ein. Zudem war er zu geltungsbedürftig, als daß ich ihm wirklich überragendes Talent zugetraut hätte. Sein Heilplan sah die Anwendung von Medikamenten vor sowie die punktuelle Behandlung mit Elektrizität.

VON FREMDEN UND EIGENEN MISSVERSTÄNDNISSEN

Am Abend vor meiner Abfahrt suchte ich den Generalgouverneur auf, um mich von ihm zu verabschieden. Bei dieser Gelegenheit erkundigte er sich, welche Weltgegenden ich schon bereist hätte. Als ich auch St. Helena* erwähnte, rief er aus, er besitze eine Zeichnung der Insel, holte diese umgehend aus dem Nebenraum und wollte wissen, ob die Abbildung gut getroffen sei. Dies ist nur ein Beispiel unter vielen, das zeigt, wie die Menschen, mit denen ich mich unterhalte, oftmals mein fehlendes Augenlicht vergessen, mir verschiedene Gegenstände zur Begutachtung überreichen oder von mir erwarten, ihnen

* Keine Erwähnung Napoleons – kaum zwei Jahre tot und schon von der Welt vergessen.

diese aus den Händen zu nehmen. Gelegentlich ruft ihnen nur eine unvermutete Handbewegung meinerseits, die das Dargebotene, eine Tasse Tee etwa, umstößt, in Erinnerung, daß ich blind bin. Andere wiederum erinnern sich, daß ich eines Sinnes beraubt bin, und schreien mich an, als ob ich schwerhörig wäre. Kurzum, dieses Mißverständnis ist so verbreitet, daß beinahe jeder, der nicht auf vertrautem Fuß mit mir steht, im Gespräch die Stimme erhebt.

Legt man mir nahe, dieses oder jenes zu berühren, wird davon ausgegangen, auch mein Tastsinn sei mangelhaft, und meine Hand wird energisch auf den zu begutachtenden Gegenstand gedrückt. Dabei ist mein Tastsinn höchst empfindsam, ich muß lediglich leicht mit der Hand über die Oberfläche eines Gegenstandes fahren; ein Vorgang, der angenehm und zufriedenstellend zugleich ist.

Während dieses Besuchs ereignete sich ein weiterer, ungleich drolligerer Zwischenfall. Während der Gouverneur die Zeichnung aus dem Nebenzimmer holte, bat ich meinen Begleiter, herauszufinden, woher jenes eigenartige schnarchende Geräusch rührte, das seit geraumer Zeit meine Aufmerksamkeit erregte und hinter dem ich ein außergewöhnlich großes Haustier vermutete. Unglücklicherweise war der Verursacher einer der Honoratioren von Tobolsk, der unter einer merkwürdigen Verstopfung seiner Nase litt und beim Atmen ein eigenartiges, pfeifendes Geräusch von sich gab. Zudem war dieser Herr von sehr kleiner Statur, sein Kopf befand sich ungefähr auf der Höhe, in welcher sich der Kopf eines großen Neufundländerhundes befunden hätte, und ich hielt ihn tatsächlich für ein unbekanntes sibirisches Tier. Das zeigt, wie vorsichtig wir sein sollten, wenn wir *im Dunkeln* sprechen.

Am 21. August verließ ich Tobolsk mit der festen Absicht, Tag und Nacht zu reisen, bis ich Tomsk erreicht hatte – eine Strecke von tausend Meilen.

Doch kaum hatten wir die Stadttore hinter uns gelassen, bedeutete mir mein Postillion, daß er sehr krank sei. Dies hielt uns jedoch nicht davon ab, unsere Reise fortzusetzen, bis wir das Kloster* in Abalak erreichten, 26 Werst von Tobolsk entfernt. Der Vorsteher, ein respektabel aussehender Priester, beglückte mich mit folgenden Einzelheiten der Klosterhistorie: Der Ort, an dem das Ordenshaus steht, war vor beinahe zwei Jahrhunderten ein kleines Dorf. Damals trug es sich zu, daß eine alte Bäuerin zwei Visionen hatte, in denen ihr die Muttergottes und Maria von Ägypten verkündeten, das Dorf sei niederzureißen und an seiner Stelle ein Kloster zu errichten. Anderen Quellen zufolge wurde bereits im Jahr 1585 Nikolaj der Täufer in dieser Sache tätig, indem er dem Kosakenheerführer Ermak Timofejewitsch nach der Schlacht bei Abalak erschien und ihm mitteilte, dieser Ort solle zum »Heim Gottes« werden. Aber gut Kloster will bekanntlich Baubedenkzeit haben. Doch kann es von himmlischer Seite aus nicht schaden, den säumigen Menschlein ein paar Jahrzehnte später nochmals eine Erinnerung aufflimmern zu lassen. Dies sei ausdrücklich durch Menschenkraft allein zu bewältigen, die Unterstützung durch andere Lebewesen wurde ausdrücklich untersagt. Die Frau machte sich umgehend nach Tobolsk auf, und auf ihrem Weg erschien ihr die Jungfrau Maria**, welche die Anordnungen nochmals wiederholte. Man kann sich nicht sicher sein, ob Erscheinungsbeglückte in vorge-

* Das Kloster trägt übrigens den Namen Snamenskij.

** Maria hat einen doppelten Auftritt in dieser Klostermission: einmal nach und einmal vor Jesu Geburt. Diese reverse Chronologie kann aber sicherlich durch einen an Freud, Jung und Adler geschulten Theologen schlüssig erklärt werden.

rücktem Alter nicht doch eventuell an Schwerhörigkeit und/ oder Alzheimer leiden. Daraufhin begann und vollendete der Prior von Tobolsk das fromme Werk, und seitdem bewohnt die Jungfrau Maria diesen Ort; allerdings ist sie jährlich vom 6. bis 25. Juli abwesend, da sie eine Reise nach Tobolsk unternimmt, wo sie den Kirchen und Bewohnern einen Besuch abstattet. Auf den drei Tagen ihrer Hin- und Rückreise wird sie von einer riesigen Menge frommer Menschen begleitet, welche die notwendige Verpflegung mit sich schleppen. Viele dieser Gläubigen beiderlei Geschlechts frönen angeblich jeder erdenklichen Art der Ausschweifung und übernachten, wo immer sie Unterkunft finden, oder schlafen gar auf der bloßen Erde. Einzig in den Wäldern dürfen sie nicht umherstreifen, und falls sie dazu Anstalten machen, werden sie von den Kosaken, die den Menschenzug begleiten, umgehend in Gewahrsam genommen.

Am Tag vor unserer Ankunft wurde in dem Kloster die Almosenbüchse, die fünfzehn bis zwanzig Rubel enthalten hatte – die Spenden der Frommen vom letzten Monat –, aufgebrochen und das Geld gestohlen. Heute haben sie einen ehrbar aussehenden Mann als mutmaßlichen Dieb festgenommen.

Nachdem wir uns an Eingemachtem, Tee &c. gelabt hatten, reisten wir ungefähr vier Werst weiter und überquerten einen Nebenarm des prächtigen Irtysch-Flusses. Bald danach erreichte ich die erste, ungefähr 23 Meilen von Tobolsk entfernt liegende Poststation. Dort fand ich leider keine Möglichkeit, meinen Tee zuzubereiten und wurde zudem durch meinen tatarischen Diener behindert, der mir durch sein Seufzen und Stöhnen zu verstehen gab, daß sich seine Krankheit beträchtlich verschlimmert hatte. Ich begann mir die Frage zu stellen, ob ich nicht gezwungen sein würde ohne ihn weiterzureisen – was mir sehr unlieb gewesen wäre, hatte er sich doch an meine Gepflogenheiten gewöhnt. Ich beschloß daher, ihn soweit als möglich mitzuschleppen, und weil ich annahm, daß seine Krankheit auf den abscheulichen Unrat zurückzuführen war, den die Tataren ihrem Magen vorzugsweise einflößen, ließ ich ihm medizinische Hilfe angedeihen. Ich begann mit einem Stück alten Weißbrot, von dem ich glaubte, es könnte seine Beschwerden lindern. Zum Glück erwies sich diese Therapie als wirksam, seine Schmerzen ließen ohne Arznei nach, und bald schlief er neben mir in der Pawoschka ein.

Die Straßen waren so schlecht, daß wir die nächste Station nicht vor ein Uhr morgens erreichten. Um vier Uhr am folgenden Nachmittag, wir hatten seit Tobolsk 233 Werst hinter uns gebracht, wurde mir mitgeteilt, daß der Generalgouverneur Kapsowitsch uns in ungefähr einer Stunde überholen werde. Aus dieser Nachricht schloß ich, daß es an der nächsten Poststation nicht genügend frische Pferde geben würde. Daher trieb ich unseren Fahrer mit der Aussicht auf ein bißchen Brandy zur Eile an – das wirkungsvollste Mittel, um diese Menschen anzuspornen, deren einzige Vorstellung von Glück eine rein sinnliche ist. Dieses Volk jagt wie die wilden Tiere und zeigt beim Stillen seines Appetits weder Maß noch Vernunft, vielmehr frönt es, wann immer sich die Gelegenheit bietet, der maßlosen Übersättigung. Danach stellte ich vergnügt fest, daß ich mit der Post Schritt hielt, und vom Generalgouverneur ward nichts mehr gehört.

An der ersten Poststation nach Tara hielten wir zum Frühstück. Auf meiner gesamten Reise waren meine Vorkehrungen für das leibliche Wohl so einfach wie möglich. Das Frühstück war aufgrund der Schwierigkeit, Wasser zu beschaffen oder dieses zu erwärmen, für gewöhnlich die komplizierteste Mahlzeit. Ich trug Sorge, stets mit Zutaten wie Tee, Zucker, Butter und Brot ausgerüstet zu sein. Das Mittagessen wurde mit größerer Geschwindigkeit und Schlichtheit abgewickelt, da es lediglich notwendig war, den Vorratskorb zu öffnen und seinen Inhalt auf den Tisch zu stellen. Der dazu gereichte Kwaß wurde gewöhnlich in einer großen Holzschale oder einem Eimer gereicht, aus dem ich und mein Postillion gemeinsam trinken mußten. Der

Tatar wollte häufig das Mittagessen für mich zubereiten, besonders wenn es Fisch gab; da ich aber gehört hatte, daß seine Landsleute die Gewohnheit hatten, den Inhalt ihres Kochtopfes mit einer Kerze umzurühren, um ihm den nötigen *goût* zu verleihen, konnte ich mich nicht dazu durchringen, von seinen kulinarischen Fähigkeiten Gebrauch zu machen.

Fünfundvierzig Werst von Tara entfernt überquerten wir den Irtysch ein letztes Mal. Nach weiteren siebzig oder achtzig Werst betraten wir die Barabinsk-Sümpfe, deren Wasser so giftig ist, daß es Tieren den Tod bringt. So häufig kam es dadurch zu Todesfällen, daß die Regierung einen bedeutenden Arzt entsandte, welcher den Dingen auf den Grund gehen sollte. Die Vermutung, die Ursache sei eine besonders giftige Schierlingsart, wurde durch Experimente an Hunden verifiziert, denen man mit dem Saft dieser Pflanze versetztes Wasser zu trinken gab. Mittlerweile herrscht in den Brunnen, welche die Umgebung mit gesundem Naß versorgen, Tiefstand, und es stehen Wachen an den vergifteten Seen, die das Vieh daran hindern sollen, daraus zu trinken.

Dies ist jedoch nur eines der kleineren Übel dieses irdischen Tartarus*; seine gifthauchgeschwängerte Atmosphäre bringt nicht nur Malaria, Typhus und Fieberschübe hervor, sondern auch einen nur in dieser greulichen Steppe vorkommenden Tumor, der an einer Stelle des Kopfes wächst, bis er platzt und häufig zum Tode führt.

Diese Gegend gebiert auch riesige Schwärme giftiger Fliegen und anderer Insekten, die das unglückliche Wesen, das ihrem Angriff ausgesetzt ist, buchstäblich überwältigen. Sie dringen

---

* Latinisierte Version, in der griechischen Mythologie Teil der Unterwelt (hier mit der Endsilbe »ros« bekannt). Es ging dort offensichtlich so pädagogisch abschreckend zu, daß die Bibel diese Stätte – minus sündiger griechischer Götter – gleich übernahm. Die schon erwähnten Horden Dschingis Khans benahmen sich so unfein, daß man sie nach diesem höllischen Ort benannte.

in Mund, Ohren, Augen und stürzen sich auf jeden Körperteil, der nicht sorgfältig geschützt ist; die Auswirkung ihrer Stiche ist so enorm, daß der Reisende sein Gesicht mit Gaze schützen muß, um sich vor ernsthaftem Schaden zu bewahren. Glücklicherweise war zum Zeitpunkt meiner Reise bereits Spätsommer und damit die gefährlichste Jahreszeit vorüber, zudem hatte ich den Vorteil, daß während meiner Durchquerung des schlimmsten Teils der Steppe naßkaltes Wetter herrschte. Ich machte jedoch genügend durch, um mich überzeugen zu lassen, daß die Beschreibungen, die andere Reisende über dieses Land verbreiteten, keinesfalls im Reich der Märchen angesiedelt waren.

Gegen Mitternacht erreichte ich eine Station, die über einen Postmeister verfügte, und wo es mir endlich gelang, mich an meinem Lieblingsgetränk zu erfreuen. Danach setzte ich meine Reise durch dieses trostlose, pestilenzialische Land im strömenden Regen fort – eine derart lebensfeindliche Region, daß sie nur von wilden Tieren, Reptilien und ein paar kränkelnden Tataren bewohnt werden kann, und das meiner durch verschiedene Berichte angeregten Phantasie wie das Pendant zum unheilvollen Land des Upasbaums* erschien.

Mir war gesagt worden, ich würde drei Tage benötigen, um die Barabinsk-Steppe zu durchqueren, und daß zusätzlich zur Gefahr, Malaria oder Fieber zu bekommen, vergiftet oder zu Tode gestochen zu werden, gute Aussichten bestanden, ausgeraubt und ermordet zu werden, aber ich war entschlossen, mich nicht von solchen bösen Vorahnungen aufhalten zu lassen.

Den Abend des 1. September verbrachte ich in Tomsk beim Vizegouverneur, der mich mittlerweile zur Familie zählte. Im Lauf des Abends erschien mein Postillion, um mir mitzuteilen, daß Unbekannte in der vorigen Nacht in meine Pawoschka eingebrochen waren und einen kupfernen Teekessel sowie einige

* Ein javanisches Maulbeergewächs, aus dessen Milchsaft ein Pfeilgift gewonnen wird.

Zinnteller entwendet hatten, die dort leichtsinnig zurückgelassen worden waren. Sie hatten auch die gesamte Auskleidung und die Ledertaschen der Equipage fortgeschafft. Man erzählte uns, daß in das Haus eines Händlers in derselben Nacht durch das Dach eingebrochen und der Besitzer lebensgefährlich verletzt worden war, ebenso seine Frau, die man zuvor mit Gewalt gezwungen hatte, zu verraten, wo sich ihr Geldversteck befand – die gesamten sechzig Rubel, die sie darin aufbewahrten, wurden natürlich mitgenommen.

Mein Postillion sprach bei den Polizisten vor, welche die Angelegenheit untersuchten; ein Beamter nahm alle Details auf und wünschte schließlich von ihm zu wissen, auf welchen Betrag er meinen Verlust schätze: der Postillion veranschlagte 30 Rubel. »Dann«, erwiderte der Offizier, »müssen Sie eine Gebühr von 30 Kopeken zahlen.« Ich fürchte, derartiges Entgelt zur Erbringung einer Staatspflicht wird nicht nur in Sibirien eingefordert.

Bei der nächsten Poststation wurde ich in einen Raum geführt, der mir wie eine Räuberhöhle vorkam – und ich glaube nicht, daß diese Annahme sehr weit von der Wahrheit entfernt war, denn der ganze Ort wimmelte von Burschen, die einen sehr verlotterten Eindruck machten. Die Möblierung des Zimmers entsprach seinen Bewohnern, alles war schief und äußerst abscheulich, in allen Ecken lagen Schmutz und Lumpen. Es dauerte geraume Zeit, bis ich Wasser für meinen Tee bekam, den ich in einem beschädigten Tongefäß kochen mußte, da nichts anderes vorhanden war. Ich zog es jedoch vor, meinen Tee auf diese unbequeme Art zuzubereiten, als ganz auf ihn zu verzichten, da es für mich auf Reisen oder wenn ich sehr erschöpft bin, kein verträglicheres und belebenderes Getränk gibt. Obwohl ich mit Wein und Brandy gut ausgestattet war, hatte ich unterwegs, seit meiner Abreise aus Moskau, nicht davon gekostet, und folglich wird sich der Leser nicht länger ob meiner Hartnäckigkeit wundern, diese Erfrischung auch unter schwierigen Bedingungen zubereiten zu wollen. Ich mag mich täuschen, aber meiner Gesundheit war dieses Vorgehen zuträglicher, als wenn ich mich, wie es manche Reisende in diesem Land taten, den Freuden des Tabaks und Alkohols hingegeben hätte.

Man wundert sich, daß Holman nicht einen Werbevertrag von Twinings, dem berühmten Teehändler, erhielt. An Sprüchen wäre kein Mangel gewesen: »Mit Earl Grey um die Welt«, »Stürme im Teeglas«, »Mit Twinings wird selbst Sibir warm«.

Wir setzten unsere Reise den gesamten 16. über fort, erlebten abermals eine stockfinstere Nacht und schlechte Straßen. Um ein Uhr in der Früh des 17., als wir gerade durch einen Wald auf einer beschwerlichen, sandigen Straße fuhren, auf der unsere Pferde zum Schritt gezwungen wurden, trafen wir einen Mann, der uns auszuhorchen schien. Er fing zunächst eine Unterhaltung mit unserem Fahrer an. Als er herausfand, daß es sich bei unserem Gefährt um eine Postkutsche handelte, wir zu dritt und wahrscheinlich bewaffnet waren, hielt er es – falls seine Absichten übler Natur gewesen waren – für ratsamer, uns nicht anzugreifen. Ich habe erfahren, daß die sibirischen Räuber sich scheuen, Reisende in Postkutschen zu überfallen und es statt dessen vorziehen, wehrlosen Bauern die Feldfrüchte von ihrem Wagen zu rauben. Diese Räuberbanden bestehen beinahe vollständig aus Verurteilten, die während des Frühlings und des Sommers aus den Fabriken, in die man sie gesteckt hat, entwischen und in die Wälder flüchten. Sie ernähren sich bis zum Wintereinbruch von dem, was sie dort vorfinden, und überfallen gelegentlich die Straßen und die umliegenden Dörfer. Der harte Winter zwingt sie, in den Städten und Dörfern Schutz zu suchen, wo sie oftmals von den Bewohnern festgenommen, zu ihrem früheren Quartier gebracht und schwer bestraft werden. Dies hält jedoch andere nicht davon ab, dieses Vergehen im folgenden Frühjahr zu wiederholen, so daß es den ganzen Sommer über auf den Straßen von Räubern wimmelt; sie schließen sich im allgemeinen zu kleinen Banden zusammen und durchstreifen das Land in alle Richtungen.

Nach dem Tee machte ich mich zum Haus einer englischen Dame auf, die seit kurzem verwitwet war. Als mein Postillion dem Diener meinen Namen und mein Ansinnen mitteilte, seine Herrin zu sehen, schlug jener zu meinem Erstaunen die Tür vor unserer Nase zu. Nach diesem seltsamen Empfang kehrte ich in meine Unterkunft zurück, und da ich von der Reise sehr erschöpft war, ging ich zu Bett. Später stellte sich heraus, daß man mich für einen Betrüger gehalten hatte, der sich als Engländer ausgab, in verschiedenen Häusern in der Stadt bettelte und dabei den einen oder anderen Gegenstand stahl. Ein anderes Ereignis, welches zum ungestümen Verhalten des Dieners beigetragen hatte, war der unerwartete Schlaganfalltod der zu Besuch weilenden Schwägerin der Dame. Die Familie war derart tief in Trauer versunken, daß sie, da keine Uhr oder ein anderes Zeitmeßinstrument vorhanden war, dachten, es wäre bereits elf Uhr, dabei hatte es noch nicht einmal acht Uhr geschlagen. Der Schreck, den mein Besuch auslöste, war so groß, daß am nächsten Morgen berichtet wurde, Räuber hätten versucht, in das Haus einzubrechen. Ja, man erwog sogar, am folgenden Abend einen Wachmann ins Haus zu rufen.

Am nächsten Morgen stattete ich dem Generalgouverneur einen Besuch ab, der mich aufs herzlichste empfing und mir einige Briefe aushändigte, die für mich bereitlagen und die ihm, da er nichts von mir gehört hatte, große Sorgen bereitet hatten, da einer von ihnen ganz offensichtlich Geld enthielt. Mir wurde die Ehre zuteil, die ganz persönliche Einladung seiner Exzellenz zu erhalten, sowohl an seinen öffentlichen als auch an seinen privaten Gesellschaften teilnehmen zu dürfen sowie an allen weiteren Veranstaltungen – dies geschah nicht nur aus reiner Höflichkeit, da der Einladung jede erdenkliche Aufmerksamkeitsbezeugung folgte.

An diesem Abend fand das Begräbnis der bereits erwähnten Dame statt, da es in diesem Land Sitte ist, Verstorbene binnen achtundvierzig Stunden zu beerdigen. Sobald die betreffende Person aufgehört hat zu atmen, werden Männer angestellt, die unausgesetzt über dem Leichnam Gebete lesen, bis die Bestattung erfolgt – ein Priester wird hierzu nicht benötigt. Zudem werden Köche umgehend mit der Vorbereitung des Leichenschmauses beauftragt. Am Trauertag versammeln sich Verwandte und Freunde des Verstorbenen, von zahllosen Priestern begleitet, in dem Raum, in welchem der Leichnam aufgebahrt ist. Nach einem kurzen Gebet, zu dem Weihrauch verbrannt wird, wird der Verstorbene in einer Prozession zur Kirche getragen, wo der Aussegnungsgottesdienst abgehalten wird. Anschließend wird der Körper seiner letzten Wohnstätte überantwortet. Die Gesellschaft kehrt nun in das Haus des Verstorbenen zurück, wo sie sich, nach der Wiederholung von Gebet und Weihrauchverbrennen, zu einem üppigen Essen niederläßt. Danach verabschieden sich die meisten, besonders jedoch die Herren der Kirche, in berauschtem Zustand. Diese *traurige Festivität* beschränkt sich nicht nur auf die Familie, auch die Diener und die Armen werden mit Essen, alkoholischen Getränken, Tee &c. in der Küche und den Diensträumen bewirtet, und es ist keinesfalls ungewöhnlich, daß am nächsten Morgen eine Vielzahl von Servietten, Messern, Löffeln oder anderen Gegenständen fehlt. Am vierzehnten, zwanzigsten und vierzigsten Tag nach dem Ableben werden ähnliche Essen gegeben, ebenfalls am Ende des sechsten und des zwölften Monats, und falls die Freunde wohlhabend sind, wird von ihnen erwartet, daß sie dem Kloster sowie allen Kirchen, Gefängnissen, Kranken- und Armenhäusern der Stadt Geld und den drei letztgenannten auch Nahrungsmittel spenden.

Am 19. begleitete ich den Gouverneur zum Mittagessen beim Generalgouverneur, wo viele Offiziere und Beamte anzutreffen waren. Anschließend wagte ich erneut den Versuch, bei der englischen Dame vorzusprechen (die traurigen Feierlichkeiten des Begräbnisses ihrer Schwägerin waren vorbei), die vom Gouverneur von meiner Absicht in Kenntnis gesetzt worden war und mir einen so ganz anderen Empfang als beim ersten Mal bereitete. Ich glaube, jener Vorfall, über den wir noch oft schmunzelten, diente der Intensivierung unserer zukünftigen Freundschaft. Bei allen Unternehmungen während meines Aufenthaltes in dieser Stadt verhielt sie sich mir gegenüber überaus freundlich und aufmerksam.

Diese Dame, zwischen dreißig und vierzig Jahre alt, hatte ihren Ehemann zehn Monate zuvor begraben, und obwohl er sehr viel älter war als sie, waren ihr gegenseitiger Respekt und ihre Zuneigung zu Lebzeiten so intensiv, daß sein Verlust sie immer noch untröstlich machte. Sie hatte nur einen ungefähr zwölfjährigen Sohn, und ich versuchte sie mit der Aussicht zu trösten, daß er bald alt genug sei, um sie zu beschützen.

Am 22. drängte man mich, mein Quartier in das Haus eines Herrn aus dem Kanzleigericht des Gouverneurs, der mich freundlicherweise zu diesem Wechsel aufforderte, zu verlegen. Und da der Mann ein Literaturliebhaber war und fließend Französisch sprach, sollte diese Veränderung zu meinem Besten sein. Mein einziges Bedenken war, ich könnte ihm zur Last fallen. Dies erwies sich jedoch als grundlos, da Fremde sich in ihren Vorstellungen von Behaglichkeit und Belästigung grundlegend von Engländern unterscheiden, die es nicht schätzen, wenn sie bei ihren Privatangelegenheiten gestört werden. Auf dem Kontinent hingegen geht man so vertraut miteinander um, daß man durch die verschiedenen Zimmer des Hauses schlendern kann – selbst in das Schlaf- oder Ankleidezimmer des Bewohners –, ohne daß dies als aufdringlich empfunden wird. Mir erscheint dies ein wenig taktlos, und für meine Person ziehe ich es vor, mich stundenlang ungestört meinen Beschäftigungen widmen zu können.

Am 6. speiste ich abends mit dem Generalgouverneur; es war eines seiner öffentlichen Diners. Meine Beziehung zu diesem Gentleman war mittlerweile solcher Natur, daß ich oftmals gebeten wurde, noch zu bleiben, nachdem die Gesellschaft sich entfernt hatte. Er lud mich dann ein, mit ihm spazieren zu gehen oder eine Ausfahrt in seiner Kutsche zu unternehmen. Dies ermutigte mich zur Annahme, daß ich seine Wertschätzung genoß und – da wir uns wiederholt länger unterhalten hatten – er einen mehr oder weniger tiefen Einblick in meinen Charakter gewonnen hatte. Ich erdreistete mich deshalb, ihm mitzuteilen, was ich bisher niemand erzählt hatte: eine Kurzfassung meines Planes, der in nichts Geringerem als einer vollständigen Weltumrundung bestand. Es ist schwer zu sagen, ob Holmans Ehrlichkeit ihm schadete oder nicht. Manche Bekenntnisse wecken erst den Argwohn, man habe etwas zu verbergen, und maßlose Ambitionen regen oft Mißtrauen an, das dann, angefacht durch die Indizien (wieso reist ein Blinder allein herum, wenn nicht, um unauffällig zu spionieren?) zum Generalverdacht auflodert. Ich war um so geneigter, dies zu tun, da ich mir sicher war, daß es in seiner Macht lag, meine Absichten zu unterstützen. Er teilte mir jedoch zu meinem großen Erstaunen mit, ich dürfe zwar jeden Winkel seines eigenen, ausgedehnten Gouvernements besuchen, aber er könne mir nicht die Erlaubnis erteilen, mich in Kamtschatka oder einem anderen Seehafen einzuschiffen; in dieser Sache müsse ich mich mit einem Gesuch an den Zar persönlich wenden. Ich bat ihn um den Gefallen, dieses Gesuch für mich zu verfassen, was er freundlicherweise versprach, gleichzeitig führte er aber jedes erdenkliche Argument an, um mich von dieser in seinen Augen gefährlichen Reise abzubringen. Ich versicherte ihm, mein Plan sei das Resultat sehr ernsthafter Überlegungen und Erkundigungen hinsichtlich der Reiseroute, die ich einzuschlagen gedachte, und daß ich durch nichts von meinem Vorhaben abzubringen sei. Er beharrte jedoch weiterhin darauf, mich von meinem Entschluß abzubringen, und ich bin überzeugt, aus gütigsten Beweggründen; aber in dieser wie auch in allen anderen Angelegenheiten bestärkte mich der Widerspruch nur in meinen Wunsch, jegliches Hindernis zu überwinden. Unsere Konferenz endete mit dem Versprechen Seiner Exzellenz, dem Zaren in dieser Angelegenheit zu schreiben.

EIN NEUERLICHER HEILUNGSVERSUCH

Ich hoffe, meine Leser werden mich nicht eines Anfalls von Aberglauben bezichtigen, wenn ich folgendes Vorkommnis erzähle: Eine Dame, mit der ich das Vergnügen hatte, sehr gut befreundet zu sein, hegte ein besonderes Interesse am Zustand meiner Augen und war überzeugt, mein Sehvermögen könnte wiederhergestellt werden, wenn ich mich der Fürsorge ihres Lieblingsheiligen, Inakenti (Innozenz), anvertraute, ihrer Meinung nach der beste Heilkünstler und Augenarzt der Welt – auch wenn er seit beinahe einem Jahrhundert tot war. Teils um ihr den Gefallen zu tun, teils um meine eigene Neugier zu befriedigen, die sich stets an den Eigenarten der Menschen entzündet, mit denen ich Umgang pflege, willigte ich ein, seine Wunderkräfte auf die Probe zu stellen. Eines Morgens begleitete ich also die Dame und ihren Ehemann zu jenem Kloster, in dem der Heilige in einem prachtvollen Schrein ruht. Nachdem der tägliche Gottesdienst beendet war, wurde ich zu seinem Grabmal geführt, wo mich der Priester, nach vielen Gebeten und Weihwasserbesprengungen, zum Sarg und zur welken Hand des Heiligen führte, die ich küssen sollte. Nachdem dies geschehen war, rieb mir der Priester unter beträchtlichem Druck mit einem offenkundig ölgetränkten Stück Seide über die Augen. Ich gestehe, daß sie durch die Behandlung ziemlich schmerzten, aber leider konnte ich danach keinen Deut besser sehen. Nach Beendigung der Zeremonie zogen wir uns in das Haus eines Bauern in der Nachbarschaft zurück, um dort das Frühstück einzunehmen – es war ein wichtiger Bestandteil des Glaubens, daß ein voller Magen die gesamte Wirkung der Heilkräfte des Heiligen zunichte gemacht hätte. Man verkündete auch, daß ich ohne richtigen Glauben keinerlei Nutzen aus dem Vorgang ziehen würde; dies war wahrscheinlich der unheilbringende Grund für den Mißerfolg.

Später erfuhr ich, daß dieser heilige Mann einstmals an die russische Botschaft in China berufen worden war, da er aber sehr dem Trunke zugetan war, fürchtete Seine Exzellenz der Botschafter, der Ruf dieser Einrichtung könnte Schaden erleiden, und es gelang ihm auf der Reise, den Mann hier an diesem Ort als Bischof einzusetzen, wo er 1731 starb.

EIN PRUNKVOLLES FEST

Am 11. besuchte ich in Begleitung des Gouverneurs die Besserungsanstalt, wo nicht nur die Missetäter des Ortes für eine gewisse Zeit einbehalten wurden, sondern auch die Verbannten, deren Vergehen geringerer Art gewesen waren. Beinahe jede Art von Handwerk wird hier ausgeübt, und alle Waren können zu einem günstigen Preis hergestellt oder erworben werden.

An diesem Abend traf ein Gentleman aus Sitka ein, im Norfolk Sund, auch King George Island genannt, gelegen, der russischen Hauptsiedlung an der Nordwestküste Amerikas. 1867 trennte sich Zar Alexander II. von der so schlecht zu erreichenden Überseekolonie für mickrige 7,2 Millionen Dollar, wofür ihn alle späteren Autokraten Rußlands gewiß verfluchten. Er hatte als Dolmetscher eine Fregatte begleitet, weil er aber seine Position aufgrund schlechter Gesundheit nicht ausüben konnte, befand er sich nun auf seiner Rückreise nach St. Petersburg. Da ich plante, meine Fahrt auf jener Route fortzusetzen, die dieser Gentleman kürzlich bereist hatte, freute ich mich über die Gelegenheit eines Gesprächs mit ihm, in dem ich viel Aufschlußreiches erfahren würde. Der Bericht über seine Reise von Ochotsk in Kamtschatka nach Jakutsk war keinesfalls beruhigend, obwohl er sie im Sommer unternommen hatte. Er war gezwungen gewesen, ein überaus wildes Gebiet von mehr als vierhundert Meilen zu durchqueren und mußte dabei Berge,

Täler und Sümpfe überwinden, in denen die Pferde bei jedem Schritt bis zum Bauch einsanken. Mitunter fand er tagelang keine Unterkunft, und einmal reiste er einhundertdreißig Meilen, ohne einer einzigen menschlichen Seele oder einer Behausung zu begegnen.

Am 20. nahm ich an einer prachtvollen Feierlichkeit im Haus eines russischen Kaufmanns teil, zu Ehren des Namenstages seiner Ehefrau. Um drei Uhr ließen wir uns zum Mittagessen nieder, das von Gesang und Musik begleitet wurde. Nach dem Mahl wurde die Festtagsfahne der Gastlichkeit geschwungen, begrüßt vom wiederholten Knallen der Champagnerkorken und dem leiseren Salut verschiedener anderer Weine. In Europa vermutet man nicht, daß die gehobene Gesellschaft in diesem entfernten Winkel der Welt so verschwenderisch und vornehm lebt. Diese prunkvollen Feste sind bei den Kaufleuten von Irkutsk keineswegs selten.

Gemäß den sibirischen Gepflogenheiten, die auf die russischen zurückzuführen sind, dauert jedes Fest drei Tage, während derer die gastgebende Familie im buchstäblichen Sinne ein offenes Haus pflegt und die gesamte Zeit einen nicht abreißenden Besucherstrom willkommen heißt. Jene, die nicht an Mittag- oder Abendessen teilnehmen wollen, statten ihre Besuche am Vormittag ab, und egal zu welcher Zeit der Besuch eintrifft, die Bewirtung ist stets entsprechend, und es gilt als unhöflich, sich dieser zu verweigern. Ich hörte von so manchem lädierten Magen oder Brummschädel, verursacht durch das beharrliche Drängen des freundlichen Gastgebers oder der Gastgeberin, bei den Speisen zuzugreifen, wiewohl man lieber abgelehnt hätte. Auch neigen diese Leute keineswegs dazu, die unheilvollen Auswirkungen der Feier durch körperliche Bewegung abzuschwächen, im Gegenteil, jede Verlagerung von einem Ort zum anderen wird mit der Kutsche unternommen, da es als höchst unschicklich gilt, zu Fuß erblickt zu werden. Die Sibirer von gestern sind die Amerikaner von heute.

2. Januar 1824. An diesem Tag saß ich mit dem Generalgouverneur zusammen, nachdem sich seine Abendgesellschaft zurückgezogen hatte. Wir kamen auf einige Nachrichten zu sprechen, die ein soeben aus St. Petersburg eingetroffener Lieutenant der Feldjäger überbracht hatte. Seine Exzellenz versetzte mich sehr in Erstaunen, als er mir mitteilte, daß der Zar diesen Offizier meinetwegen ausgesandt habe und fügte hinzu, daß Seine kaiserliche Hoheit mir nicht erlaube, mich in Kamtschatka einzuschiffen, ja nicht einmal dorthin zu reisen. Der Zar sei sehr betroffen, daß ich soweit in sibirisches Gebiet vorgedrungen war, ohne entsprechende Begleitung, die aufgrund meiner Beeinträchtigung nötig gewesen wäre, und ohne jegliche Sprachkenntnisse. Aus diesem Grund habe er zu meinem Schutz diesen Offizier entsandt und ihn angewiesen, mich auf meiner Rückreise nach Europa zu begleiten. Seine Exzellenz äußerte dann, es sei besser, über diesen Umstand Stillschweigen zu bewahren, da sonst niemand Kenntnis über diese Mission des Feldjägers hatte.

Dies bedeutete einen herben Schlag für mein Herzensprojekt und meine hoffnungsvollen Absichten, und ich war um so bedrückter, da ich aus dem Verhalten Seiner Exzellenz schloß, daß etwas unerwähnt geblieben war, eine Sache, die ihm sein Zartgefühl mitzuteilen verbot, und ich glaube, daß ich dank unserer innigen Freundschaft recht gut mit seinem Verhalten und seinen Gefühlen vertraut war. Da ich es nicht angebracht fand, mehr von ihm erfahren zu wollen, als er mir mitzuteilen bereit war, verabschiedete ich mich, begleitet von seiner dringenden Bitte, am Abend wiederzukommen.

Die Nachricht, die ich erhalten hatte, wirkte wie ein elektrischer Schlag auf mich, ich brachte jedoch allmählich meine Gefühle wieder unter Kontrolle und begann über meine neue Reiseroute nachzudenken, die zwar nicht so großartig war wie die geplante, aber dennoch interessant genug, um meine derzeitige

Enttäuschung ein wenig zu lindern. Ich würde meine Schritte zurück nach Tomsk richten, von dort nach Omsk weiterreisen, entlang der kirgisischen Steppe nach Troizk und Orenburg, dann wollte ich die Wolga überqueren um nach Saratow zu gelangen, wo ich meiner Berechnung nach zu jener Zeit ankommen müßte, in der das Eis der Wolga aufbrach. Da die Straßen dann in schlechtem Zustand sein würden, gedachte ich an diesem Ort einen Monat zu verbringen, bis ihre Beschaffenheit sich soweit verbessert hätte, daß ich entlang der Wolga nach Zarizyn* reisen konnte. Anschließend wollte ich zweihundert Meilen Steppe hinter mich bringen und den Don überqueren oder die Wolga nach Astrachan und Tscherkassy hinabreisen, dann weiter nach Taganrog, auf die Krim und nach Odessa, von wo aus ich mich nach Konstantinopel einschiffen und durch Griechenland und die österreichischen Staaten nach Europa zurückkehren würde.

In unseren Zeiten, in denen die Welt bis in den letzten Winkel vermessen und kartographiert ist, eine Reise ohne Google Maps und Navigationssysteme verschiedenster Couleur fast unvorstellbar ist, wirkt ein blinder Reisender, der sich seine monatelange Route in einem riesigen Land ohne Hilfe von Braille-Karten im Gedächtnis zusammenstellt, wie der sichere Wettkönig einer bekannten Fernsehsendung.

Am Abend hatte ich das Vergnügen einer privaten Unterhaltung mit Seiner Exzellenz, jedoch kamen keine Neuigkeiten zur Sprache, da das Thema für uns beide schmerzlich und unangenehm war.

Am Samstag, dem 10., nachdem ich mit dem Generalgouverneur zu Mittag gegessen hatte, lud er mich ein, wie er es schon oft getan hatte, ihn zum Tee zu Colonel M. zu begleiten. Mir war aufgefallen, daß seit dem Eintreffen des Feldjägers das

---

* Auch dieser Stadt wurden im Laufe der teilweise unseligen russischen Geschichte mehrere Namen zuteil: Aus Zarizyn wurde Stalingrad wurde Wolgograd.

Verhalten Seiner Exzellenz mir gegenüber reservierter war und er in unseren Gesprächen nie eines der östlich von Irkutsk gelegenen Gebiete erwähnte oder mich ermutigte, meine Ansichten darüber zu äußern. Ich begriff, daß es immer noch irgendein Geheimnis gab, und vermutete, man würde mir nicht erlauben, tiefer in das Land vorzustoßen. Diese Vermutungen bestätigten sich nun. Im Laufe des Gesprächs bemerkte Seine Exzellenz zu Colonel M., daß ich gern Kamtschatka besuchen könne, der Zar mir jedoch nicht erlauben würde, eine derartig gefährliche Reise zu unternehmen und erstaunt sei, daß ich angesichts meiner besonderen Umstände bis nach Irkutsk gekommen war. Er habe daher die Güte besessen, mir einen Offizier zu meinem Schutz zu schicken, da er sich, ermordete man mich in seinem Hoheitsgebiet, den Vorwurf machen würde, mir die Weiterreise gestattet zu haben. Dies wurde Colonel M. als Neuigkeit berichtet, aber ich bemerkte, daß diese ganze Unterhaltung zwischen den Gentlemen vorab vereinbart worden war; ihnen lag daran, mir nähere Einzelheiten über die Absichten Seiner kaiserlichen Majestät mitzuteilen.

Colonel M. fragte mich dann, wann ich zurückzureisen gedächte, und ich antwortete, ich würde dies sofort nach den Festlichkeiten tun, mit denen die Chinesen ihr Neujahr begehen, denn dies wolle ich unbedingt erleben. Daraufhin erwiderte Colonel M., dieses Fest finde erst in mehr als einem Monat statt, und es wäre nicht sehr taktvoll von mir, so lange zu bleiben, nachdem der Zar so freundlich gewesen sei, mir einen Feldjäger zur Begleitung zu schicken. Ich hätte keinen Schutz erbeten, erwiderte ich, noch könne ich die Notwendigkeit einer derartigen Maßnahme begreifen, da ich bis jetzt meinen Weg auch ohne die Unterstützung der Regierung gefunden hätte, auch ohne Sprachkenntnisse. Da ich zudem die Sprache mittlerweile in gewissem Umfang verstünde, hätte ich auch keinen Zweifel, die Rückreise ebenfalls gut allein bewältigen zu können. Zudem fände ich nicht, daß es mir an Feingefühl mangele, nur weil ich wünschte, bis zur Beendigung des chinesischen Neujahrs hierzubleiben, vor allem, da ich seit mittlerweile vier Monaten in Irkutsk auf den geeigneten Zeitpunkt wartete, in Richtung chinesische Grenze zu reisen. Dieser Moment sei nun gekommen, da der Baikalsee zugefroren sei, und mein Taktgefühl erlaube es mir nicht, ein Ziel aufzugeben, auf das ich so lange hingearbeitet hatte. Kurzum, eine sofortige Rückkehr nach Europa sei wie ein viermonatiger Aufenthalt in Neapel ohne die Besichtigung Pompejis. Der Colonel beharrte jedoch auf dem Einwand des mangelnden Taktgefühls, worauf ich erwiderte, ich hielte mich weder für taktlos noch sei ich ohne Kenntnis über die Sitten zivilisierter Nationen.

Colonel M. versicherte mir daraufhin, daß die Entscheidung des Zaren auf seine große Güte und Sorge angesichts meiner Situation zurückzuführen sei. Wenn dem so sei, antwortete ich, solle er den Zeitpunkt meiner Rückreise meinem Gutdünken überlassen und mich nicht wie einen Kriminellen behandeln, der seiner Aufforderung umgehend Folge zu leisten hätte – ein Verhalten, wie es sicherlich nicht vom englischen König gegenüber einem russischen Reisenden unter ähnlichen Umständen an den Tag gelegt werden würde. Von der Befriedigung, die ich mir von einer Reise zur chinesischen Grenze versprach, fügte ich hinzu, könne mich nur die äußerste Unumgänglichkeit abhalten. Zudem gebe es noch einen weiteren Hinderungsgrund, die Rückreise früher als geplant anzutreten, da ich sonst die erwartete Geldsendung aus Moskau nicht erhalten würde, auf die ich unter keinen Umständen verzichten könne. Hier fand unser Gespräch ein Ende, und bald darauf verabschiedeten wir uns von Colonel M.

Schließlich kam der Tag, der für meinen weiteren Verbleib entscheidend war und die Absichten Seiner kaiserlichen Hoheit nicht länger im Dunklen ließ.

Seit vielen Tagen befand ich mich in einem Zustand nervöser Anspannung und hätte in der Tat blind sein müssen, um nicht zu bemerken, daß Seine Exzellenz mir etwas mittzuteilen hatte, das meine Gefühle aufs heftigste verletzten würde. Mir war vollständig bewußt, daß schwere Wolken über mir hingen, und ich konnte mich daher gegen den Sturm wappnen, der über mich hereinzubrechen drohte.

Freitag, den 14., saß ich mit Seiner Exzellenz zusammen, als er mich fragte, ob ich bereit sei, mit dem Feldjäger aufzubrechen, da dieser nicht länger bleiben könne. Ich erwiderte, daß ich nicht vorhätte, jetzt schon zurückzureisen, es sei denn, ich würde dazu gezwungen. Darauf sagte er: »Sie werden gezwungen.« Ich hätte nicht genügend Geld bei mir, gab ich zu bedenken, um die Kosten einer so langen Reise zu begleichen. Diesen Einwand nahm er auf die leichte Schulter und versicherte mir, er habe keine andere Wahl, als den Befehl des Zaren auszuführen, und er würde mich mit jeder benötigten Geldsumme versehen. Es sei nicht meine Gewohnheit, Geld zu leihen, erwiderte ich, da mich aber die Regierung zur Abreise zwinge und mich wie einen Gefangenen behandele, fände ich, müsse sie auch die anfallenden Kosten zahlen. Der Fall liege anders, sagte er, statt mich als Gefangenen zu betrachten, lauteten die Anweisungen des Zaren, mich als unabhängigen Herrn zu behandeln, der um seines Vergnügens willen reiste, und mir alle erdenkliche Aufmerksamkeit zukommen zu lassen – nur daß ich eben aus dem Zarenreich geleitet werde –, ich könne mich entscheiden, ob dieser Rückweg über die österreichische oder die preußische Grenze führen sollte. Ich gab ersterem den Vorzug, teilte ihm aber meinen Wunsch mit, mir möge erlaubt sein, vor der Grenze einen Abstecher zu machen und breitete die Einzelheiten des bereits erwähnten Planes vor Seiner Exzellenz aus. Mir wurde bedeutet, daß dessen Durchführung unmöglich sei. Ich war bestrebt, zumindest einen Teil der ehemals geplanten Reise durchzuführen und bat dringend um die Erlaubnis, zumindest die weniger kostspielige Route über Omsk, Orenburg und Saratow nehmen zu dürfen. Aber ich erhielt lediglich die Zustimmung, über Omsk und Ischim reisen zu dürfen. Ob ich auf der Reise in verschiedenen Orten meine Freunde besuchen dürfe, fragte ich. Dem wurde stattgegeben, allerdings nur in Begleitung des Feldjägers. Ich erhielt auch die Erlaubnis, über Moskau zu reisen, um dort die nötigen finanziellen Vorkehrungen für die Weiterfahrt zu treffen. Danach war ich einverstanden, zur festgesetzten Zeit abzureisen – am kommenden Sonntag, allerspätestens Montag.*

In meinem Quartier angekommen schrieb ich Sir Charles Bagot, um ihn über die Vorkommnisse zu unterrichten, mit der Bitte, Seine Exzellenz möge so freundlich sein, mir eine Antwort nach Moskau zu schicken. Allerdings hatte ich wenig Hoffnung, daß mein Brief rechtzeitig eintreffen würde.

Ich konnte mir so gar nicht erklären, welche Gründe die russische Regierung hatte, einem bescheidenen Individuum wie mir, das aufgrund seines Gebrechens besonders von ihrem Wohlwollen abhing, die Freude nehmen zu wollen, nach Belieben durch das Staatsgebiet zu reisen. Ich hatte bisher keinen Grund zur Annahme gehabt, daß ich mich in ihren Augen eines Vergehens schuldig gemacht hatte, und es erschien mir sonderbar, daß man mir eine Bedeutung zumaß, die es rechtfertigte, einen Lieutenant der Feldjäger aus einer Entfernung von viertausend Meilen zu entsenden, um mich zu begleiten und zu beschützen.

Der wahre Grund für dieses Vorgehen wird wahrscheinlich niemals herausgefunden werden. Ich weigere mich zu glauben, daß ich irgend jemand gekränkt hatte, der dann die Niedertracht besessen hätte, mich vor Seiner Kaiserlichen Hoheit in

* Sibirien bedeutete auch für den amerikanischen Reisenden John Ledyard die Endstation; er plante nach seinem Fußmarsch durch Sibirien über die Beringstraße auf den amerikanischen Kontinent zu gelangen, Alaska und den Wilden Westen zu erforschen – angeregt von dem amerikanischen Botschafter in Paris, Thomas Jefferson. Katharina die Große ließ ihn 1788 verhaften und nach Polen spedieren. Keine neugierigen westlichen Blicke auf die einzige russische Überseekolonie.

falschem Licht darzustellen. Ich war zuversichtlich, daß mir keine öffentliche oder private Äußerung über die Lippen geschlüpft war, die gerechtfertigt als Unehrerbietigkeit gegenüber der Person Seiner Majestät oder seiner Regierung hätte ausgelegt werden können. Tatsächlich war ich mir, ehe ich das Zarenreich betrat, der Eigenschaften einer Willkürherrschaft zu bewußt, um mir ihren Groll zuzuziehen – wußte ich mich als Fremder doch stets unter dem wachen Auge der Polizei. Wäre mir jedoch daran gelegen gewesen, nach den Mißständen in diesem Land Ausschau zu halten, hätte ich reichlich Zeit und Gelegenheit gehabt, dies zu tun – allerdings hätte mir eine derartige Beschäftigung keine Genugtuung verschafft. Auch hatte ich Sibirien nicht mit der Absicht betreten, einen Katalog seiner Verbrechen zu erstellen, da ein »Newgate Calendar«* für mich keinen Reiz besitzt.

Die Hauptgründe, diese beschwerliche Reise zu unternehmen, waren der Reiz des Neuen sowie der Wunsch, Sitten und Gebräuche dieses riesigen, derzeit noch so unbekannten Reiches kennenzulernen – dies wurde noch durch meine Erinnerungen an meinen achtjährigen Dienst an der Küste Nordamerikas bestärkt, denn ich erwartete, daß sich diese beiden Länder hinsichtlich Klima und Erzeugnissen sehr ähnelten. Ich nahm an, je weiter ich in das Landesinnere vorstieße, desto mehr käme ich mit der schlichten Einfachheit und den Gebräuchen der russischen und tatarischen Stämme in Berührung, aber die spannendste Strecke stand erst noch an. Ich hatte meinen bisherigen Weg gleichsam erfühlt, verfügte nun aber über genü-

---

* Beliebte Erbauungsliteratur im 18. und 19. Jahrhundert. Was als Monatsbericht der Hinrichtungen im berüchtigten Newgate Prison anfing, wuchs sich zu einem fünfbändigen Werk mit schaurigen Geschichten über Verbrecher, ihre Taten und die verdienten Strafen aus. Oftmals bildete diese blutrünstige Lektüre neben der Bibel und der weniger rasanten »Pilgerreise« von Bunyan die einzige Lektüre – auf solchen Leseerlebnissen gründen Imperien und Kolonien.

gend Kenntnis der Landessprache, um tieferes Wissen zu erwerben. Der einzige Trost nach der schweren Enttäuschung war die Tatsache, daß die Vereitelung meiner Pläne ein Werk des Zaren höchstselbst war. Eine Beteuerung, die ich in Frage zu stellen keinen Grund habe, aber ich kann und will nicht glauben, daß der großherzige und gütige Alexander mein vernünftiges und unschuldiges Vorhaben gestört haben würde, ganz zu schweigen davon, daß er selbst jene brutalen Maßnahmen angeordnet hatte, denen ich später ausgesetzt war, es sei denn, seine Meinung wäre beeinflußt, sein Vertrauen mißbraucht worden – durch Verdrehung der Tatsachen.

Holman wird zur Abreise aus Sibirien gezwungen (anonyme Skizze)

Nein, hängt mich, wenn ein Erzverleumder nicht,
Irgendein schmeichelnder, geschäft'ger Schuft,
Ein glatter Schurk', um sich ein Amt zu fischen,
Die Lügen ausgedacht.*

IN DER OBHUT DES FELDJÄGERS

Es ist erstaunlich, daß dem Ausbau der Verkehrswege zwischen Irkutsk und den interessanten Gebieten dieses Regierungsbereichs sowie den anderen Bezirken des Landes keine größere Aufmerksamkeit geschenkt wird. Die Überquerung des Baikalsees ist oftmals sehr mühsam und sogar gefährlich, denn obwohl die Entfernung zwischen seinen Ufern nicht mehr als sechsunddreißig Meilen beträgt, benötigen Schiffe für diese Reise aufgrund orkanartiger Stürme meist mehrere Tage. Die Überquerung läßt sich besser im Winter bewerkstelligen, über die geschlossene Eisfläche dauert es lediglich zwei bis drei Stunden. Dies ist jedoch durchaus gefährlich, nicht nur weil das Eis an jenen Stellen nachgibt, die nicht vollständig zugefroren sind, sondern auch wegen der Windstöße, die mit unaufhaltsamer Gewalt über die glatte Fläche fegen, denn der Schnee bleibt hier nie liegen. Ich hörte von einem Mann, dem es nicht mehr gelang, wieder in seinen Schlitten einzusteigen, da ihn der Wind forttrug und der folglich den Kältetod starb.

Es existiert jedoch eine Straße oder vielmehr ein Feldweg zur anderen Seite des Sees, über einen Berg namens Hamar-Daban, der aber so steil und zerklüftet ist, daß die Reise äußerst schwierig ist. Dennoch nutzen die Kaufleute ebendiese Route gelegentlich für den Transport ihrer Waren. Welch ein großer Gewinn wäre es für das Land, wenn diese Straße verbessert würde, ebenso wenn zwischen Jakutsk und Okotsk Verkehrs-

---

* Des Briten liebste Zitatallzweckwaffe; in diesem Fall »Othello« (IV. Akt, 2. Szene), ins Deutsche geschmuggelt von Wolf Graf Baudissin.

wege entstünden – dazu könnte eine Truppe von Verbannten angeheuert werden, da es von ihnen in diesem Teil Sibiriens mehr zu geben scheint, als für die sonstigen staatlichen Bauarbeiten benötigt werden.

Ich werde hier nun die Gelegenheit ergreifen, einige Bemerkungen über diese unglücklichen, nach Sibirien verbannten Menschen zu verlieren. Die schlimmsten Verbrecher werden in die Minen geschickt, wo sie unter strengster Zucht den verschiedenen Tätigkeiten des Bergbaus nachgehen. Andere werden in den Fabriken und Brennereien eingesetzt, wohingegen jene, die wegen geringerer Straftaten verbannt wurden, über die verschiedenen Städte und Dörfer verteilt und je nach ihren Fähigkeiten beschäftigt werden. Wenn sie sich gut führen und den Ackerbau erlernt haben, dürfen sie Land bearbeiten, unter der Bedingung, daß pro männliches Familienmitglied, das ein bestimmtes Alter erreicht hat, eine jährliche Kopfsteuer von zehn Rubeln gezahlt wird. Andere werden von Bauern angestellt oder arbeiten als Postkutschenfahrer.

Der Tag vor meiner Abfahrt aus Irkutsk war den notwendigen Reisevorbereitungen gewidmet, soweit dies meine aufgeregte Verfassung zuließ, vor allem besprach ich mit Seiner Exzellenz dem Generalgouverneur die vorgesehene Route und die Behandlung, die ich vom Feldjäger zu erwarten hatte. Seine Exzellenz gewährte mir ein Darlehen von fünfhundert Rubeln, ungefähr zwanzig Pfund Sterling, was zusammen mit dem Geld, das ich noch hatte, meiner Berechnung zufolge meine Ausgaben bis Moskau decken müßte. Bei dieser Gelegenheit protestierte ich gegenüber Seiner Exzellenz abermals gegen die mir auferlegten Verhaltensregeln; er empfahl mit großem Ernst, ich solle, sobald ich die Grenze passiert habe, nach St. Petersburg schreiben, um die Erlaubnis zu erhalten, das Zarenreich wieder betreten zu dürfen. Dieser Vorschlag entsprach allerdings ganz und gar nicht der Stimmung, in der ich mich zu diesem Zeitpunkt befand.

Am 18. Januar, dem russischen Kalender zufolge der 6. Tag des Monats, stattete ich am frühen Morgen dem Haus des Generalgouverneurs einen letzten Besuch ab, um mich von ihm zu verabschieden und ihm meinen Dank für seine freundlichen Aufmerksamkeiten während meines Aufenthaltes in Irkutsk auszusprechen. Seine Exzellenz war jedoch kurz zuvor nach Nertschinsk aufgebrochen, erwies mir aber die Ehre, einen Offizier zu senden, der mir stellvertretend Lebewohl sagte.

Gegen vier Uhr setzte ich mich in meinen Schlitten, den ich für meinen ehemaligen Sommerwagen, die Pawoschka, eingetauscht hatte, der Feldjäger nahm neben mir Platz, und wir überquerten den zugefrorenen Angara, einen reißenden Strom, den ich oft mit dem Boot überquert und an dessen Ufern ich manch belebenden Spaziergang gemacht hatte.

Der Fremde reist ab, wird niemals vergessen,
Wenn er berichtet zuhaus von Reise und Plag,
Seufzend zu schwärmen von Freundschaft und Essen
Wie sie am Angara dem Einsamen zuteil werden mag.*

Unser Schlitten war mit einem Aufsatz versehen, ähnlich dem einer Wiege, vorn mit Vorhängen ausgestattet, um uns vor dem Wetter zu schützen; die über unsere Füße hinausragende Fläche diente als Sitz für den Kutscher und einen jungen Kalmükkensklaven, den der Feldjäger zu seinem Herrn in St. Petersburg bringen und der uns auf der Reise als Diener aufwarten sollte. Wir waren schwer beladen mit allen möglichen Gepäckstücken, neben meinen und des Feldjägers Koffern einige Kisten, die dem Generalgouverneur und Colonel M. gehörten und zu ihren jeweiligen Freunden in Moskau gebracht werden sollten, sowie eine großen Truhe, welche die wenigen Kuriositäten enthielt, die ich in Sibirien gesammelt hatte.

---

* Thomas Moore: »Lines, written on leaving Philadelphia« – aus dem Schuylkill wird bei Holman flugs der Angara.

Wir galoppierten mit vier nebeneinanderlaufenden Pferden los, und es schien dem Feldjäger sehr wichtig zu sein, dieses Tempo zu halten; folglich stürzte eines der Pferde ungefähr nach fünfzig Meilen vor Müdigkeit, und wir überließen es am Straßenrand seinem sicheren Tod. Ich erkundigte mich natürlich, wer für ein Postpferd aufkommen müsse, das unter derartigen Umständen starb. Die Antwort lautete, es werde vom Reisenden erwartet, daß er den Schaden übernehme. Es scheint wohl eine vorgeschriebene Geschwindigkeit zu geben, zu der solche Postpferde angetrieben werden dürfen, mit einer Postlizenz sieben Meilen die Stunde, mit einem Kurierpaß acht Meilen die Stunde, ein Feldjäger hingegen darf so schnell fahren wie es ihm beliebt, und so gelingt es ihm meist, einige Pferde um ihr Leben zu bringen. Falls ein gewöhnlicher Reisender den Kutscher zur Eile antreibt, ob er nun schneller oder weniger schnell als das vorgeschriebene Tempo fährt, und sich ein derartiger Unfall ereignet, muß er dafür zahlen. Da der Feldjäger auf Kosten der Regierung reist, erhalten die Bauern für jedes so dahingeraffte Pferd eine Entschädigung, aber im vorliegenden Fall, teilte mir mein Gefährte sachlich mit, sei es an mir, für alle toten Pferde aufzukommen, und wie es schien, auch für die Reparaturen der Kutsche, die bei dem Tempo häufig anfielen. Gegen letztere Kosten hatte ich nichts einzuwenden, da es sich um meinen Schlitten handelte.

Die Nacht war grimmig kalt, das Quecksilber gefror im Thermometer. Zweihundert Werst von Irkutsk entfernt stürzten wir bei der Abfahrt von einem Berg beinahe in den Abgrund, zum Glück hielt ein Geländer die Pferde zurück und rettete uns, aber es dauerte geraume Zeit, bis wir uns aus dem Schnee herausgewunden hatten.

Einige Stunden später, als wir einen anderen Berg hinabfuhren, brachte uns eine unerwartete Kurve in Berührung mit einem Bauernschlitten, und unser Wagen stürzte um, erlitt beträchtlichen Schaden und zwei unserer Pferde wurden niedergeworfen. Zur Strafe für seine Fahrlässigkeit schlug der Feldjäger mit seinem in einer stählernen Scheide steckenden Schwert auf unseren Kutscher ein. Im Laufe des Tages stürzten wir ein weiteres Mal um.

Am folgenden Tag (dem 20.) war das Wetter sehr schön, aber schneidend kalt. Als wir uns Odinsk näherten, kippten wir zweimal um, zum Teil wahrscheinlich, weil der Feldjäger mit seinen wiederholten Säbelzüchtigungen den Fahrer völlig verängstigt hatte. Da ich mich mittlerweile an die Unfälle gewöhnt hatte, blieb ich ruhig im Schlitten liegen, während der Feldjäger ausstieg, um den Kutscher zu verprügeln, um ihm anschließend zu helfen, alles wieder in Ordnung zu bringen.

Ich konnte es nur bedauern, daß Seine kaiserliche Majestät mich nicht in Ruhe hatte zurückkehren lassen, gemeinsam mit meinem Postillion, der unser Gefährt kein einziges Mal zum Umstürzen gebracht hatte. Ein Gutes hatte es jedoch, in der Gesellschaft dieses Offiziers zu reisen – er erwies sich als vortrefflicher Feinschmecker, stets gelang es ihm, uns ein ordentliches Mittagessen und ebenso alle anderen erforderlichen Stärkungen zu beschaffen. An diesem Tag hatten wir hervorragendes Siedfleisch und geröstete Ziege oder vielmehr ein Mittelding aus dem Fleisch dieses Tieres und Hirschfleisch.

Am 21. wehte ein sehr starker Wind aus südlicher Richtung, am Mittag dann aus Nordwest, der so zunahm, daß wir durch seine bloße Stärke umkippten, und obwohl der Himmel völlig klar war, wirbelten Massen des auf dem Boden liegenden Schnees wie ein Schneesturm um uns. Da marschierte eine Kolonne Sträflinge unter der Aufsicht einer Kosakentruppe an uns vorbei. Diese armen Wesen waren paarweise mit Handschellen aneinandergefesselt, eine leichtgewichtige Kette führte durch die ganze Länge der Gruppe; diese Ketten pflegten sehr schwer zu sein, bis auf Anweisungen des jetzigen Zaren das Gewicht verringert wurde. Sie gewähren jedoch nicht immer volle Sicherheit, denn vor einiger Zeit gelang es dem Anführer einer hundertköpfigen Sträflingsgruppe, die auf diese Art aneinandergefesselt war, das Schloß der Kette zu öffnen und alle seine Kameraden zu befreien. Die aus fünfundzwanzig Soldaten bestehende Wache war im Begriff, die Sträflinge wieder in die Kette zu zwingen, als diese sich plötzlich mit Steinen bewaffneten, in Verteidigungsstellung gingen und erklärten, sie würden lieber sterben, als wieder angekettet zu werden. Falls ihnen aber gestattet würde, ohne ihre Fesseln weiterzugehen, würde sich jeder von ihnen still und friedlich auf den Weg machen. Um Blutvergießen zu vermeiden, willigte der befehlshabende Offizier in ihren Vorschlag ein, und sie gaben ihm keinen Anlaß, seine Milde zu bereuen.

Um zehn Uhr abends erreichten wir Atschinsk. Ich war nicht wenig erstaunt, als ich erfuhr, daß, während wir Tee in der Poststation tranken, eine waghalsige Person den Schal, welchen der Feldjäger um seinen Hals trug, aus dem Raum, in dem wir saßen, entwendet hatte. Da er trotz allen Suchens nicht wiedergefunden wurde, war der Feldjäger gezwungen, ungeachtet, daß die Nacht so kalt war, wie man es sich nur vorstellen kann, ohne den Schal aufzubrechen. Ich konnte mich nur beglückwünschen, daß, wo doch schon der Feldjäger offenen Auges bestohlen worden war, kein Schurke sich erdreistet hatte, mein blindes Haupt von meinen Schultern zu reißen, um meinen Hut zu entwenden.

OMSK

Es freute mich, daß ich Besuch von zwei Offizieren bekam, die ich aus Tobolsk kannte, und die mir zuvorkommend Auskunft über die verschiedenen Sehenswürdigkeiten rund um Omsk gaben. Sie boten mir ihre Unterstützung an, falls ich diese persönlich aufzusuchen wünschte. Ich war besonders interessiert, in der Steppe einige Kirgisenhütten zu besuchen, und einer der

Herren erbot sich, mir Equipage und Dolmetscher für den nächsten Morgen zu besorgen. Am Nachmittag ging ich durch die Stadt, sehr gegen den Wunsch des Feldjägers, der – im Gegensatz zu mir – weder über Galoschen noch Neugier verfügte, es aber nicht zulassen wollte, daß mich jemand anders begleitete. Ich glaube, er betrachtete es als seine schmerzliche Pflicht, mich keinen Augenblick aus den Augen zu lassen, und ich spürte keine Veranlassung, mich wegen seiner Unlust um Bewegung und Vergnügen zu bringen.

BEI DEN KIRGISEN

Die Kirgisen, die ihre Zelte in der Nähe der Stadt aufgeschlagen haben, sind häufig in den Straßen zu sehen, wo sie wegen ihrer seltsamen Kappen auffallen, die wie Trichter emporragen. Einige von ihnen sind auch als Dienstboten in den russischen Familien anzutreffen. Es ist noch nicht lange her, da bildeten diese Leute häufig Räuberbanden, die Vieh und manchmal die Bauern selbst verschleppten. Diese Angewohnheit hat jedoch durch die Vergeltungsschläge, die der jetzige Generalgouverneur durchführen ließ, einen herben Rückschlag erfahren.

Nachdem Equipage und Dolmetscher eingetroffen waren, machten wir uns, obwohl das Wetter keineswegs günstig war, zu den Zelten der Kirgisen auf, die ungefähr vier Meilen von der Stadt entfernt lagen. Als wir beim ersten Zelt ankamen, schilderte der Dolmetscher den Bewohnern den Grund unseres Besuchs, und wir wurden umgehend hereingebeten. Die Gruppe bestand aus drei Männern und ebenso vielen Frauen, eine davon mit einem Säugling auf dem Arm. Sie saßen um ein Feuer in der Mitte des Zeltes, schienen sämtlich gutgelaunt, erlaubten uns, alles in Augenschein zu nehmen, beantworteten unsere Fragen bereitwillig und waren geneigt, unsere Neugier rundum zu befriedigen.

Der Rahmen des Zeltes bestand aus ordentlichem Flechtwerk, das so konstruiert ist, daß es für den Transport sehr klein zusammengefaltet werden kann, wann immer man den Standort wechseln will. Es wurde von dicken Matten bedeckt; in der einen Hälfte des Zeltes befanden sich Betten aus grobem Wollzeug, mit einer kleinen Abtrennung aus feinem Rohrgeflecht zwischen Kopf und Fuß jedes Bettes. Nahe der Zeltmitte war ein großes Loch in die Erde gegraben worden, um den Lämmern einen warmen und sicheren Ort zu bieten, die Schafe und Pferde wurden in angrenzenden Zelten gehalten. Die Bewohner gaben uns etwas von ihrem Käse zu kosten, es sind kleine Laibe, die sehr säuerlich schmecken; sie zeigten uns auch ihre recht grob gearbeiteten hölzernen Sättel sowie eine Vielzahl anderer Gegenstände.

Ehe wir aufbrachen, fragte ich unseren Dolmetscher, ob es die Damen als respektlos empfänden, wenn ich mich von ihnen verabschiedete, da er verneinte und der Reiz des Neuen zu verlockend war, wagte ich mich an das Experiment. Ich begann mit der Älteren, ebnete den Weg durch ein Geldstück, das ich ihr in die Hand drückte; sie nahm das Ganze sehr freundlich auf, was mich ermutigte, in Jahren und Würde zurückzugehen und mich der Nächstjüngeren zuzuwenden, die ebenso keinesfalls unangenehm berührt war; wie mir zu verstehen gegeben wurde, war die junge Frau sehr hübsch und sehr zurückhaltend, sie senkte allerdings den Kopf und legte zumindest gespielte Sittsamkeit an den Tag, und es gelang mir nur unter Schwierigkeiten, einen Halbkuß zu stehlen.

Ehe wir unsere Reise fortsetzten, war mir besonders daran gelegen, Seiner Exzellenz dem Generalgouverneur meine Aufwartung zu machen, der mir während meines Aufenthaltes in Tobolsk manche Höflichkeit erwiesen hatte. Der Feldjäger fand jedoch Ausreden zuhauf, und als ich schließlich auf dem Besuch bestand, teilte er mir mit, daß Seine Exzellenz mich nicht empfangen würde. Das überzeugte mich zu meinem Bedauern davon, daß ich als verdächtiges Subjekt unter polizeilicher Beobachtung stand und viele meiner Freunde womöglich Angst hatten, mit mir Verkehr zu pflegen.

VOM TEUFEL BESESSEN

Am Abend kamen wir an einer Station an, wo die Frau des Postmeisters uns erzählte, sie sei vom Teufel besessen; um dies zu bestätigen, gab sie dann und wann ein seltsames Geräusch von sich und fragte, ob wir ihn nicht auch hörten. Ihre Geschichte lautete wie folgt: Im Dorf lebte ein Mann, ein Zauberer, von dem alle befürchteten, er könnte ihnen Böses antun. Als sie und ihr Mann eines Tages im Schlitten fuhren, trafen sie diesen furchterregenden Patron, der sie zu ihrem großen Schrecken bat, ihn mitzunehmen. Nachdem sie einander voller Besorgnis angeschaut hatten, abwägend, ob es klüger sei, einzuwilligen oder abzulehnen, beschlossen sie, ihn in ihre Kutsche steigen zu lassen und ihn so weit mitzunehmen, wie er wollte. In derselben Nacht wurden sie beide krank und begannen, seltsame Geräusche von sich zu geben; ihr Ehemann erholte sich jedoch nach zwei, drei Tagen, ganz im Gegensatz zu ihr, die seitdem nicht anders konnte, als herumzulaufen und fürchterlich zu wehklagen. Mein Begleiter bemerkte scharfsinnig, daß diese Heimsuchung eine bloße Ausrede für Müßiggang sein könnte; es kann jedoch kein Zweifel bestehen, daß ihre Phantasie ihren Geist angegriffen hatte, was zu einem dämonomanischen Zustand führte.

DAMPFBAD IN JEKATERINBURG

Der nächste Tag in Jekaterinburg war bemerkenswert schön, und die Sonne schien plötzlich mit solcher Wärme, daß ich höchst zufrieden durch die Stadt spazieren konnte. Als meine Freunde von meiner Ankunft hörten, strömten sie herbei, und ich hatte das Vergnügen, mit einigen von ihnen zu Abend zu essen, aber nicht ohne meinen Feldjäger, der mir am Ellbogen klebte und dessen Pflicht es offensichtlich war, mir nicht von der Seite zu weichen. Er war, das muß ich zugeben, immer höchst aufmerksam und entgegenkommend, es sei denn, ich wollte einen Schneespaziergang machen oder mich während der Reise ausruhen.

Da ich mich unwohl fühlte, zog ich mich bereits zu früher Stunde in meine Unterkunft zurück, obwohl ich mich von zwei oder drei interessanten Damen verabschieden mußte – eine Art von Gesellschaft, die mittlerweile völlig neu für mich und deshalb doppelt so angenehm war. Ehe ich mich ins Bett zurückzog, nahm ich noch ein Dampfbad nach russischer Manier, und es erwies sich, wie immer wenn ich erschöpft bin, als sehr belebend; meiner Ansicht nach ist dies eine wahre Wohltat und einer Massage absolut überlegen. Die Russen aller Schichten frönen dieser Sache von Kindesbeinen an häufig, mindestens einmal pro Woche und zu jeder Jahreszeit. Die Bäder bestehen aus einem Raum, in dem der Ofen einige Stunden zuvor auf hohe Temperatur geheizt werden muß. Der Dampf entsteht durch Wasser, das auf die Oberfläche des Ofens gesprengt wird, der Hitzegrad wird durch die zum Verdampfen gebrachte Wassermenge bestimmt. An den Wänden des Raumes sind Bänke angebracht, und Stufen führen zu dem knapp unter der Decke befindlichen Podest, dem heißesten Teil des Bades, die Temperatur ist hier beinahe unerträglich. Der Badende sucht sich eine Bank in jener Höhe aus, in der er die Hitze am angenehmsten findet. Der Vorgang soll zu heftigem Schwitzen führen, dem wird durch leichte Schläge oder Abreiben mit belaubten Birkenzweigen durch einen Diener nachgeholfen; diese Zweige werden in einen Bottich mit heißem Wasser getunkt und dann umgehend, in beinahe kochendem Zustand, gegen die nackte Haut geklatscht.

Nachdem sich die Russen dieser enormen Hitze ausgesetzt haben, springen sie in das kälteste Wasser oder rollen sich im Schnee. Ich habe dies selbst ausprobiert und es als unbeschreiblich erfrischend empfunden, und obwohl das brave englische Volk dies kaum glauben wird, habe ich niemals von irgendwelchen üblen Auswirkungen dieser Anwendung gehört. Ich habe ein derartiges Bad in Sibirien genommen, als das Quecksilber beinahe im Thermometer gefror, und spazierte anschließend nach Hause.

Es wird für meine englischen Leser nicht uninteressant sein, wenn ich meine persönliche Ausrüstung für eine derartig gewaltige Reise beschreibe. Ich trug zwei Paar Wollstrümpfe unter zwei Paar Fellstiefeln, die mir bis übers Knie reichten; das erste Paar bestand aus wildem Ziegenleder, das äußere aus dikkem, fellgefüttertem Leder mit dicken Sohlen, zusätzlich waren meine Beine noch in einen dicken Fellumhang gehüllt. Zusätzlich zur üblichen Kleidung war ich in einen dickwattierten Überrock und eine riesige aus Wolfsfell gefertigte Schaube* gekleidet; auf dem Kopf trug ich zum Schutz eine wattierte Kappe.

NÄCHTLICHER VORFALL

Am Sonntag, dem 15., fühlten sich der Feldjäger und ich ernstlich unwohl, da unser Ofen nicht richtig geschlossen war und sich daher Kohlenmonoxid im Zimmer verbreitete. Zum Glück wachte ich mitten in der Nacht mit heftigen Kopfschmerzen auf, und es gelang mir, mit einiger Anstrengung die Tür zu erreichen und zu öffnen, andernfalls wäre wahrscheinlich keiner von uns am Morgen noch am Leben gewesen. Viele Tode sind in Rußland auf diese Ursache zurückzuführen, da die nachlässigen Dienstboten oftmals den Ofen schließen, ehe noch das Holz ordentlich heruntergebrannt ist.

---

* Weites, vorn offen getragenes Obergewand mit breitem Schalkragen, dessen Länge von fußlang bis kniekurz reichte und das seine Blütezeit Ende des 15. bis Mitte 16. Jahrhunderts hatte – die Modeuhren gingen in Sibirien offensichtlich langsamer.

Am 26. wurden wir für einige Zeit am Ufer der Oka aufgehalten, da sich am Rand des Flusses Wasser aufgestaut hatte. So waren wir gezwungen, weiter als geplant am Ufer entlang zu reisen, ehe wir das Gewässer überqueren konnten. Dies versetzte den Feldjäger in schlechte Laune, die er in Worten und Schlägen am unglücklichen Fahrer ausließ. Als er sich dieserart erschöpft hatte, zwang er den Kalmückensklaven, dem armen Gesellen seine Kappe abzunehmen, so daß dieser barhäuptig weiterreisen mußte. Ich konnte nicht umhin, ob dieses unmenschlichen Verhaltens meinen Unmut zu äußern, und der Feldjäger versuchte mich zu überzeugen, daß er keine Wahl habe. Ich glaube, viele von diesen Kutschern sorgen sich so um ihre Pferde oder empfinden so viel für sie, daß sie lieber geschlagen werden, als die Tiere zu überanstrengen.

Der Feldjäger hatte jedoch gute Gründe, so eilig vorwärts kommen zu wollen. Zum einen war er wahrscheinlich bestrebt, seine Vorgesetzten mit seiner Gewissenhaftigkeit und Eile zu beeindrucken, zum anderen wollte er in den Schoß seiner Familie zurückkehren, von der er stets mit höchster Zuneigung gesprochen hatte – aber es gab noch ein anderes und gewichtigeres Motiv: sollte er rechtzeitig nach St. Petersburg zurückkehren, erwartete er, in einer Mission nach Paris gesandt zu werden, die für ihn um vieles lukrativer sein würde als jede Reise innerhalb des Zarenreiches. Ich hatte jedoch nichts ähnlich Aufregendes in Aussicht, was mich zu einer Reihe von Kraftanstrengungen hätte verleiten können. Sie wurden mir jedoch aufgezwungen und ich spürte, daß sie allmählich meiner Gesundheit schadeten.

Wir erreichten zum Tee die letzte Station vor Moskau, wo wir uns um zwei Uhr morgens ausruhten und dann unsere Reise fortsetzten. Als wir uns der Stadt näherten, wurde unser Fortkommen durch die vielen Bauernschlitten erschwert, die für das Fest der Butterwoche Lebensmittel zum Markt brachten.

Kurz vor unserer Einfahrt in Moskau wurde ich von meinen Gefühlen überwältigt, und ich schwankte zwischen Zuversicht und Furcht; ich hoffte, diesen Zustand, der mich bedrückte, seit in Irkutsk der Befehl des Zaren verkündet worden war, bald überwunden zu haben, denn er beeinträchtigte meine Gesundheit, unabhängig von den extremen Anstrengungen, die mir aufgezwungen wurden. Ich hegte die Hoffnung, lang genug in Moskau bleiben zu dürfen, um die Antwort auf einen Brief zu erhalten, den ich an Seine Exzellenz Sir C. Bagot gerichtet hatte und der die Beweggründe der russischen Regierung klären würde. Hätte ich die Gelegenheit gehabt, den Generalgouverneur, Prinz Galitzin, zu sprechen, hätte mir dieser jegliche Gefälligkeit gewährt, die meine Lage erforderte. Leider wurde diese Hoffnung zunichte gemacht. Auch trieb mein Feldjäger zur Eile, deutete an, am nächsten Morgen bereits weiterreisen zu wollen; ich überhörte dies geflissentlich.

Wir erreichten Moskau um sechs Uhr morgens und fuhren zum Hotel, das in der Nähe meines Bankiers lag und in dem ich das letzte Mal logiert hatte; als wir dort jedoch keine Aufnahme fanden, begaben wir uns zum *Hôtel de l'Europe* am Twerskoi Bulwar. Nach dem Frühstück begleitete mich der Feldjäger zu Messrs Gillibrand und Holidays. Nach ein wenig Geplauder schlug Mr Gillibrand vor, zu seinem Kontor zu gehen, um dort die notwendigen finanziellen Regelungen vorzunehmen. Der Feldjäger erlaubte mir jedoch nicht, allein dort hinzugehen, offensichtlich befürchtete er, daß wir neben geschäftlichen Angelegenheiten auch noch über andere Dinge reden würden. Da ich erpicht war, einen guten Eindruck zu machen, erhob ich keinerlei Einwände.

Mr G. versprach, mich bald in unserem Hotel zu besuchen und in der Zwischenzeit einige Freunde nicht nur von meiner Ankunft, sondern auch meinem Wohlbefinden zu unterrichten, denn es kursierten verschiedene Berichte. Einem zufolge war ich als gefesselter Gefangener in die Stadt gebracht worden, was insofern zutraf, da ich mich in Moskau mehr als Gefangener fühlte als zu irgendeinem anderen Zeitpunkt meiner Reise.

Nachdem wir von Mr Gillibrand zurückkehrt waren, machte der Feldjäger dem Gouverneur und dem Kommandanten seine Aufwartungen, und da ich die Ehre hatte, mit letztgenanntem Gentleman gut bekannt zu sein, wünschte ich ihn zu begleiten. Dies sagte dem Feldjäger jedoch nicht zu, aber er versprach, meine Bitten zu überbringen und mir das Ergebnis mitzuteilen. Bei seiner Rückkehr erklärte er mir, keiner dieser Gentlemen wünsche mich zu sehen, doch habe der Gouverneur einem Aufenthalt von zwei oder höchstens drei Tagen in Moskau zugestimmt. Der Polizeichef würde mich allerdings empfangen, um mir diese Nachricht *in forma* mitzuteilen. Der Feldjäger verkündete zudem, daß ich meine Freunde nicht in ihren Häusern besuchen dürfe, dies gelte auch für meine Bankiers, ihnen sei es aber erlaubt, mich während meines dreitägigen Moskauaufenthalts im Hotel zu besuchen.

Ich versuchte, das beste daraus zu machen, und da ich zu Scherzen aufgelegt war, verfaßte ich die folgende Bekanntmachung, um meine Freunde über meine Situation in Kenntnis zu setzen.

Rundschreiben

Der Gefangene Holman bittet seine Moskauer Freunde informieren zu dürfen, daß er soeben in Obhut eines Feldjägers aus Sibirien eingetroffen ist. Da ihm sein Wärter nicht erlaubt, seine Freunde zu besuchen, bittet er, sie informieren zu dürfen, daß er im *Hôtel de l'Europe* am Twerskoi Bulwar lediglich während der nächsten drei Tage aufgesucht werden kann. Sollte es notwendig werden, den Aufenthalt in Moskau zu verlängern, wird nach Ablauf dieser Frist niemand erlaubt sein, ihn zu besuchen, mit Ausnahme seines Arztes und seines Bankiers.

PS: Soeben erfuhr er, daß auch für einen Schneider diese Ausnahme gemacht wird, was das Risiko minimiert, beim Grenzübergang *sans culotte* dazustehen.

Da mein Feldjäger mir das Schreiben von Billets untersagt hatte, war ich gezwungen, zu einer List zu greifen, um jenes Rundschreiben zu verfassen. Sobald ich in dieser Nacht hörte, daß er eingeschlafen war, kroch ich aus dem Bett, nahm meinen Noctographen aus dem Koffer und brachte, was mir beliebte, zu Papier.

Da sich der Generalgouverneur in St. Petersburg aufhielt, war ich sehr enttäuscht, daß ich keine Unterredung mit ihm würde führen können; zudem war kein Vertreter unserer Regierung in Moskau anzutreffen, folglich konnte ich niemanden um rechtlichen Beistand bitten. Es wäre sicherlich ein großer Vorteil für die englischen Bewohner, wenn ein Teil der Gesandtschaft in Moskau residierte oder einer der wichtigen Kaufleute zum Konsul ernannt würde.

Gegen Mittag wurde die Information des Feldjägers von einem glattzüngigen Polizeichef bestätigt, einer,

> dessen Antlitz im trägen Nebel,
> der jeden Zug verhüllt, sattsam
> politische Dünkel verbirgt.*

Dieser Gentleman versuchte mich zu überzeugen, daß zwei Tage völlig ausreichend für meinen Verbleib seien; ich würdigte diesen Vorschlag keiner Antwort.

---

* Aus John Miltons »Pleasures of Imagination«.

Vor dem Mittagessen erwiesen mir Mr Gillibrand und einige meiner Freunde die Ehre eines Besuchs. Anschließend spazierte ich mit dem Feldjäger durch die Gärten des Kremls.

Am Abend verdroß mich ein geheimnisvoller Besucher sehr. Er war schwarzgekleidet und trug eine Brille, und unweigerlich stellte ich mir sein Inneres so dunkel wie sein Äußeres vor. Ich nahm an, daß er mein Gepäck durchsuchen wollte, mit der Absicht, meine Papiere zu kontrollieren; in dieser Hinsicht war ich vollständig beruhigt, da ich keine mit mir führte, derentwegen ich hätte besorgt sein müssen. Da dies nach sechs Monaten die erste Nacht war, in der ich Gelegenheit hatte, in einem normalen Bett zu liegen, mit Leintüchern und allem Drum und Dran, kann man sich vorstellen, wie ich in diesem Luxus schwelgte und kaum den Wunsch nach Schlaf verspürte.

Am nächsten Tag fühlte ich mich so unwohl, daß ich es klüger fand, den medizinischen Rat meines Freundes Dr. K. einzuholen, der mir empfahl, mich völlig ruhig zu verhalten und im Hotel zu bleiben, bis ich mich von dem nervösen Zustand erholt hätte, der von übermäßiger Erschöpfung und Sorge verursacht worden sei.

Ich war hocherfreut, Besuch von einigen meiner früheren Freunde zu erhalten, darunter einige Frauen. Der Feldjäger hatte an diesem Morgen Verpflichtungen in der Stadt, und so hatte ich die Ehre, in seiner Abwesenheit unter der Obhut des dunklen Mannes zu stehen, der mich sehr mit seiner scharfen Überwachung verdroß. Bei Gelegenheit fragte ich den Feldjäger, wer und was er sei, und erhielt die Antwort, er sei ein *Gentleman*, den der Polizeichef gesandt habe. Also einer, der das älteste Gewerbe der Welt betreibt, das Bespitzeln, ein offenkundig dämonischer Vorgänger der unzähligen Schergen vom NKWD, KGB und FSB. Was für eine Verdrehung des Ausdrucks Gentleman; im Vergleich kam mir der Beruf des Henkers respektabler vor, denn er waltet offen seines Amtes, wohingegen dieser Mann im dunkeln herumstocherte.

Am nächsten Tag, dem 24. Februar, wurde ich wieder in der Obhut des dunklen Mannes zurückgelassen, als ein englischer Gentleman mir einen Besuch abstattete und ein Gespräch in unserer Muttersprache eröffnete. Mein geheimnisvoller Wächter erhob dagegen Einspruch, er verstünde kein Englisch. Das könne ich nicht ändern, erwiderte ich, ich hätte nicht die Ehre gehabt, für seine Erziehung zuständig zu sein, und fuhr unverdrossen mit dem Gespräch fort. Er wiederholte seine Bemerkung, woraufhin ich fragte, ob seine Regierung mich zwingen wolle, mit meinen Landsleuten in einer fremden Sprache zu verkehren. Auf diese Frage gab er keine direkte Antwort, sondern wiederholte seinen Satz. Mein Freund bat mich jedoch, unser Gespräch auf französisch fortzusetzen, da jeglicher Widerstand eventuell ein Besuchsverbot zur Folge haben könnte. Dies war nicht der einzige Zwischenfall, bei dem versucht wurde, Privatgespräche mit meinen Freunden zu unterbinden. Sie notierten den Namen von jedem, der mich besuchte, und hin und wieder führte der Polizeichef vertrauliche Gespräche mit dem Feldjäger im angrenzenden Raum und zog sich dann zurück, ohne bei mir vorzusprechen.

Am nächsten Morgen teilte mir der Feldjäger mit, der arme Kalmücke, der uns aus Sibirien begleitet hatte, habe fast den ganzen großen Zeh des rechten Fußes durch die eisige Kälte während der Reise verloren. Ihm war dieses Unglück gar nicht bewusst gewesen, bis er nach unserer Ankunft in Moskau seinen Stiefel auszog. Mir war zwei oder drei Tage vor unserer Ankunft aufgefallen, daß er hinkte, als ich seinen Arm nahm, um einen Spaziergang rund um die verschiedenen Poststationen zu machen, während die Pferde gewechselt wurden. Da er stets auf dem Kutschbock saß, wunderte ich mich, daß er nicht erfroren war. Obwohl er so viel Kleidung wie möglich trug, war er häufig von der Kälte so benommen, daß er vom Schlitten fiel. Wenn wir bei einer Station ankamen, kroch er gewöhnlich auf den Ofen und blieb dort liegen, bis wir bereit zum Aufbruch waren.

Den 25., einen trübseligen Tag, verbrachte ich wechselweise in der Gesellschaft des Feldjägers und des dunklen Mannes – einer von beiden blieb immer in meinem Hotelzimmer. Meinem Arzt und meinem Bankier wurde jedoch Besuchserlaubnis erteilt, letzterem, um die finanziellen Vorkehrungen abzuschließen. Der Feldjäger führte sämtliche Gründe an, um mich dazu zu bewegen, morgen abzureisen. Ich erwiderte, dies hänge völlig von meinem Gesundheitszustand ab.

Am Morgen des 26. wurde mir mitgeteilt, ich müsse mich darauf vorbereiten, meine Reise um elf Uhr fortzusetzen. Ich äußerte, es sei mir unmöglich, diesem Befehl Folge zu leisten, da ich eine schlaflose Nacht verbracht hätte, mich äußerst unwohl fühlte und zudem nach Verordnung meines Arztes Medikamente genommen hätte, und ich verwies ihn auf den betreffenden Gentleman, als dieser mich besuchte. Bald darauf wurde folgende Posse aufgeführt.

»DER GEFANGENE DES ZAREN«, POSSE IN ZWEI AUFZÜGEN

Dramatis personae
Polizeichef – Gefangener – Feldjäger –
Polizeispitzel – Arzt

Auftritt der verschiedenen Darsteller

Polizeichef (spricht den Gefangenen an). Mich schickt der Gouverneur, um Ihnen mitzuteilen, daß Sie nicht länger in Moskau bleiben können.

Gefangener. Ich bin leider zu unpäßlich, um abzureisen, und zur Bestätigung bitte ich Sie, sich an den Arzt zu wenden.

Polizeichef (an den Arzt gewandt). Ist es diesem Gentleman tatsächlich nicht möglich, seine Reise fortzusetzen?

Arzt. Es wäre möglich, aber ich kann es keinesfalls anraten.

Polizeichef. Ach was, wenn er gut eingepackt ist und mit Medizin versorgt, dann wird er nicht *übermäßig* leiden.

Arzt. Er ist sehr fiebrig und auch sonst unpäßlich, und daher halte ich es nicht für klug, wenn er in seinem derzeitigen Zustand weiterreist.

Feldjäger. Das Wetter ist so schön, daß ihm eine Weiterreise unmöglich schaden kann.

Arzt. Er ist von seiner letzten Reise noch so geschwächt, daß er Ruhe dringend nötig hat.

Feldjäger. Die Reise im Schlitten wird ihn nicht sehr ermüden, und wir können anhalten, wenn er sich schlechter fühlt.

Gefangener. Ja, wir können anhalten, falls es zufällig mit Ihrem Wunsch oder Wohlbefinden *d'accord* geht, aber welche Annehmlichkeiten, welchen ärztlichen Beistand kann ich unterwegs in den Poststationen erwarten?

Feldjäger. Es sind nur hundertachtzig Werst nach Smolensk, und dort können wir ein, zwei Tage rasten.

Arzt. Ich empfehle, daß er bis morgen hierbleibt, jedenfalls so lange, bis ich der Meinung bin, es geht ihm besser; und dann, so wage ich zu behaupten, wird Mr Holman auch keine Einwände gegen die Abreise erheben.

Gefangener. Ich kann heute nicht aufbrechen, aber wenn ich mich besser fühle, sicherlich morgen, da es mir kein Vergnügen bereitet, in Moskau als Gefangener behandelt zu werden.

Polizeichef (zum Gefangenen). Ich verstehe nicht, was Sie abhält, heute aufzubrechen, denn wenn Sie Hände und Gesicht mit Branntwein einreiben, besteht wenig Gefahr, daß Sie eine Erkältung bekommen.

Gefangener. Sie können verschreiben, was Sie mögen, aber Sie werden mich nicht dazu bringen, dieses Hotel heute freiwillig zu verlassen, wo mir jede Annehmlichkeit zuteil wird, um mich der Gefahr auszusetzen, unterwegs in einer erbärmlichen Poststation bettlägerig zu werden.

Polizeichef. Aber der Gouverneur wird Sie nicht hier bleiben lassen.

Gefangener. Dann wird er mich zwingen müssen.

Polizeichef (zum Arzt). Sie sagen, er kann reisen.

Arzt. Es ist möglich, aber es besteht ein Risiko, und ich empfehle, daß er hier bleibt.

Während dieser Unterhaltung schwieg der dunkle Mann hartnäckig, aber zweifellos hortete er jedes Wort, das geäußert wurde. Der Polizeichef und der Feldjäger zogen sich nun in einen Nebenraum zurück, und nach einiger Zeit wurden der Arzt und der Spion nacheinander zur Beratung hinzugezogen, und bald darauf

Erneuter Auftritt Polizeichef und Feldjäger

Feldjäger (zum Gefangenen). Ich werde nun mit dem Polizeichef zum Gouverneur gehen und ihm berichten, was Sie sagten, ebenso die Meinung des Doktors und kehre dann mit der Entscheidung des Gouverneurs zurück.

Gefangener. Wie Sie wünschen. Sie werden mich selbstverständlich dort finden, wo Sie mich verlassen haben.

Nach ungefähr einer Stunde kehrte der Feldjäger mit folgender barmherziger Botschaft des Gouverneurs zurück: Ich bekam die Erlaubnis bis zum nächsten Morgen bleiben zu dürfen, dann müßte ich die Stadt verlassen, in welchem Gesundheitszustand auch immer!

Wie lächerlich erscheint es doch, daß die Regierung des mächtigen Russischen Reiches den um ein, zwei Tage verlängerten Aufenthalt eines bescheidenen und leidenden Individuums wie mir in seinem Gebiet zu einer Angelegenheit von solch enormer Wichtigkeit erklärt, die sie veranlaßt, dieses Individuum unter Einsatz seines Lebens fortzuscheuchen. Ein Untertan einer befreundeten Nation, von der sie jegliches Gastrecht in Anspruch genommen haben und es immer noch tun, dem kein Vergehen, weder politisch noch moralisch, vorgeworfen werden konnte, ja, gegen den noch nicht einmal der Hauch einer Anschuldigung erhoben worden war und den sie nicht als Gefangenen zu betrachten vorgaben (wie scheinheilig aber auch), sondern als Gentleman, der zu seinem Vergnügen reiste. Und doch waren sie so grausam, ihn gegen seine Absichten zu einer Dauerreise von fast fünftausend Meilen zu zwingen, in dieser unfreundlichen Jahreszeit, durch das wildeste Land der Welt, mit Argusaugen bewacht, ihm das Recht zu verweigern, einen Freund unter vier Augen zu empfangen, ja selbst einen Landsmann in seiner Muttersprache anzusprechen! Das gesamte Vorgehen in dieser Angelegenheit ist höchst willkürlich und stellt eine nicht zu rechtfertigende Verletzung der Gastfreundschaft und des menschlichen Empfindens dar.

Der restliche Tag verlief höchst unangenehm, da der Feldjäger meine einzige Gesellschaft und nicht in bester Laune war, denn er war fühlbar verärgert, daß es ihm und seinen Gehilfen nicht gelungen war, mich fortzujagen. Zudem hatte sich meine Erkrankung durch die Aufregung und Anstrengung nicht wenig verschlimmert. Obwohl dies der fünfte Tag seit meiner Ankunft in Moskau war, hatte ich noch keine Nachricht aus St. Petersburg und gab folglich jede Hoffnung auf, die erwartete Antwort auf meinen Brief an Sir Charles Bagot noch zu erhalten.

Nach dem Sturm des vergangenen Tages befand ich mich in einem vergleichsweise ruhigen Gemütszustand, und so erwachte ich am Morgen des 27. Februar recht erholt, nachdem ich die beste Nachtruhe seit einiger Zeit genossen hatte, und da der Tag bemerkenswert schön war, rüstete ich mich für die Reise.

Meine Bankiers machten mir ihre Aufwartung, boten bereitwillig ihre Hilfe an und brachten mir ausgezeichneten Tee mit, von dem sie annahmen, er wäre mir auf der Reise höchst genehm. Gegen halb zehn stieg ich in Gesellschaft des Feldjägers in die Kibitka, unseren armen Kalmückendiener ließen wir in einem der Krankenhäuser zurück, und wir machten uns anschließend sofort auf den Weg nach Smolensk und Krakau.

Ich war letztendlich gezwungen, Moskau zu verlassen ohne das Vergnügen, einen meiner russischen Freunde gesehen zu haben. Alle schienen sich zu fürchten, mir einen Besuch abzustatten, auch wenn viele liebenswürdige Botschaften durch die Vermittlung meiner Landsleute ausgetauscht wurden, deren Unabhängigkeit und harmlose Absicht sie davor bewahrten, üble Auswirkungen befürchten zu müssen, wenn sie weiterhin freundschaftlichen Verkehr mit mir pflegten.

5. März. Wir fuhren am frühen Morgen durch Lublin und überquerten gegen Mittag die Weichsel, allerdings nicht ohne Probleme aufgrund der Eisschollen, die vom oberen Flußlauf und aus Nebenflüssen stammten, denn der Fluß war an dieser Stelle den gesamten Winter über nicht zugefroren gewesen.

Am Abend züchtigte mein Begleiter unseren Postillion nur leicht. Mir war aufgefallen, daß er, seit wir Polen betreten hatten, in seinem Verhalten diesem Menschen gegenüber um einiges gnädiger geworden war.

Am 6. erreichten wir um sieben Uhr morgens die letzte Poststation auf polnischem Herrschaftsgebiet, wo ich meine Rechnung mit dem Feldjäger beglich und eine *Britschka* und ein Paar Pferde mietete, die mich von der russischen Grenze in die Republik Krakau* bringen sollten.

Dieses Gefährt bestand aus Korbgeflecht, ähnelte in Größe und Form einer Wiege und bot keinesfalls Platz für zwei Personen. Wir fuhren in unseren jeweiligen Kutschen ungefähr eine deutsche Meile** bis zum Zollhaus, wo wir ungefähr eine halbe Stunde festgehalten wurden, in welcher der Feldjäger die erforderlichen Formalitäten abwickelte, damit ich die Grenze passieren konnte. Anschließend fuhren wir eine halbe deutsche Meile, begleitet vom Zollbeamten, dann händigte mir der Feldjäger

* Nach dem Wiener Kongreß 1815 war Krakau bis 1846 als Republik Krakau ein Kondominium der Länder Österreich, Preußen und Rußland.

** Im Gegensatz zur englischen Meile (1,6093 km) reichte die deutsche Meile von 5 bis 10 km (die Nachkommastellen ersparen wir uns), Duodezfürstentümern sei Dank.

meinen Paß aus und versicherte mir, er sei tadellos; wir trennten uns und beglückwünschten einander zu unserer jeweiligen Befreiung. Ich fuhr umgehend nach Krakau weiter; die Welt lag mir sozusagen zu Füßen, und die Vorsehung war mein Reiseführer, denn mein Postillion und ich konnten keinen Satz miteinander wechseln.

Obwohl ich mit dem Feldjäger beinahe fünftausend Meilen unter den mißlichsten Umständen gereist war und wir so manchen Strauß ausgefochten hatten, kam es jedoch noch nie zu einem offenen Bruch, und ich muß ihm einmal mehr die Gerechtigkeit angedeihen lassen, daß ich ihm persönlich für so viel freundliche Aufmerksamkeit zu Dank verpflichtet bin.

Da ich nun wieder frei war, meinen eigenen Neigungen zu folgen, sollte man meinen, daß mein Glück grenzenlos war, aber nein – und ich kann es mir selbst kaum erklären –, mein erstes Gefühl war Gleichgültigkeit. Vielleicht war dieses auf die Vereitelung eines meiner Lieblingsvorhaben oder auf meine körperliche und seelische Erschöpfung zurückzuführen. Schließlich gelang es mir doch noch, die Apathie abzuschütteln, und ich war erneut bereit für die kommenden Ereignisse meiner Reise.

KRAKAU

Während der ersten paar Tage meines Aufenthalts in Krakau fühlte ich mich für größere Anstrengungen zu unwohl, obwohl das Wetter sehr schön war; aber am Samstag, dem 13., fand ich mich so weit erholt, daß ich meine Weiterreise nach Wien ins Auge faßte und dem österreichischen Konsul meine Aufwartung machte, um für meinen Paß seine Unterschrift zu bekommen. Zu meiner Überraschung erhob er den Einwand, da ich aus Rußland käme, hätte ich die Unterschrift des österreichischen Gesandten in St. Petersburg einholen müssen. Ich wandte ein, daß es unter meinen Umständen unmöglich gewesen wäre, diese Unterschrift zu bekommen und ich gezwungen war, jenen

Paß zu akzeptieren, den der Gouverneur von Moskau für rechtens befand mir auszuhändigen, und mir bei der Übergabe versichert worden war, daß ich auf meinem Weg nach Wien auf kein Hindernis stoßen würde. Er erwiderte, er würde den Präsidenten der Republik sowie den russischen Konsul zu Rate ziehen und mir das Ergebnis mitteilen.

Im heutigen Rußland würde Holman am Flughafen im Nacktscanner durchleuchtet werden und unter Umständen – wie der Kommentator selbst – für manche zentralasiatische Staaten (ehemaligen Sowjetrepubliken) kein Visum erhalten, weil er auf der schwarzen Liste steht, ohne daß erklärt werden würde, wie jemand, der das betreffende Land noch nie bereist und noch nie beschrieben hat, so arg unangenehm auffallen konnte.

Ich machte dann dem Sekretär des russischen Konsuls meine Aufwartung, der Licht in die Angelegenheit brachte. Ich muß allerdings gestehen, daß ich die ganze Zeit über gewisse Zweifel in dieser Sache gehegt hatte, die ich dem Feldjäger und nun diesem Herrn mitteilte. Mir wurde jedoch versichert, der russische Paß sei völlig ausreichend.

Am Abend erhielt ich Besuch vom Sekretär des österreichischen Konsuls, der kundtat, mein Paß könne nicht unterschrieben werden, bis sich der Konsul mit seiner Regierung in Wien verständigt habe. Er fragte auch, warum ich mich wegen einer Unterschrift nicht an den preußischen Konsul gewandt hätte – absolut lächerlich und offensichtlich, da mein Ziel die Einreise nach Österreich und nicht nach Preußen war.

Am Morgen stattete ich dem russischen Konsul erneut einen Besuch ab, um ihn zu bewegen, sich für mich einzusetzen, da sich mein Dilemma seiner Regierung verdankte. Er drückte sein Bedauern aus und versprach, seinen Einfluß geltend zu machen, aber alles erwies sich als vergebens, und ich war gezwungen, noch weitere Zeit in Krakau zu verbringen.

Es erschien mir klug, einen Brief an Sir Henry Wellesley, unseren Gesandten in Wien, zu schicken, um ihn von meiner Lage in Kenntnis zu setzen und ihn zu bitten, in meinem Namen eine Eingabe an die österreichische Regierung zu machen oder andernfalls jegliche Auskunft zu erteilen, die man vielleicht über meine Person zu erhalten trachten würde. Um sicherzugehen, daß mein Brief befördert wurde, zahlte ich in der Post einen kleinen Betrag, woraufhin mir eine Quittung ausgehändigt wurde, die den Erhalt des Betrages bestätigte, ebenso würde ich postwendend eine zweite Quittung erhalten, mit welcher der Empfänger den Erhalt bestätigte. Dies ist eine vortreffliche Regelung, die von jedem Land, in dem wichtige Briefe befördert werden, übernommen werden sollte.

Am Sonntag, dem 28., traf eine Postkutsche aus Wien ein, als ich gerade beim österreichischen Konsul weilte, um mich zu erkundigen, ob er irgendeine Nachricht in meiner Angelegenheit erhalten habe, und ich war beglückt zu vernehmen, er sei ermächtigt worden, mir einen Paß auszustellen, welcher schon zu meinem Hotel geschickt worden sei. Ich kehrte sofort zurück und schickte ihn für die benötigten Unterschriften zur Polizei und versuchte, den ersten freien Platz in der Postkutsche nach Lemberg am folgenden Tag zu reservieren.

IN WIEN

Am Morgen nach unserer Ankunft in Wien wurden uns während des Frühstücks Broschüren für die Aufführungen in der Oper sowie in drei verschiedenen Theatern vorgelegt. Auch wurde uns mitgeteilt, daß wir uns binnen vierundzwanzig Stunden nach unserer Ankunft in der Stadt bei der Polizei zu melden hätten, andernfalls würden wir ausgewiesen. Folglich verlor ich keine Zeit und wurde in der Wache vorstellig, wo ich zunächst eine Vielzahl von Fragen zu beantworten hatte, von denen viele in England für äußerst ungehörig gehalten worden wären, da sie sich auf meine finanziellen Umstände bezogen. Kurz darauf erhielt ich eine Aufenthaltserlaubnis für drei Tage. Sobald diese abgelaufen war, sollte ich wieder vorstellig werden, entweder in Begleitung eines achtbaren Einwohners oder mit einem Nachweis, daß ich über die nötigen Mittel für meinen Aufenthalt verfügte. Das brachte mich in die Bredouille, denn die einzige Person, für die ich ein Empfehlungsschreiben hatte, war am Tag vor meiner Ankunft gestorben, und der Kreditbrief, von dem ich angenommen hatte, er wäre hier bereits vor langer Zeit auf dem Postamt eingetroffen, war nicht angekommen.

In diesem Dilemma beschloß ich, umgehend unseren Botschafter, Sir Henry Wellesley, aufzusuchen, dessen freundlicher Unterstützung ich meine frühere Befreiung aus Krakau verdankte. Er war jedoch nicht zu Hause, und Lord Lascelles teilte mir mit, daß ich ihn nicht vor Mittag des nächsten Tages sprechen könne.

Ich war nun mir selbst überlassen, und da ich zweifelte, daß ich meinen Kreditbrief erhalten würde, mußte ich nun ausrechnen, wie weit mich meine derzeitigen Geldvorräte bringen würden. Da ich mich aber stets weigere zu verzagen, kehrte ich in mein Hotel zurück und begleitete am Abend den Doktor zur Aufführung der gefeierten Oper »Gabriella de Vergy«, deren Musik mich sehr entzückte. Wir können nur rätseln, welcher »gefeierten« Oper Holman lauschte; fest steht, es handelte sich um kein Donizetti-Werk, sondern um die Komposition von Michele Carafa oder um die von Francesco Morlacchi oder um die von Carlo Coccia oder um die von Johann Simon Mayr*. Die Geschichte der schönen Gabriella, die von ihrem bösartigen Ehemann gezwungen wird, das Herz ihres getöteten Liebhabers zu verspeisen und die ob der Enthüllung, was auf dem Teller lag, dem Wahnsinn anheimfällt (*alternative endings*: sich zu Tode hungert oder vor Entsetzen stirbt), basierend auf Pierre de Belloys Drama, erfreute sich als Librettovorlage in den 1810er Jahren großer Beliebtheit. Donizetti legte erst 1826 nach, komponierte dann aber, fleißig wie

* Der im Alter erblindete und in sehenden Jahren Donizettis Lehrer war.

er war, 1838 noch eine revidierte Fassung. Trotz dieser verdoppelten Bemühung gehört die »Gabriella« zu seinen fast vergessenen Opern.

Am 9. besuchte ich das von Prinz Eugen an jener Stelle erbaute Schloß Belvedere, wo die Türken bei der denkwürdigen Schlacht ihr Lager aufgeschlagen hatten*, und das vom Kaiser erworben worden ist und nun als Gemäldegalerie dient.

An diesem Tag erhielt ich meinen langerwarteten Kreditbrief, der mich nicht nur hinsichtlich meiner Finanzen beruhigte, sondern mir auch einen neuen Freundeskreis öffnete, da er insbesondere auch ein Empfehlungsschreiben für einen Landsmann enthielt und sich dieser als höchst angenehme und nützliche Bekanntschaft erwies.

Am Sonntag, dem 11., nach einem Gottesdienst beim Botschafter, begleitete ich meinen neuen Freund und Landsmann Mr B. zu der prächtigen Promenade namens Prater in der Leopoldstadt. An diesem Tag speiste ich mit Baron Arnstein zu Mittag, dessen Tochter, die Baronesse Pereira, eine gebildete Frau und wohlbewandert in der englischen Sprache und Literatur ist. Einer ihrer Söhne tat mir den Gefallen und geleitete mich zu Baron Eskeles, wo einige Minister des Kabinetts sowie mehrere prominente Ausländer versammelt waren. Der Baron beehrte mich mit einer Einladung zum Mittagessen für den folgenden Tag, die ich mit großen Vergnügen annahm. Bernhard von Eskeles war Mitbegründer der Österreichischen Nationalbank – Holman verkehrt in den ersten Finanzkreisen Kakaniens. Sehenden Auges wäre das nicht geschehen …

* Zur Erinnerung: Prinz Eugen, der edle Ritter, / wollt dem Kaiser wied'rum kriegen / Stadt und Festung Belgerad! / Er ließ schlagen eine Brucken, / daß man kunnt hinüberrucken / mit der Armee wohl vor die Stadt.

Ich verließ Wien um 6 Uhr am Morgen des 27. April mit einer zweigeteilten Eilpostkutsche, die innen acht, außen drei Passagiere plus Wachmann transportieren konnte. Mein Platz war außen auf der Rückseite des Wagens, gemeinsam mit einem Mitreisenden, der sich bald als für mich nicht sonderlich interessant erwies, da wir beide keine gemeinsame Sprache beherrschten, in der wir uns hätten austauschen können. Er versuchte jedoch die fehlende Konversation durch gewaltige Rauchwolken wettzumachen, die seiner nie verlöschenden Pfeife entwichen. Wahrscheinlich war ihm der Verdruß, den er mir damit verursachte, nicht bewußt, denn in jeder anderen Hinsicht schien er ein höflicher, ungekünstelter junger Mann zu sein. Während unserer zweitägigen Reise ereignete sich keine nennenswerte Begebenheit, außer daß ich am Nachmittag des zweiten Tages, erschöpft von Müdigkeit, Hitze und Staub, einschlief und meinen Stock verlor, den getreuen Begleiter meiner langen und ermüdenden Reise von vielen tausend Meilen. Es war wie der Abschied von einem alten und anhänglichen Freund und ein Schlag, von dem ich mich erst nach geraumer Zeit erholte.

EIN TAG IN KARLSBAD

Zur Zeit meines Aufenthaltes befanden sich nur sehr wenige Gäste in Karlsbad, dem elegantesten Badeort Deutschlands; es ging allerdings das Gerücht, das eine oder andere gekrönte Haupt verbringe hier einen Teil des Sommers – wobei dies eher dem Wunsch der Einwohner als einer zuverlässigen Quelle entspringen dürfte.

In Begleitung eines örtlichen Arztes, für den ich ein Empfehlungsschreiben hatte, besuchte ich die verschiedenen Heilquellen, deren Wirkung er mir beschrieb. Danach bestieg ich noch am selben Tag, da ich weder an Gicht noch Schwermut litt, wieder eine Kutsche und brach zu meiner Rückreise nach Prag auf.

Wäre Holman ein paar Monate früher in Karlsbad gewesen, hätte er vielleicht die Abreise des Geheimen Rats Goethe miterlebt, der den Kurort so sehr schätzte, daß er dort dreizehnmal zu Gast war. Aber im September 1823 war Schluß mit Wasserkuren, denn das Fräulein Ulrike von Levetzow hatte just im geliebten Ferienort seinen Heiratsantrag abschlägig beschieden.

GUTER RUSSISCHER TEE

In der zweiten Nacht kehrten wir im selben Gasthof ein, in dem wir nach unserer Abreise aus Prag genächtigt hatten. Der dicke und wohlerzogene Gastwirt hatte eine neue Art gefunden, um mich zu unterhalten: Er setzte sich mit seiner Gitarre neben mich und fing an zu singen, aber ob es ihm nun an Stimme oder mir an Geschmack mangelte, ich konnte seinen Gesang einfach nicht annähernd so bezaubernd finden wie den der Primadonna in der Oper. Ich tat mich schwer, ihm begreiflich zu machen, daß ich statt dessen lieber eine Tasse Tee trinken würde. Endlich ließ er beim Apotheker welchen holen und als ein kleines Papierkuvert eintraf, wie man es für Brechmittel verwendet, brachte er mir dieses frohlockend mit dem Ausruf: »Das ist richtig guter russischer.« Bei näherer Untersuchung fand ich ungefähr einen halben Teelöffel feingemahlenen, aromatisierten Tee. Als ich mich über die geringe Menge beschwerte, versicherte er mir, er sei sehr stark. Folglich landete der Tee in der Kanne und ich habe sicherlich während meiner Reisen kein Getränk dieser Art getrunken, das intensiver schmeckte – nach Wasser.

ALLZU WÖRTLICH

Vierzehn Tage später besuchte ich hier in Berlin die Blindenanstalt, deren Direktor sich sehr viel Mühe gab, mir das Unterrichtssystem verständlich zu machen; ich konnte nicht feststellen, daß es sich beträchtlich von dem mir bereits bekannten unterschied. Die Schüler werden mittels speziell für diesen Zweck angefertigten Globen und Karten in Geographie unterwiesen, mit reliefierten Linien und anderen Erhebungen, welche die üblichen auf diesen Hilfsmitteln verzeichneten Angaben darstellen. Anschließend wurde ich zur anatomischen Sammlung gebracht, wo sich unter anderen bemerkenswerten Objekten das Skelett des Riesen* von Friedrich dem Großen befand, sieben Fuß acht Zoll groß.

Am 20. ging ich zum Postkutschenkontor mit der Absicht, mir einen Platz für die Fahrt nach Magdeburg zu besorgen, und war nicht wenig überrascht, als ich dort erfuhr, daß es Vorschriften gab, die den Transport eines blinden Reisenden untersagten. Nach dieser Mitteilung wollte ich in Begleitung eines Freundes mit dem Direktor reden. Dieser aber befand sich gerade in einer Besprechung, und so wandten wir uns an einen Gentleman, den wir in seinem Büro antrafen und der uns äußerst höflich versicherte, daß eine derartige Vorschrift tatsächlich existiere, er aber versuchen wolle, in meinem Fall eine Ausnahmegenehmigung zu erwirken. Als Grund für das Verbot gab er an, es gelte Verzögerungen zu vermeiden, die entstünden, wenn der Fahrer einem solchen Passagier beim Ein- und Aussteigen in die Kutsche behilflich wäre. Folgende Klausel in ihren Vorschriften scheint jedoch anzudeuten, daß es noch einen anderen Grund

* Die berühmten Langen Kerls von Friedrich Wilhelm I., eine Grenadiergarde, deren einziger Zweck die Repräsentation war. Als Friedrich II. den Thron bestieg, löste er das Regiment umgehend mit den knappen Worten auf, er brauche keine Spielzeugsoldaten. Die Gardisten mußten mindestens 6 preußische Fuß messen (ca. 1,88 m). Zwei dieser namenlosen Skelette haben bis in unsere Zeit überdauert. Eines residiert im Centrum der Anatomie der Charité und mißt metrisch 2,23 m – zu Lebzeiten sollen es 3 cm mehr gewesen sein. Vielleicht sind es sogar jene Knochen, auf die Holman keinen Blick werfen konnte.

gibt, und obwohl dies in meinem Fall eine grobe Mißdeutung gewesen wäre, hätte er der deutschen Gründlichkeit vielleicht doch zur Einhaltung der Vorschrift gereicht.

§ 11. Den Postillions ist es bei Strafe verboten, insgeheim irgendeine Person oder einen *blinden Passagier* gegen Gebühr oder Trinkgeld mitzunehmen.

Am Nachmittag erhielt mein Freund einen Brief des Direktors, der das Dilemma löste.

> Sir,
> soeben erhalte ich Kenntnis von Ihrer heutigen Mitteilung und setze Sie höflich in Kenntnis, daß ein Platz in der Eilpost reserviert ist – eine Ausnahme zugunsten des berühmten blinden Mr Holman.
> Es freut mich sehr, daß ich somit Ihren Wünschen entsprechen konnte.
> Ich verbleibe Ihr &c.

EINBLICKE IN GÄNGIGE BEHANDLUNGSMETHODEN BEI GEISTESKRANKHEIT

In Berlin weilend wünscht der Mediziner in Holman einen weiteren Besuch in einer klinischen Institution.

Am nächsten Tag stieß ich bei einem Besuch im Krankenhaus auf viel Bemerkenswertes, vor allem in der Abteilung, in welcher nicht weniger als einhundertfünfzig Geisteskranke untergebracht waren. Der Großteil dieser Unglücklichen war – offensichtlich mit viel Freude – mit dem beschäftigt, was Kinder »Soldat spielen« nennen, mit Holzmusketen wurden Angriffs- und Verteidigungsübungen durchgeführt. Einer von ihnen, ein französischer Graf, widmete sich den einzelnen Manövern mit so viel Aufmerksamkeit und Pflichtgefühl, als ob er niemals einen höheren Rang als den des einfachen Soldaten bekleidet hätte.

In dieser Institution werden verschiedene Apparate bei der Behandlung der gewalttätigeren Fälle eingesetzt, und wie uns der Wächter versicherte, mit den schönsten Erfolgen: Ein Apparat besteht aus einer kanzelähnlichen Kiste, in die der Patient in aufrechtem Zustand gesteckt und mit großer Geschwindigkeit herumgewirbelt wird. Im Moment des größten Schwungs wird das Ganze plötzlich angehalten, um einen unbeschreiblichen Druck oder Schock auf den Hirnkreislauf des dieser Bewegung ausgesetzten Individuums herbeizuführen.

Eine Folge davon ist Erbrechen, welches das Nachlassen der Wahnsinnsausbrüche bewirken soll. Der andere Apparat ist ein Bett oder Sofa, auf dem der Patient ebenfalls mit unvorstellbarer Schnelligkeit im Kreis gedreht wird, die Füße bilden den Drehmittelpunkt, die Bewegung wird ebenfalls wie bei obigem Apparat abrupt angehalten.

Obgenannte Behandlung soll ebenfalls erfolgreich bei der Wiederherstellung der Sprachfähigkeit, der Muskelbeweglichkeit und Verdauungstätigkeit sein, deren Verlust infolge einer Lähmung eingetreten ist.

Die üblichen Behandlungsmethoden bei Geisteskrankheit wie Wassergüsse über den Kopf &c. &c werden in dieser Institution jedoch nicht vernachlässigt.*

Die Krankenhausstationen werden nicht besonders saubergehalten oder gut gelüftet, denn ich kann mich nicht erinnern, jemals durch die Ausdünstungen in einer ähnlichen Anstalt derart belästigt worden zu sein. Als ich dies ansprach, wurde mir mitgeteilt, die Fenster würden nie geöffnet bis auf ein oder zwei Stunden an schönen Tagen. Die Kosten dieses Krankenhauses werden von der Regierung getragen und betragen

* Der Leser vernimmt mit Erleichterung, daß angesichts so viel inspirierter Innovation die erprobten und bewährten Methoden nicht in Vergessenheit geraten.

jährlich nicht weniger als hunderttausend Taler obwohl viele der Kranken ihre Unterbringung vollständig selbst bezahlen. Einen kleinen unangenehmen Einblick in derartige Einrichtungen bietet Fritz Lehners Film »Notturno«, in dem Udo Samel als syphilitischer Franz Schubert kurzfristig in einer Krankenanstalt logiert, in der auch die Alten und Geisteskranken letzte Bettzuflucht fanden. Wer nicht bereits irre war, wurde es dort.

Anschließend besuchte ich die königliche Bibliothek, die dreihunderttausend Bände zählt und allen ehrbaren Personen offensteht. Unter bestimmten Auflagen ist es ihnen sogar gestattet, einzelne Bücher mitzunehmen. Wahrlich eine königliche Großzügigkeit!

Am Abend begleitete mich ein Freund nach Charlottenburg zum Denkmal der verstorbenen Königin von Preußen, auf unserem Weg schritten wir durch das prächtige Brandenburger Tor.

Hier stiegen wir in eine der Kutschen, die an diesem Ort stets bereitstehen, und kamen nach einer vier Meilen langen Fahrt in Charlottenburg an, wo wir durch die Anlagen zum königlichen Mausoleum* geführt wurden. Der Boden des Eingangs ist mit Marmor ausgelegt, von dort stiegen wir einige Stufen zu einer großen Nische empor, wo das Monument der Königin steht. Der Leichnam befindet sich in einer Gruft darunter, in die man über eine breite Marmortreppe hinabsteigt. Die Schlüssel zu dieser Kammer, welche die sterblichen Überreste seiner geliebten Gemahlin enthält, befinden sich jedoch im Besitz Seiner Majestät. Es heißt, er besuche die Kammer regelmäßig.

---

* Das zum 200. Todestag 2010 »samt gärtnerischem Umfeld« (O-Ton Stiftung Preußische Gärten und Schlösser) frisch renoviert wurde.

Mit Byron gesprochen:

On earth thou wert all but divine,
As thy soul shall immortally be,
And our sorrow may cease to repine,
When we know that thy God is with thee.*

Ich kehrte tief beeindruckt von den Tugenden dieses königlichen Paares nach Berlin zurück. Auch Holman ist also in den Sog der Luisen-Verehrung geraten – der preußischen »Königin der Herzen« (ein Ausdruck, den August Wilhelm Schlegel prägte, nicht ahnend, daß eine andere Hoheit diesem Beinamen im 20. Jahrhundert zu neuen Ehren verhelfen würde). Die Prinzessinnengruppe von Gottfried Schadow (1795) wäre haptisch allerdings weitaus interessanter gewesen; leider hatte Luises Gatte, Friedrich Wilhelm III., die ihm mißliebige Skulptur in den Tiefen des Kronprinzenpalais verschwinden lassen – »Ist mir fatal!« Sie wurde erst 1893 der Öffentlichkeit wieder zugänglich gemacht.

Am Sonntag, dem 22., besuchte ich ein Amateurkonzert im Haus eines Bankiers, was vielleicht manch einer mißbilligen wird, aber es ist meine Ansicht, daß sich der Reisende (soweit dies ohne ernsthaften Bruch moralischer und religiöser Vorschriften getan werden kann) den Gewohnheiten der Länder, die er besucht, anpassen sollte. When in Rome, do as the Romans do.

WEINKELLERBEGEHUNG IN BREMEN

Am Montag, dem 31., brach ich nach Bremen auf, wo ich gegen Mittag des folgenden Tages eintraf und mich im *Hotel Frankfurt* einquartierte. Ich war angenehm überrascht, dort eine mir

* Aus dem Liebesgedicht »Bright be the Place of thy Soul«.

bekannte englische Dame anzutreffen, die gerade auf ihrem Weg von St. Petersburg nach England war, so daß ich die Freude hatte, Neuigkeiten über meine vielen Freunde in dieser Stadt zu hören.

Ich hatte das Vergnügen, den Abend im Haus von Mr Dennaker, einem hiesigen Senator, zu verbringen, dessen liebenswürdige Tochter mich gemeinsam mit ihrem Ehemann zuvorkommend zum berühmten Weinkeller der Stadt begleitete. Das erste Gewölbe, das wir betraten, enthielt zwölf Fässer, welche nach den zwölf Aposteln benannt worden waren. Man lud mich ein, von Judas Ischariot zu kosten, der als der beste gilt, wurde das Faß doch 1718 mit dem edelsten Rheinwein gefüllt. Ich wäre nicht überrascht, erwiese sich dieser Wein als tückisch für jeden, der es wagte, zuviel davon zu trinken. Danach begaben wir uns in den zweiten Raum, der den Namen Rose trug, wo die ältesten und besten Weine gelagert werden. Hier wurde mir zuerst Wein aus einem Faß vorgesetzt, das 1636 gefüllt worden war, und dann aus einem anderen aus dem Jahr 1624, dem ältesten im Keller. Beide Weine waren sicherlich besser als Judas, obwohl sie nicht den sirupartigen Geschmack hatten, den ich erwartete. Es ist nicht anzunehmen, daß sich noch viel von dem ursprünglichen Wein in diesen Behältnissen befindet, da sie von Zeit zu Zeit mit neuerem Wein aufgefüllt werden. Was die Apostel angeht, darf jedermann soviel davon nehmen, wie er möchte, und es gibt einen angrenzenden Raum, wo er von Gesellschaften getrunken werden kann. Niemand wird vom Rosenfaß ohne die ausdrückliche Erlaubnis eines Senators verköstigt – die nur in Fällen schwerer Krankheit erteilt wird, in welchen die Wirkung eine wundersame sein soll. Der Preis der Apostel schiebt dem hastigen Genuß einen Riegel vor, da nicht weniger als eine Guinea pro Flasche für den ältesten Wein verlangt wird, und ich glaube, er wird im allgemeinen eher aus Neugier denn aus Neigung erworben, denn die Stadt bietet zu vernünftigen Preisen exzellente Weine aus aller Welt; zusammen mit Tabak und Zucker stellen sie die wichtigste Handelsware Bremens dar.

Der dritte und letzte Raum, in den wir geführt wurden, hieß Zimmer des Bacchus, da es ein riesiges Faß enthielt, auf dem rittlings die besagte Gottheit saß. Wir brachten dem fröhlichen schwankenden Gott zwar keine Opfergabe dar, erfrischten uns aber nach Verlassen des Kellers mit einem Spaziergang auf dem Stadtwall, der vor kurzem zu einer reizvollen Promenade umgestaltet worden ist.

IN DER FREISTADT HAMBURG

Ich ging nun mit einem Freund, den ich in Leipzig kennengelernt hatte, aufs Land hinaus, um dort zu Mittag zu essen, und kehrte nicht vor Mitternacht nach Hamburg zurück, wo ich am Tor zwölf Schilling (ungefähr einen englischen Shilling) für den Einlaß zahlen mußte. Dies erschien mir kein Anzeichen einer besonders freien Stadt zu sein. Hinterher erfuhr ich, daß die Tore im Winter immer bei Einbruch der Dunkelheit und im Sommer um neun Uhr geschlossen werden und jedermann, der die Stadt später betritt, eine Gebühr von vier Pence je Stunde bis Mitternacht zahlen muß, danach wird ihm der Zutritt verwehrt, es sei denn, es gelingt ihm, den Eindruck zu erwecken, seine Geschäfte seien von Wichtigkeit.

Am Samstag, dem 5., nahm mich ein Freund in den Teegarten des Dorfes Eimsbüttel mit, der von einer berühmten Schönheit namens Marianne geführt wurde. Ich weiß nicht, wie interessant sie in den Augen jener war, die sehen konnten, aber die Grobheit ihrer Stimme und ihre ordinäre Sprache riefen alles andere als ein Bild der Schönheit in meinen Kopf hervor.

An einem Tag begleitete ich einen Freund zur Börse und ließ mir die diversen Vorgänge dieser Einrichtung beschreiben, die aufs Bewundernswerteste geeignet ist, die wirtschaftlichen Interessen der Stadt voranzubringen.

Die folgende Anekdote wird von einem Kaufmann erzählt, der das Pech hatte, ein Auge zu verlieren. Ein Gentleman, dessen Sehorgane die gleiche Unzulänglichkeit aufwiesen, sprach vor, um ein persönliches Gespräch mit ihm führen und verlieh seinem Wunsch in der üblichen deutschen Redensart Ausdruck, er wolle dies unter vier Augen tun. »Dann«, erwiderte der ehrliche Hamburger, »muß ich meine Frau hinzuholen.«

»GLÜCKLICHES ENGLAND!«

Am Mittwoch, den 16., ging ich, nachdem ich meine Überfahrt nach England mit einem an diesem Nachmittag ablegenden Postschiff geregelt hatte – wie es mir von einigen meiner Freunde sehr angeraten worden war – um vier Uhr an Bord. Wir hißten bald darauf die Segel, kamen dank einer steifen Brise zügig voran, erreichten um sieben Uhr am nächsten Morgen Cuxhaven, wo wir unseren Lotsen an Land setzten, und erreichten nach einer viertägigen Überfahrt am 20. Juni 1824 Hull, zwei Jahre und einen Tag, nachdem ich mich nach St. Petersburg eingeschifft hatte.

Ich muß wohl kaum das Gefühl der Verzückung beschreiben, mit dem ich abermals mein Heimatland begrüßte, hatte ich doch während meiner Abwesenheit seine ungeheure Überlegenheit gegenüber den Ländern, die ich durchquerte, noch höher zu schätzen gelernt. Glückliches England! Land der Freiheit, der Tugend und der Schönheit; Hebamme der Wissenschaften, freigebige Förderin der Künste, grenzenlos in Handel und Wohlstand, in nationaler Herrlichkeit jedem Land himmelweit überlegen. Unter dem Szepter eines väterlichen und geliebten Monarchen und der geziemenden Verwaltung deiner hervorragenden und glorreichen Verfassung sind Glück, Gerechtigkeit und Gastfreundschaft deine Attribute, und in deinen begünstigten Landstrichen sind jene Akte der Willkür, die Gebräuche zivilisierter Nationen oder die geheiligten Gastrechte verletzen und die auf meiner Reise zu erleben mein Schicksal war, vollständig unbekannt!

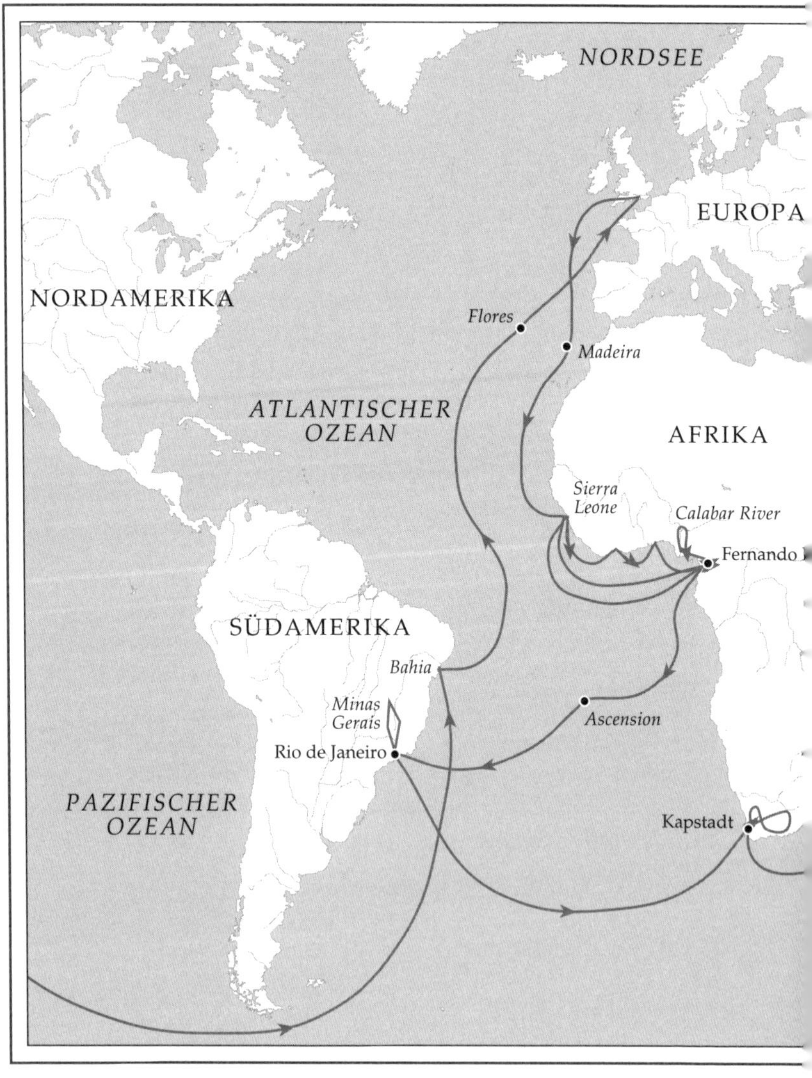
NORDSEE
EUROPA
NORDAMERIKA
Flores
Madeira
ATLANTISCHER
OZEAN
AFRIKA
Sierra
Leone
Calabar River
Fernando
SÜDAMERIKA
Bahia
Minas
Gerais
Ascension
Rio de Janeiro
PAZIFISCHER
OZEAN
Kapstadt

DRITTE REISE
AFRIKA, SÜDAMERIKA, ASIEN, OZEANIEN (1827–1832)

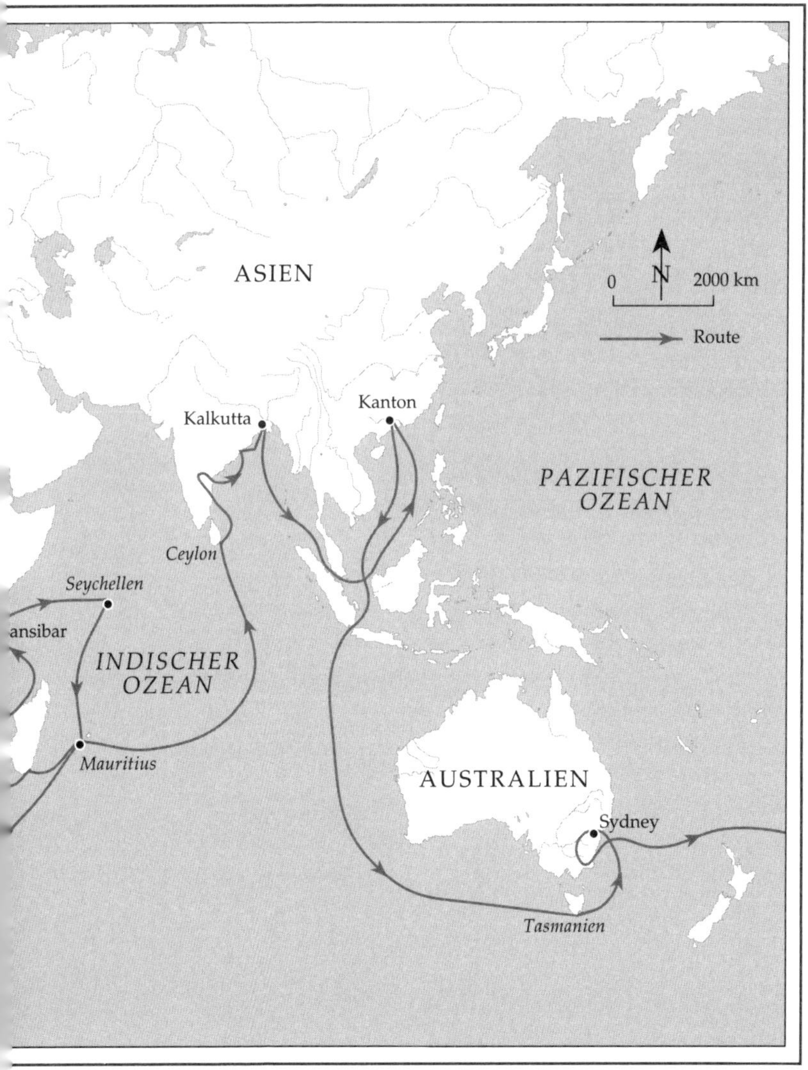

Kindness is a language which the deaf
can hear and the blind can see.
MARK TWAIN

Vorbemerkung

Manchen Menschen ist die Leidenschaft für das Reisen angeboren. Es gab Männer, die hartnäckig ihre Vorhaben gegen die fürchterlichsten Widerstände durchsetzten, und die, ohne Mittel oder Freunde, ohne Kenntnis der Sprachen jener Länder, die sie durchquerten, ihre gefährlichen Reisen in die entferntesten Winkel unternahmen, bis es ihnen, gleich dem Ritter im arabischen Märchen, gelang, von jedem Schrein, den sie besichtigten, ein Andenken zu stibitzen. Ich selbst war mir schon seit frühester Kindheit der Sehnsucht bewußt, entfernte Gegenden erforschen, den vielfältigen Gesichtern der Menschheit, die sich dem Einfluß unterschiedlicher Klimata, Sitten und Gesetze verdanken, nachspüren und mit unermüdlicher Beflissenheit die moralischen und physischen Unterschiede untersuchen zu wollen, welche die verschiedenen Nationen trennen.

So beginnt James Holmans fast zweitausend Seiten umfassende, vierbändige »Voyage Round the World«. Gewidmet ist das Werk der Königin höchstselbst, eine Auszeichnung für den Autor, denn nicht jeder durfte damals mir nichts dir nichts sein

Buch den königlichen Exzellenzen widmen. Dieses Privileg mußte auf protokollarischem Wege angefragt werden. Die Tatsache, daß es Holman gewährt wurde, zeugt von der Hochachtung, die er damals in hohen Kreisen genoß. Auch der unmittelbare Anlaß für die Expedition, der Holman sich anschließt, ist ein staatstragender: die Gründung einer britischen Kolonie samt militärischem Stützpunkt auf der zwar strategisch günstig gelegenen, aber unwirtlichen Insel Fernando Po (heute Bioko) im Golf von Guinea.

One can never consent
to creep when one feels
an impulse to soar.
ITELEN KELLER

Die Weltumsegelung

Am 29. legten wir um 9 Uhr morgens ab, aus Osten wehte eine frische Brise. Wir konnten uns jedoch nicht lang daran erfreuen, denn am Abend wurde der Wind wechselhaft, der Regen fiel in Strömen, begleitet von Blitz und Donner; die Nacht war dunkel und trostlos, und durch die rauhe See war das Schiff sehr unruhig. Es folgte eine jener konfusen Szenen, wie sie sich nur an Bord eines Schiffes abspielen können: das Knarren des Holzwerks, das dem Wüten der Elemente ausgesetzt ist, der Lärm vieler Stimmen, die aberwitzigen Unfälle, die auf das Schlingern und Schwanken des Schiffes zurückzuführen sind, lose Gegenstände, die sich in alle Richtungen bewegen, Truhen, die von Seite zu Seite fliegen, zerbrechendes Porzellan, kreischende Menschen, manche stöhnen und jammern, andere übergeben sich, und dann und wann bei einem besonders heftigen Schlag ein allgemeiner Aufschrei. Von derartigen tumultuarischen Geräuschen wurde ich unterhalten, während ich in meinem Bett lag, nicht etwa weil ich seekrank war, sondern wegen einer abklingenden Unpäßlichkeit anderer Art. Gegen Morgen kam der Wind aus Nordwest, er war sehr stark, und den ganzen Tag über schlingerte die *Eden* ziemlich heftig.

MADEIRA

Am Nachmittag verließ ich Funchal, die Hauptstadt der Insel, um mit Mr Webster Gordon zu dinieren, der am Berg in der Nähe der Kirche Nostra Senhora del Monte lebt, ungefähr drei Meilen landeinwärts; ich war gemeinsam mit Captain Owen und einigen seiner Offiziere eingeladen worden. Sie machten sich zu Pferd auf, wohingegen ich, da ich immer noch recht kränklich war, auf Rat meines Freundes, Mr Shortridge, eine Sänfte mietete. Ich hatte viel über die Annehmlichkeiten gehört, im Orient mit einer Sänfte zu reisen, und so dachte ich, es wäre an diesem heißen Tag die komfortabelste Art der Fortbewegung. Aber statt daß sie gleich einer Hängematte leicht hin und her schwang, so wie ich erwartet hatte, mußte ich zu meiner großen Bekümmernis feststellen, daß sich die Sänfte, wenn sie auf die Schultern der Träger gehoben wurde, nur achtzehn Zoll über dem Boden befand. Sie bestand aus einem stabilen Holzrahmen, der an einer Stange mit zwei Eisenstreben hing und auf jeder Seite von einem über die Stange geworfenen Tuch bedeckt war, das als Vorhang diente. In dieses Gestell wurde ich verfrachtet, in halb sitzender, halb liegender Position, die, ich muß es kaum erwähnen, alles andere als bequem war. Als ich mich herauswand, um einem Gentleman meine Aufwartung zu machen, mußte ich feststellen, daß mich Wadenkrämpfe derart außer Gefecht setzten, daß ich kaum stehen konnte. Es dauerte geraume Zeit, bis ich wieder ohne Hilfe und schmerzfrei gehen konnte. Ich erwartete jeden Augenblick, daß sich meine Träger über die schlechtgepflasterte Straße beschweren würden, aber es waren tüchtige, zähe, muskulöse Männer, welche die Gewohnheit gegenüber dieser Anstrengung völlig gleichgültig gemacht hatte.

Am Montag, dem 3. September 1827, erreicht die *H.M.S. Eden* Sierra Leone, die »Löwenberge«, ein reiches Land, das seit vierhundert Jahren geplündert wird. Schon sehr früh (1787) siedelten sich freigelassene Sklaven und Befürworter der Anti-Sklaverei-Bewegung an dieser Küste an. So entstand in den Jahrzehnten vor Holmans Ankunft eine »Kolonie der Kreolen« mit eigener Sprache (Krio) und Kultur.

Um sieben Uhr morgens kam Mr Lewis, der Lebensmittelhändler, an Bord, um Captain Owen und einigen seiner alten Freunde, die er von der *H.M.S. Leven* kannte, einen Besuch abzustatten. Dieser Gentleman hatte jedoch noch einen anderen Grund für seinen Besuch zu so früher Stunde: Er hatte sich seit einigen Tagen unwohl gefühlt, und da er mit seiner unfehlbaren Methode, mittels Brandy, Wasser und Zigarren das Fieber zu bekämpfen, recht geprahlt hatte, zog er es vor, an Land keinen medizinischen Rat einzuholen – wohlwissend, daß ein Besuch bei einem Arzt sofort unter seinen Bekannten die Runde machen würde. Er wandte sich daher wegen einiger Medikamente an den Arzt der *Eden*. Er sollte sie selbstverständlich erhalten – aber mit welchen Folgen! Genau eine Woche später wurden die Offiziere des Schiffs zu seiner Beerdigung eingeladen.

Gegen acht Uhr wimmelte es auf dem Schiff von schwarzen Frauen, die an Bord kamen, um Kleidung zum Waschen einzusammeln. Manche brachten ein wenig Obst und jede von ihnen eine flinke Zunge mit, denn es ertönte ein derartiges Geplapper, daß man kaum ein Wort vom anderen unterscheiden konnte. Schon bald hatten sie sich alle ohne Umschweife um unseren Frühstückstisch versammelt – was angesichts der Vielzahl der Gerüche, die sie mitbrachten, nicht sehr angenehm war. Diese reichten von köstlichen Düften der Früchte und Blumen bis zu dem Gestank, von dem ich annehme, daß er typisch für ihre Hautfarbe ist.

Montag, 10. – Ungeachtet des heftigen Regens versammelte sich eine große Anzahl von Freunden des verstorbenen Mr Lewis (des Lebensmittelhändlers, der letzte Nacht um 11 Uhr dahingeschieden war) in seinem Wohnsitz bei King Tom's Point, um seiner Bestattung unter einem großen Baum, nicht weit vom Haus entfernt, beizuwohnen. Es war ein mitleiderregender Anblick, wie der Lieblingshund am Grab seines verstorbenen Herrn heulte. Er konnte nur mit Mühe davon abgehalten werden, in das Grab mit dem Sarg zu springen.

Dienstag, 11. – Nach einigen leichten Schauern in der ersten Tageshälfte war das Wetter am Nachmittag schön, als mich Reverend Mr Davy zu einem Besuch einer Schule für freie schwarze Kinder mitnahm, die unter Aufsicht von Mrs Taylor steht, der Witwe des verstorbenen Missionars dieser Kolonie. Auch wenn es sich bei der Institution nur um eine Tagesschule handelt, so ist es doch wahrscheinlich, daß alle Schüler ein wenig profitieren, manche gar in großem Maße. Aber es ist ein vergeblicher Versuch, wilde Völker durch das Medium Buch allein zivilisieren zu wollen. Alte Gewohnheiten üben auf den Geist einen so machtvollen Einfluß aus, daß sich Verhaltensmaßregeln kaum auswirken. Das positive Beispiel, das der Lehrer am Morgen gibt, wird durch das Verhalten ungebildeter Eltern am Abend zunichte gemacht; eine derartige Erziehung dient lediglich dazu, die natürliche Durchtriebenheit der Jugend zu unterstützen und durch die so erworbenen Wissensbrosamen ihre Bösartigkeit zu verstärken. Sollen unsere Anstrengungen, ihre Verfassung zu verbessern, wirklich fruchten, wäre es das beste, sie wie Findelkinder zu behandeln.* Sobald sie in der Lage sind,

* Gedanken wie dieser brachten die australische Regierung dazu, zwischen 1910 und 1970 etwa 100 000 Kinder im Alter von bis zu fünf Jahren ihren Aborigine-Eltern zu entreißen und weißen Familien zur Adoption zu übergeben. Es wurde unvorstellbares Leid verursacht, für das sich der australische Premierminister Kevin Rudd 2008 förmlich entschuldigte.

handwerkliche Tätigkeiten auszuüben, sollten sie dem verderblichen Einfluß ihrer früheren Umgebung entzogen und bei Menschen in die Lehre gehen, die ihnen Sittlichkeit vermitteln und kein schlechtes Beispiel geben. Sehr selten sind diese afrikanischen Kinder den Erwartungen ihrer Wohltäter gerecht geworden; ich bin überzeugt, daß eine Einrichtung für eine begrenzte Anzahl von ihnen mit dem Ziel der vollständigen Zivilisierung den Versuchen, diese erstrebenswerte Absicht auf so unzureichende Weise an einer Vielzahl von ihnen zu erreichen, unendlich vorzuziehen ist.*

Montag, 17. – Sehr schöner warmer Tag. Wie gewöhnlich besuchte ich das Gericht und wohnte zwei Prozessen bei, die sich durch die bekannte Schwierigkeit auszeichneten, die Wahrheit aus den Zeugen herauszubekommen, welche sich gleichgültig gegenüber der Tragweite eines Eides zeigen, da ihnen Gewissensbisse unbekannt sind. Ließen aber Priester sie auf ihren Fetisch schwören, würden ihre Aussagen wahrscheinlich wahrheitsgetreuer ausfallen.**

---

* Diese Aufgabe erfüllen bis zum heutigen Tag die nach britischem Vorbild organisierten Eliteinternate in ganz Afrika, wo Zöglinge herangezüchtet werden, die typischerweise »außen schwarz und innen weiß« sind.

** Wenn Holman hier von den »Fetischen« der Eingeborenen spricht, bedient er sich eines vergleichsweise jungen Konzepts. Der Begriff Fetisch entstammt der portugiesischen Kolonialgeschichte und geht auf das Pidgin-Wort *fetisso* bzw. *feitiço* (von lat. *factitium*, das »Gemachte« im Gegensatz zum natürlich Gewachsenen) zurück. In Europa fand er erst im späten 18. Jahrhundert durch Charles de Brosses' »Du Culte des Dieux Fétiches« (1760) weitere Verbreitung, der in der »Verehrung gewisser irdischer und materieller Gegenstände« bei den »afrikanischen Negern« einen universalen Zug aller Religionsausübung bei »rohen und wilden« Völkern ausmachen wollte. Neben der Vermischung von Heiligem und Profanem war es für europäische Ethnographen besonders anstößig, daß sich die Fetische aus scheinbar

Freitag, 28. September. – Kurz nach Mittag begleitete ich Captain Owen und Captain Harrison, Mr Reffle, den amtierenden Richter, sowie Reverend Mr Davy, alle hoch zu Roß, zu einigen Dörfern, die für die befreiten Afrikaner errichtet worden waren. Der erste Teil unserer Reise führte durch hügeliges Gelände. Auf unserem Weg nach Bathurst kamen wir durch Gloucester und Regent Town und wurden kurz vor unserem Ziel von einem Gewitter eingeholt, aber ehe es richtig losbrach, erreichten wir Mr Davys Wohnsitz, wo wir von Mrs Davy erwartet wurden, die uns in einnehmendster und gastfreundlichster Weise bewirtete. Diese Dame unterrichtet die afrikanischen Frauen nicht nur im Lesen, sondern bringt ihnen auch die sittlichen Verpflichtungen einer zivilisierten Gesellschaft nahe. Unter ihren Dienstboten befanden sich einige ihrer Schülerinnen, die sie für Aufgaben im Haushalt ausgewählt hatte – dies mag als Beweis dienen, daß ihre Mühen nicht völlig vergebens waren.

Tugendhaftigkeit hat unter der erwachsenen Bevölkerung nur einen geringen Stellenwert, und Untreue im Ehestand ist ein häufiges Vorkommnis. Während unseres kurzen Aufenthalts kam ein armer Kerl, um sich bei Mr Davy zu beklagen, daß seine Frau mit einem anderen Mann zusammengezogen war. Als er ihre Rückkehr forderte, erhielt er vom Liebhaber und dessen Freunden eine gehörige Abreibung. Dieser Zwischenfall erregte offensichtlich wenig Befremden, auch wenn Mr Davy dem Fall dieses armen Kerls alle Aufmerksamkeit

---

willkürlich gewählten, für Europäer wertlosen Gegenständen zusammensetzten und bei Nichterfüllung ihrer Pflicht jederzeit weggeworfen und gegen andere ausgetauscht werden konnten. All das führte dazu, daß der »Fetischismus« – trotz seiner peinlichen Nähe zur christlichen Reliquienverehrung – als »primitiv« abqualifiziert wurde und nicht als das erkannt werden konnte, was er war: eine Form des Synkretismus europäischer und afrikanischer Religionspraktiken. Erst Marx und Freud haben dieses Konzept mit großem Erfolg auf die europäische Kultur selbst angewandt.

widmete, da er keine Gelegenheit versäumt, Einfluß auf das moralische Wohl der Gemeinschaft zu nehmen.

Im Laufe des Tages hatte ich Gelegenheit, eine Schlange zu untersuchen, die ein schwarzer Timmani um seinen Hals trug, wie die englischen Damen Boas – eine Mode, die hier gang und gäbe ist. Sie war ungefähr einen Yard lang, ihr Durchmesser betrug sechs Zoll. Häufig entfernen die Schwarzen diesen Reptilien die Zähne, selbst bei den giftigsten Arten, ein Vorgang, der sie völlig ungefährlich macht. Am Abend kehrten wir nach Freetown zurück.

Sierra Leone besitzt eine große Markthalle, in der sich die Einwohner mit tropischen Früchten und Gemüsen sowie einigen europäischen Waren versorgen können. Geflügel wird reichlich und zu vernünftigen Preisen angeboten. Bevorzugte Fleischsorten sind Rind und Hammel. Schwein und Lamm kommen selten auf den Tisch, Kalbfleisch ist mir nie begegnet. Die Kolonie wird hauptsächlich von den Fulbe, Mandingo, Susu und Timmani mit Vieh (nämlich Ochsen, Schafen und Geflügel) versorgt. Sie tragen das Geflügel in einem großen Korb auf ihrem Kopf, und ihre benötigten Habseligkeiten befinden sich in einer Schaffelltasche, die ganz obenauf befestigt ist. Vielleicht werden Kalb und Lamm deshalb so selten angeboten, weil die Ochsen und Schafe beträchtliche Strecken zurücklegen müssen, und frisches Schwein ist für ein heißes Land ein beinahe zu deftiges Lebensmittel.

Der Handel mit den Völkern des Landesinnern beschränkt sich hauptsächlich auf die Fulbe und Mandingo, die kleine Goldmengen mitbringen, die sie gegen europäische Waren tauschen. Ihre Art, zur Kolonie zu reisen, ist bemerkenswert. Zuerst wählen sie aus ihrer Gruppe einen Anführer, an den man sich in jeder Angelegenheit wendet und der für das Verhalten aller verantwortlich ist. Gewöhnlich kommen sie in Gruppen von sechs bis dreißig oder manchmal auch mehr Personen. Jeder Mann trägt auf seinem Kopf eine Art Korb, der aus Rattan gefertigt ist und sein Hemd, eine Kalebasse sowie eine Schaffelltasche enthält, in der sich wiederum der Koran, etwas Reis, Brot, ein Messer, eine Schere und andere nützliche Dinge wie ein kleiner Beutel mit Gold befinden, im Durchschnitt im Wert von 5 Pfund Sterling pro Person. Sie schnüren den Korb mit einer dicken, aus Gras geflochtenen Schnur zusammen. Oben auf dem Korb befestigen sie lose ihren Bogen samt Köcher, so daß sie ihn leicht erreichen können, falls sie im Wald von wilden Tieren oder einem der wilden Stämme angegriffen werden, deren Dörfer sie auf ihrem Weg zur Kolonie durchqueren. Sie führen auch einen ungefähr sechs Fuß langen und drei Zoll dicken Bambusstock mit sich, an einem seiner Enden befindet sich ein ungefähr sechs Zoll langes, spitzes Eisenstück; dieser Stock wird als Speer benutzt. Auch tragen sie ein langes Messer oder ein Schwert, das mittels eines Gürtels um den Arm geschlungen ist. Sie ernähren sich teilweise von den Wildfrüchten des Landes, und manchmal erwerben sie auch etwas in den Dörfern, durch die sie kommen. Für gewöhnlich sind sie jeden Tag zwischen sechs und zehn Uhr morgens sowie zwischen zwei und sechs Uhr nachmittags unterwegs. Wenn sie in Porto Logo ankommen, dem Ziel ihrer Landreise, mieten sie ein Kanu, das sie nach Freetown befördert und für das sie vier Dollar pro Kopf zu zahlen pflegen; mittlerweile kostet die Fähre nur noch einen Dollar, und diese Summe treiben sie später bei dem Händler ein, mit dem sie Geschäfte machen, gewissermaßen als Handelszuschlag. Sie suchen auch während ihres Aufenthaltes Logis bei den Händlern von Freetown, dieser kann zehn Tage bis einen Monat dauern. Am ersten und zweiten Tag treiben sie keinen Handel, sondern streifen durch die Stadt und begutachten die verschiedenen Waren in den Läden und ziehen Preiserkundigungen ein. Bei diesen Vorbereitungen werden sie von ihren Landsleuten unterstützt, die schon lange in der Kolonie leben und der englischen Sprache mächtig sind. Diese Dolmetscher verdienen ihren Lebensunterhalt, indem sie auf alle mögliche Art betrügen, sowohl den armen Reisenden als auch den Händler.

Am Mittwoch, dem 10. Oktober, waren wir 21 Meilen in nordwestlicher Richtung von Cape Palmas entfernt, als sich eine größere Anzahl Kanus näherte und neben uns herpaddelte; die Eingeborenen boten ein paar Kleinigkeiten zum Kauf an, aber sie waren offensichtlich mehr zum Betteln als zum Handeln gekommen. Der begehrteste Artikel war Tabak. Als sich die Männer verabschiedeten, sprang einer von ihnen, um in sein Kanu zu gelangen, über Bord, während das Schiff sehr schnell fuhr und das paddelnde Kanu Mühe hatte, mitzuhalten. Er schwamm zum Kanu und wälzte sich quer über das Dollbord, während die Besatzung über den entgegengesetzten Bootsrand hing, um ein Kentern zu vermeiden. Die Männer werden zu Recht Fischmenschen genannt, denn sie scheinen sich im Wasser beinahe ebensogut zurechtzufinden wie die Fische.

Dienstag, 16. – Gleich nach dem Frühstück begleitete ich den Gouverneur und Captain Ricketts bei dem Besuch einer Eingeborenenschule, die von hundert Jungen besucht wurde, von denen einige sehr intelligent waren und bemerkenswert gut Englisch schrieben und lasen.

Ich war heute dabei, als der Gouverneur eine Audienz für zwanzig Aschantihäuptlinge abhielt, die vom König der Fante oder Cape Coast Nation eingeführt wurden, begleitet von einigen seiner *cabbocers**, die als Dolmetscher für die Aschanti fungierten. Das Königreich der Aschanti, größtes Volk Ghanas, war vor der Kolonialisierung eines der mächtigen Imperien Westafrikas und besteht in seiner repräsentativen Qualität bis zum heutigen Tag fort. Der König, Asantehene genannt, genießt weiterhin beachtliches Ansehen. Vom damaligen deut-

* Aus dem Portugiesischen (*cabociero*) eingewanderter Begriff; Agenten der westafrikanischen Häuptlinge, die für die Beschaffung der Sklaven aus dem Inneren des Kontinents verantwortlich waren. Sie fungierten als Mittelsmänner zwischen dem Häuptling und den europäischen oder amerikanischen Händlern.

schen Präsidenten Horst Köhler 2007 zu seinem »Afrika-Forum« eingeladen, erschien er als einziger traditionell gekleidet zum Empfang und hielt eine Rede, die bis aufs I-Tüpfelchen seinem würdevollen und eleganten Gewand entsprach. Diese zwanzig Häuptlinge waren Teil einer hundertzwanzigköpfigen Abordnung, die vom König der Aschanti zum Kommandanten in Cape Coast Castle gesandt worden war; da aber zu diesem Zeitpunkt der Vizegouverneur von Sierra Leone zufällig anwesend war, gebot es die Höflichkeit, daß er sie empfing. Sie kamen eher als Bittsteller denn als Gleichgestellte, ihr Ziel war die Erwirkung eines Friedensvertrags; als Sicherheit für ihre strikte Einhaltung des Vertrags boten sie die Einlagerung einer gewissen Goldmenge im Cape Coast Castle an. Nach der Konferenz unterhielt ich mich ein wenig mit dem König der Fante und einigen seiner *cabbocers*, die alle Englisch sprachen.

DER EINGEBORENENDOKTOR

In Cape Coast Castle lebt ein eigenartiger alter Mann, der mehr als sechzig Jahre zählt und unter dem Namen Dr. Saguah bekannt ist, ein Eingeborenendoktor. Dieser Mensch zieht große Aufmerksamkeit auf sich, nicht nur aufgrund seines seltsamen Betragens, sondern auch aufgrund der Umstände, durch welche er seinen achtunggebietenden Rang erworben hat. Ursprünglich war er Sklave der African Company in Cape Coast, wo er zufällig in die Krankenanstalt geriet und lernte, Arzneien zu mischen. Er erwies sich darin als sehr anstellig und fuhr fort, mit Stößel und Mörser zu hantieren, bis zur Ankunft von Sir Charles McCarthy; dann wurde die African Company aufgelöst, ihre Sklaven befreit und am 29. März 1822 eine neue Verfassung ausgerufen (für Sierra Leone und Cape Coast). Nachdem er seine Freiheit gewonnen hatte, trat er eine nicht ganz unbedeutende Stelle an und wurde gegen ein kleines Gehalt als Apotheker im Krankenhaus beschäftigt. Sein einwandfreies Ver-

Holman vor pastoraler Landschaft, den Zeigefinger auf den Gegenstand seiner Aspirationen gerichtet

halten und gutes Urteil, das er in seiner neuen Stellung zeigte, brachten ihm den Respekt und das Vertrauen der Europäer ein, und sein Ruf ist so untadelig, daß man seinen Ratschlag, wenn es um hiesige Erkrankungen geht, häufig dem der europäischen Ärzte vorzieht. Er pflegt täglich alle Europäer zu besuchen, ob sie seine Dienste benötigen oder nicht, und sie bieten ihm für gewöhnlich eine Erfrischung an, indem sie ihm die Schlüssel ihres Schrankes überreichen, so daß er sich beim Wein oder Branntwein bedienen kann. Manchmal nimmt er ihr Angebot an, hauptsächlich um seine Eitelkeit zu befriedigen, da er den Dienern damit zeigt, welches Vertrauen in ihn gesetzt wird, denn keinem anderen Eingeborenen würden die Schlüssel für den Ort, an dem Wein und Brandy aufbewahrt werden, anvertraut.

ANKUNFT IN FERNANDO PO

Zu behaupten, diese westafrikanische Insel, gelegen, wo die Küstenlinie einen rechten Winkel schlägt, sei vom Schicksal gesegnet, wäre eine zynische Übertreibung. Wie ein ungeliebtes Kind wurde sie zwischen den europäischen Mächten hin und her gereicht, von den Portugiesen an die Spanier, die als erste Siedler hinschickten, um Sklaven zu exportieren, doch da diese umgehend an Gelbfieber starben, wurde die Kolonie bald aufgeben und die Insel an die Briten verpachtet, denen es kaum besser erging, obwohl gerade die zwei berühmtesten Besucher – James Holman und Richard Francis Burton – wider die Wahrscheinlichkeiten ihren längeren Aufenthalt überlebten. Die Briten versuchten, von Fernando Po aus den Sklavenhandel zu bekämpfen, gaben auf, und die Insel ging zurück an Spanien. In der Folgezeit wurde Fernando Po für Kuba das, was Guyana für Frankreich und Australien für das Britische Imperium war; einige freigelassene Häftlinge überlebten sogar und siedelten sich dort an. Die Unabhängigkeit brachte ein wenig Hoffnung mit sich und dann Verschlechterung. Der erste Präsident Francisco Macías Nguema erwies sich als afrikanischer Stalin (der auf jeder Wand geehrte *Gran Maestro de Educación Popular, Ciencia y Cultura Tradicional* erklärte: »Die Intellektuellen sind das größte Problem Afrikas«, in den Kirchen lobpriesen die Priester: »Gott schuf Äquatorialguinea nach dem Willen von Papa Macías«), als westafrikanischer Pol Pot (in Lagern wurden Zehntausende umgebracht, die restliche Bevölkerung zur Zwangsarbeit verdammt, alle Schulen geschlossen) und als äquatorialguineischer Ceauşescu (im Oktober 1973 wurde er mit knapp 100% der Wahlstimmen wiedergewählt). Sein Neffe stürzte ihn 1979, bewies aber danach, daß der Apfel nicht weit vom Stamm fällt. Seiner Oligarchie geht es blendend, seit 1997 vor der Küste Erdöl gefunden wurde. So etwas lockt natürlich auch ausländische Gangster und Glücksucher an. 2004 versuchten sich 64 südafrikanische Söldner, wahrscheinlich mit Zustimmung amerikanischer, britischer und spanischer Geheimdienste, an einem Putsch, der früh vereitelt wurde. Mark Thatcher, Sohn von Maggie, war einer der Drahtzieher – ein Gericht in Kapstadt verurteilte den Geständigen zu einer vierjährigen Bewährungsstrafe. Man könnte meinen, die düster-groteske Geschichte Fernando Pos sei Strafe dafür, daß die ursprünglich die Insel bewohnenden Pygmäen schon im 17. Jahrhundert ausgerottet wurden.

Als wir die Insel das erste Mal erreichten, waren ihre Berge von schweren Wolken und Dunst verborgen. Kaum näherten wir uns dem Ufer, lichteten sich die Schleier, und den Augen meiner Gefährten zeigte sich der herrliche Anblick einer mit großen Bäumen und dichtem Unterholz bedeckten Gebirgslandschaft, das üppige vielfarbige Laub harmonierte mit dem kaum bewegten Wasser der Ozeanbucht, die weiterziehenden Wolken ließen den Himmel mit jedem Augenblick heller und klarer werden, und alles stellte ein Bild so großer Naturschönheit dar, daß wir die Insel einstimmig als Land der Verheißung grüßten.

Es dauerte nicht lang, und die Szenerie begann sich zu beleben – die direkte Folge unserer Ankunft, denn in weniger als einer halben Stunde nach dem Ankern näherten sich uns einige Kanus, in denen jeweils mehrere Eingeborene saßen, um uns die Erzeugnisse der Insel zum Tauschhandel anzubieten, darunter Yams*, Geflügel, Palmwein in Kalebassen, Fisch, einige Schachteln aus Rohrgeflecht, Affenfelle und Schlangenhäute sowie einige andere belanglose Gegenstände. Sie boten sie im Tausch gegen Bandeisenstücke an, ein paar Zoll lang, aus denen sie, wie wir später herausfanden, zweischneidige Messer anfertigten, indem sie das Eisen solange mit Steinen bearbeiteten, bis die Messerklinge die gewünschte Form besaß und sie in einen vier bis sechs Zoll langen Holzgriff eingefügt wurde. Zuerst verhielten sie sich jedoch mißtrauisch und scheu, wagten es nicht, neben das Schiff zu kommen, die Hecks ihrer Kanus waren auf uns gerichtet, um beim ersten Anzeichen von Feindseligkeit fortpaddeln zu können; ein Mann harrte allerdings zu Verhandlungszwecken am Bug aus. Wir

* Der Brockhaus von 1841 bietet dazu folgende Erklärung: »Yams oder Yamswurzeln sind die mitunter 30 Pf. schweren Knollen mehrerer Arten der Pflanzengattung *Dioscorea*, welche in Ost- und Westindien, auf den Südseeinseln und in mehren Theilen von Afrika eines der hauptsächlichsten Nahrungsmittel der Einwohner bilden. Insbesondere wird die sogenannte zahme Yamswurzel (*Dioscorea sativa*) ordentlich angebaut. Die dünnen und langen Stengel dieser Pflanze winden sich an den höchsten Bäumen empor, sie hat einander paarweise gegenüberstehende, herzförmige Blätter und in Trauben beisammenstehende Blüten. Die Knollen werden ungefähr wie Kartoffeln zubereitet genossen, von manchen Arten enthalten sie aber einen scharfen, ätzenden Saft und bedürfen dann einer besondern Behandlung, um genießbar zu werden. In Ostindien legt man sie deshalb auf einen Tag in Asche, reinigt sie davon durch Waschen und laugt sie noch ein oder mehre Mal mit Seewasser und mit Flußwasser abwechselnd aus. Als Probe gilt, daß Hühner, welche kleine Stücke davon zu fressen bekommen, nicht taumelig danach werden.«

versuchten vergebens, sie an Bord zu locken, denn als Antwort deuteten sie auf ihren Fetisch, gaben uns zu verstehen, daß dieses Ansinnen entweder verboten oder unvorsichtig sei. Es war auf den ersten Blick zu erkennen, daß diese Eingeborenen gutaussehende, tatkräftige, mittelgroße Mannsbilder waren, mit angenehmen, lebhaften Gesichtern. Ihre natürliche Hautfarbe war nicht festzustellen, da der ganze Körper mit einer Mischung aus Ton, Ocker und Palmöl bemalt oder vielmehr beschmiert war. Die vorherrschende Farbe war rot, die mehr den niederen Schichten vorbehalten schien, einige hatten jedoch einen gelben, andere einen grauen Farbstoff verwandt, wahrscheinlich als Unterscheidungsmerkmal; Es stellte sich heraus, daß diese Farben für Könige oder Häuptlinge reserviert waren. Die Gesichter waren mit Narben oder Kerben verziert, wohingegen andere Körperteile, allen voran der Leib, mehr oder weniger tätowiert waren.

Als Waffe diente ihnen ein hölzerner, scharfer Speer, die Spitze feuergehärtet. Jeder der Männer war mit drei oder vier dieser Lanzen ausgestattet. Später erwies sich jedoch, daß dies nicht die einzigen Verteidigungsmittel waren, da sie auch Schleudern besaßen, in deren Handhabung sie es zu einer nicht unbeträchtlichen Fertigkeit gebracht hatten. Die Kanus maßen in der Länge fünfzehn bis dreißig Fuß und konnten drei bis zwölf Personen aufnehmen; sie waren mit Segeln aus einer Art Bastmatte ausgestattet, und bei einigen von ihnen stand am Bug eine Stange, an deren Spitze ein Federbüschel wehte.

Als bei Sonnenuntergang unsere Musketen abgefeuert wurden, traten alle den Rückzug an, offensichtlich vom Knall sehr erschreckt, und den meisten gelang es, dank rasch gehißter Segel, das Ufer mit größtmöglicher Geschwindigkeit zu erreichen.

Sonntag, 28. Oktober. – Ungeachtet des heftigen Regens am heutigen Morgen kam eine große Gruppe Eingeborener zu früher Stunde an Bord, um den Tauschhandel fortzusetzen, ihre

Waren gegen Eisenstücke einzutauschen, ein Metall, das sie offensichtlich höchst schätzen und welches beinahe zum ausschließlichen Handelsobjekt wurde.

Ob bei Cook oder Stanley, Kolumbus oder Hudson, die europäische Entdeckung der Welt wäre nicht möglich gewesen, wenn die Einheimischen nicht Fisch, Obst und Frischwasser gegen Glasperlen, Seile und Messer getauscht hätten. Wurden diese Tauschgeschäfte zunächst von Neugier und Not bestimmt, überwog später die durchtriebene Gier: Gold und Elfenbein gegen Glasperle und Nagel. Die europäischen Schlitzohren profitierten zunächst von den Mißverständnissen, die sich zwischen einem rein wirtschaftlich aufgefaßten Geschäft und dem vielerorts verbreiteten rituellen Tausch ergaben, durch den die Gemeinschaft gestärkt und Diplomatie betrieben wurde. Obwohl »Tausch« einen freundlichen, ja gar gerechten Klang hat, fällt er manchmal schrecklich einseitig aus, wie der kenianische Präsident Jomo Kenyatta immer wieder in Erinnerung rief: »Wir hatten das Land, und die Weißen hatten die Bibel. Sie lehrten uns mit geschlossenen Augen zu beten. Als wir die Augen wieder öffneten, hatten wir die Bibel und sie das Land.«

Sie bevorzugen, nein, verehren dieses Metall geradezu wegen seiner Nützlichkeit; Messer, Beile und Bandeisen genießen die höchste Wertschätzung, gefolgt von Scheren und Rasiermesser, denn sie halten sechs Zoll eines alten Eisenreifens, für den wir ein Halbdutzend Yamswurzeln bekommen, jede mit einem Gewicht zwischen sechs und zwölf Pfund, für wertvoller als das beste Rasiermesser, das man ihnen anbietet, kurzum, die *ferri sacra fames* steht hier für die *auri fames** der zivilisierteren Nationen. Wir können mit Gewißheit sagen, daß wir beim Umgang mit diesen Menschen feststellten, daß ihre »Eisenliebe« der hauptsächliche Beweggrund sowohl für ihre edelmütigen als auch ihre heimtückischen Regungen war.

---

* »Der fluchwürdige Hunger nach Gold«, mit anderen Worten Goldrausch, El Dorado, Yukon River, Goldnuggets, Karl May und Jack London.

Heute hatten die Eingeborenen beträchtlich an Selbstvertrauen gewonnen, denn einige von ihnen wagten sich an Bord, jedoch nicht ohne vielerlei Anzeichen von Scheu. Ein zwölfjähriger Junge ließ sich auf dem Schiff herumführen, wo ihm eine Fülle von Gegenständen vorgeführt wurde, die ihm selbstverständlich völlig unbekannt waren. Er zeigte sich baß erstaunt, besonders über einen Spiegel und das Klingelgeräusch einer kleinen Glocke.

Im Laufe des Tages lief Captain Owen an verschiedenen Stellen das Ufer an, um die umliegende Gegend zu erkunden, mit der Absicht, den geeignetsten Platz für die vorgesehene Besiedlung zu finden. Lieutenant Robinson ging ebenfalls an Land, um verschiedene Messungen durchzuführen. Etliche Eingeborene kamen auf ihn zu, boten ihm zum Tausch Yams an, aber nahmen sich in acht, nicht zu nahe zu kommen, solange seine Männer ihre Musketen trugen. Da es aufgrund ihrer Gestik offensichtlich war, daß sie wünschten, die Gewehre würden beiseite gelegt, wies Lieutenant Robinson, der ihnen Vertrauen einflößen wollte, seine Gruppe an, die Waffen niederzulegen, während er und Mr Jeffery sich den Eingeborenen näherten. Somit zufriedengestellt, schien ihre ganze Sorge dem Eintauschen der Yamswurzeln zu gelten, die sie vorgeblich aus großer Entfernung angeschleppt hatten, wie sie uns durch Zeichen und gespielte Müdigkeit zu verstehen gaben. Sie waren nicht wenig enttäuscht, daß unsere Gruppe nicht mit dem nötigen Zahlungsmittel, Bandeisen, ausgestattet war und der Handel daher nicht zustande kam.

DER KÖNIG VON BARACOUTA

Begleitet von Mr Morrison ging ich in Baracouta an Land, in der Absicht, den vermeintlichen König der Insel einzuladen, der, wie wir mittlerweile Grund zur Annahme hatten, lediglich der Häuptling eines Stammes ist. Seine Majestät wäre der Einladung gefolgt, hätte sein Gefolge nicht heftig protestiert; alles was wir erreichten, war das Versprechen eines Besuchs am nächsten Morgen. Unser Dolmetscher war ein schwarzer Soldat des Royal African Corps namens Anderson, der behauptete, einigermaßen mit der Sprache der Inselbewohner vertraut zu sein. Später sollten wir herausfinden, daß sein fernandischer Wortschatz kaum über das hinausging, was ein begabter Papagei in einem Monat aufgeschnappt hätte. Auch seine Englischkenntnisse waren so mangelhaft, daß es eines weiteren Dolmetschers bedurfte, um zu verstehen, was er uns in unserer Sprache mitteilen wollte. Dieser Mann sollte nun die Nacht in der königlichen Residenz verbringen, bei passender Gelegenheit Seiner Majestät Vertrauen einflößen und ihn am nächsten Morgen auf seinem Besuch begleiten.

Mittwoch, 31. Oktober. – Das Dampfschiff *African* legte heute an, begleitet von zwei Schiffen unter brasilianischer Flagge, die Lieutenant Badgeley unter dem starken Verdacht, sie wären in den Sklavenhandel involviert, geentert und festgehalten hatte.

Um neun Uhr kam der König von Baracouta, begleitet von seinem Bruder und fünf oder sechs anderen Häuptlingen, getreu seinem Versprechen an Bord, ohne Anzeichen der Scheu. Die Gruppe wurde umgehend in die Kapitänskajüte geführt und mit Wein und Keksen bewirtet. Sie langten herzhaft zu, und es schien ihnen gut zu schmecken. Seine Majestät war jedoch nicht mit leeren Händen gekommen, in seinem Kanu befanden sich etliche Kalebassen mit Palmwein, die er holen ließ und freigebig verteilte. Wir nahmen dieses gesunde Getränk zu uns, einige der Eingeborenen mischten es allerdings mit Madeira. Ich darf nicht zu erwähnen vergessen, daß der König und seine Häuptlinge – ob nun aus Gründen der Etikette oder als Zeichen der Dankbarkeit für die erwiesenen Aufmerksamkeiten – besonders erpicht darauf waren, ihre langen Bärte gegen die jener Männer unserer Besatzung zu reiben, die im Besitz einer ähnlichen Zierde waren. Viele Gegenstände an Bord fanden ihren Gefallen, aber sie waren besonders angetan, auf unseren Stühlen sitzen zu dürfen; mittlerweile haben wir erfahren, daß sie in ihren Wohnstätten Holzstämme für diesen Zweck nutzen, eine Sitte, die sie von vielen anderen afrikanischen Völkern unterscheidet.

Freitag, 2. November. – Ungeachtet des zeitweilig heftigen Regens ging ich in Begleitung von Messrs Galler und Morrison an Land, um mit dem König die Einrichtung eines Marktes zu besprechen. Bei unserer Landung wurden wir von einer Gruppe Eingeborener umringt, die uns freundlicher empfingen als bei unserem vorigen Besuch, aber sie vergaßen nicht, Männlein wie Weiblein vom Dreikäsehoch bis zum Greis, unablässig Eisen einzufordern. Es war nahezu gefährlich, einer einzelnen Person Aufmerksamkeit zu widmen, da sie dies sofort als Zeichen der Bereitwilligkeit, ihnen ein Geschenk zu machen, interpretierten und ihre Anstrengungen verdoppelten. Da wir weder den König noch seine Häuptlinge am Strand antrafen, schickten wir einen Boten, um unsere Ankunft zu verkünden; wir mußten jedoch zwei Stunden warten, ehe sie zu erscheinen geruhten. Während des Wartens vertrieb sich Mr Galler die Zeit mit dem Schießen von Affen, was bei den Eingeborenen auf Interesse stieß und sie zu amüsieren schien, denn sie zeigten auf das Wild und lachten herzlich, wenn er sein Ziel verfehlte.

Endlich traf der König ein, und wir erklärten, so gut wir konnten, die Absicht unseres Besuchs. Er lauschte aufmerksam, schien uns zu verstehen und gab schließlich unseren Wünschen statt. Er versprach, um das gegenseitige gute Einvernehmen zu festigen, daß wir einen Vertrauensbruch durch seine Leute umgehend den Häuptlingen mitteilen sollten, die sich darum kümmern würden, den Schuldigen angemessen zu bestrafen. Würde sich umgekehrt einer unserer Leute eines unangemessenen Verhaltens schuldig machen, würden sie dies unserem Häuptling melden. Wir einigten uns nach reiflicher Überlegung auf diese Abmachung; der Vertrag wurde durch einen Palmweintrunk und den Austausch von Geschenken besiegelt – wir überreichten dem König eine Axt, und er revanchierte sich mit einem Huhn.

4. November. – Einige der Eingeborenenhäuptlinge waren entzückt, auf unseren Stühlen zu sitzen, aber als der Kapitän ihnen einige Messer, kleine Spiegel und weiteren Tand schenkte, verwandelte sich ihr Entzücken in Ekstase, der sie durch Händeklatschen und dem hochtonigen Absingen kurzer Sätze Ausdruck verliehen. Dabei verneigten sie sich, als ob sie ihre Bereitwilligkeit verkünden wollten, unsere Überlegenheit anzuerkennen. Später erfuhren wir, daß ihre Lieder uns mit folgenden Worten lobpriesen: »Ihr seid wahrlich gekommen, uns Gutes zu tun.« Wir bewirteten sie mit Palmwein, Madeira, Keksen, Fisch und Yams, mußten jedoch feststellen, daß diese Naturkinder ihre eigenen Nahrungsmittel den europäischen Delikatessen vorzogen. Auch schienen sie sehr an den drei europäischen Frauen interessiert zu sein, die sich bei uns an Bord befanden. Ob sie allerdings ausreichend Geschmack besaßen, sie höher zu schätzen als ihre einheimischen Schönheiten, entzieht sich meiner Kenntnis.

Um eine Siedlung aufzubauen, wird dann schon mal das alte Seemannssprichwort, eine Frau auf dem Schiff bringe Unglück, über Bord geworfen.

VERBRECHEN UND STRAFE

Dienstag, 6. November. – Ein regnerischer Morgen, gefolgt von einem schönen Tag. Viele Kanus voller Eingeborener längsseits des Schiffes. Gegen Mittag entdeckte der Oberbootsmann, daß ein Eingeborener eine Axt gestohlen hatte, die er in einem Stück Segeltuch verbarg, welches er wie eine Schürze um die Taille gebunden hatte. Als man ihm das Werkzeug wegnahm, ergriff er hastig die Flucht, hangelte sich die Bordwand in ein

Kanu hinab, hüpfte über verschiedene weitere Kanus, um in sein eigenes zu gelangen, wurde aber, ehe ihm dies gelang, festgenommen. Unter den anwesenden Häuptlingen entspann sich nun eine heftige Diskussion, welche Strafe dem Delinquenten zuteil werden sollte, war er doch vor ihren Augen in flagranti ertappt worden. Um sein großes Mißfallen ob der ganzen Angelegenheit kundzutun, verwies Captain Owen alle des Schiffes. Dies führte zu weiterem Tumult und zur nächsten Diskussion, mit dem Resultat, daß der Schuldige von seinen eigenen Landsleuten von allen Seiten mit Paddeln angegriffen wurde, es gelang selbst einem Jungen, der im selben Kanu saß, ihm einige Schläge zu versetzen. Schließlich waren Kopf und Körper des Diebes so schwer verletzt – das Blut strömte aus mehreren Wunden –, daß er gezwungen war, ins Meer zu springen und es abzuwaschen, ehe seine Stammesgenossen ihm erlaubten, sein eigenes Boot zu besteigen. Seine Bestrafung war jedoch mit obiger Disziplinierung nicht abgeschlossen, denn als er sein Kanu an Land paddelte, folgten ihm die Eingeborenen unter drohenden Racherufen. Als er in der Nähe unseres Marktes landete, wurde er ergriffen, ein wenig vom Strand weggeführt und von einer riesigen Menge Eingeborener eingekreist. Mr Jeffery, der sich in der Nähe befand, drang in die Mitte des Kreises vor, mit der Absicht, sich nach der Ursache dieses Auflaufs zu erkundigen, als er zu seiner Überraschung ergriffen und mit einer Hand an die des blutenden Gefangenen gebunden wurde. Man kann sich vorstellen, daß dies Mr Jeffery einen Schrecken versetzte, nahm er doch an, daß dem Gefangenen die Wunden durch unsere Leute verpaßt worden waren und sich die Eingeborenen nun an ihm rächen wollten. Ein Soldat, der in diesem Augenblick vorbeikam, löste im Lager umgehend Alarm aus, und Captain Harris eilte mit einer Gruppe Soldaten unserem Kameraden zu Hilfe. Mr Jeffery war es mittlerweile allerdings gelungen, seine Hand zu befreien, und beim Erscheinen unserer Leute unterließen die Eingeborenen weitere Angriffe auf ihn. Es stellte sich heraus, daß diese angebliche Gewalttat lediglich dazu dienen sollte, unserer Seite den Beweis der endgültigen Bestrafung ihres Landsmannes zu erbringen. Diese wurde nun in folgender außergewöhnlicher Manier ausgeführt: Zuerst wurde der Unglückswurm an einen Baum gefesselt, anschließend entspann sich eine Diskussion zwischen den Häuptlingen und einem Mann, den wir für einen Priester hielten. Als diese beendet war, trat einer der Häuptlinge, der aufgrund seiner herausragenden Rolle, die er in dieser dramatischen Szene spielte, bei uns später nur noch unter seinem Ehrennamen »Halsabschneider« bekannt war, ganz lässig auf den Gefangenen zu – gleichzeitig fielen alle Eingeborenen auf die Knie – und setzte mit großer Bestimmtheit an, diesem den Hals durchzuschneiden. Captain Harrison und Mr Jeffery hasteten herbei und verhinderten die Durchführung der Tat, indem sie Halsabschneiders Arm festhielten und bedeuteten, daß unser Häuptling im Anmarsch sei. Gottlob kam Captain Owen in diesem kritischen Augenblick tatsächlich an Land und gab ihnen, nachdem er in die Mitte der Versammlung vorgedrungen war, mittels Zeichensprache zu verstehen, er wünsche nicht, daß dieser Mann so schwer bestraft werde. Er nahm ihn dann bei der Hand, führte ihn durch die Menge und rettete ihn vor der blutigen Rache seines Stammes. Während dieser ganzen aufreibenden Angelegenheit war der Gefangene weder vor den zahlreichen und heftigen Schlägen, die zuerst auf ihn niederprasselten, zurückgezuckt noch zeigte er später das geringste Anzeichen von Furcht. Dies ist einer der vielen Charakterzüge, die uns auffielen und die entweder für die große Tapferkeit oder die geringe Empfindsamkeit der Inselbewohner sprechen.

Mittwoch, 7. November. – Um 9 Uhr in der Früh kam Anderson in Begleitung von zwei Häuptlingen an Bord, um mitzuteilen, der König warte am Strand darauf, daß ihn unser Boot abhole. Gegen elf Uhr stiegen der Kapitän, einige seiner Offiziere, eine Gruppe Marinesoldaten und ich samt einer Vielzahl Geschenke in drei Boote, um Seiner Majestät, wie vorgesehen, einen Besuch abzustatten. Wir landeten in einer kleinen Bucht, drei Meilen östlich von unserem Schiff entfernt, die unter dem Namen King Cove bekannt ist, und wurden von den Häuptlingen auf eine kleine Lichtung geführt. Als sich der Kapitän gesetzt hatte, wurden ein kleiner Schafbock und einige Kalebassen mit Palmwein herbeigeschafft. Nach einer Stunde des Wartens traf der König ein, und unser Kapitän, der sich erhob, um ihn zu begrüßen, gab die Anweisung, ihm einen roten Umhang über die Schultern zu werfen und eine Samtkappe auf den Kopf zu setzen. Da Seine Majestät einen Eingeborenenhut trug, der vorn mit einem Paar Schafbockhörnern verziert war, mußte der samtene Hut mittels eines Knochenspießes fixiert werden, der beide Kopfbedeckungen durchbohrte und sie sicher an einem Haarbüschel befestigte. Der Anblick unserer Geschenke, besonders die Unmenge an Eisen, rief bei der königlichen Gesellschaft so enthemmte Gefühle hervor, daß ein wahrer Tumult ausbrach; wir wurden von allen Seiten von einem so unvorstellbaren Sprachwirrwarr bedrängt, daß uns das Gebrüll von Rindern vergleichsweise harmonisch erschienen wäre. Unsere Gastgeber machten, um ihnen Gerechtigkeit widerfahren zu lassen, jedoch keinerlei Anstalten, sich an uns oder unserem Eigentum zu vergreifen. Wir bemerkten, daß der König höchstpersönlich an bestimmte Personen kleine Eisenstücke verschenkte. Dies weckte bei den restlichen Gefolgsleuten die Hoffnung, auch ihnen würde jene königliche Gunst zuteil. Sie unterließen es tunlichst, sich selbst bei den Geschenken zu bedienen, und der König konnte so die besten Stücke für sich behalten. Während dieses Spektakels zogen wir uns zum Strand zurück und bestiegen unsere Boote, wobei die Menge uns folgte, vereinzelt sogar bis ins Wasser. Wir schätzten, daß sich zu diesem Anlaß nicht weniger als zweitausend Eingeborene versammelt hatten, einschließlich der Frauen, die sich von den Männern fernhielten. Mr Galler sprach mit einigen von ihnen, aber sie waren ausgesprochen scheu, obwohl die Männer versuchten, sie zu ungezwungenerem Verhalten zu ermutigen, indem sie die Hände der jüngeren Frauen in die ihren legten. Bei diesem Anlaß fiel auf, daß viele der Eingeborenen eine Hand verloren hatten, manche sogar beide. Diese Eigentümlichkeit war auf der Insel in der Tat verbreitet – das Abhacken dieses Körperteils war zweifellos die Bestrafung für bestimmte Vergehen. Ohne daß wir wissen, inwieweit hinsichtlich dieser Information auf Holman Verlaß ist, wäre zu erwähnen, daß das Abhacken der Hände nicht nur in Ländern mit strenger Scharia erfolgt, sondern in der Kolonialgeschichte nicht selten vorkam. Etwa im nahe gelegenen Belgisch-Kongo, wo im Rahmen des Zwangsarbeitersystems die Nichterfüllung der Quote mit dem Abhacken beider Hände bestraft wurde. Die Exekutoren räucherten die Hände als Beleg geleisteter Arbeit. Soviel zur zivilisatorischen Mission des weißen Mannes.

Donnerstag, 8. November. – Es ist ohne Zweifel von großer Wichtigkeit, daß wir die Sprache der Inselbewohner zu einem gewissen Grad erlernen. Um dies voranzutreiben, wählte Captain Owen einen lebhaften und intelligenten jungen Mann namens Elwood aus, der sich angeboten hatte, eine Woche in einem Dorf im Inselinnern zu verbringen. Er ging heute zu diesem Behufe von Bord.

Samstag, 10. – Das Wetter ist heute außerordentlich schön, und dennoch sind nur sehr wenige Kanus oder Eingeborene gesichtet worden, und niemand hat sich bis jetzt dem Schiff genähert. Wir ahnten, daß etwas vorgefallen war, das ihr Mißfallen erregt hatte – ein Verdacht, der sich später bestätigte. Am Nachmittag, ich befand mich gerade am Strand, trat eine Abordnung von sieben Häuptlingen in Newmarket an Mr Jeffery mit der Beschwerde heran, daß unsere Krumen* Palmen gefällt hätten, um mit den Blättern ihre Hütten zu decken. Ebenso

* Westafrikanisches Volk, das an der liberianischen Küste beheimatet ist.

waren sie über das häufige Abfeuern der Musketen verärgert. Mr Jeffery erläuterte ihnen, unsere Offiziere versuchten lediglich Affen zu schießen, wie zur Bestätigung dieser Aussage kam just und sehr gelegen der Zahlmeister vorbei, samt einem großen und einem kleinen Affen, die er gerade erlegt hatte. Sie schienen jedoch nicht recht zufrieden und gaben uns zu verstehen, wenn wir weiterhin die Palmen fällten, würde sie das um den vielfältigen Nutzen bringen, den sie aus diesem wertvollen Baume ziehen. Um allen Ärger zu besänftigen und sie zu überzeugen, daß wir nicht die Absicht hegten, Schaden zu verursachen, führten wir sie ein wenig von der Stelle fort, die unsere Männer soeben rodeten, legten eine beträchtliche Menge Eisenstücke auf den Boden und gaben ihnen mittels Zeichen zu verstehen, wir würden ihnen das ganze Eisen im Austausch für das Land innerhalb einer bestimmten Begrenzung geben. Diese Art des Handelsvertrags schien ihnen einzuleuchten, und sie taten ihre Zustimmung kund, indem sie Stöcke in gleichmäßigem Abstand entlang der vorgegebenen Grenze in den Boden rammten. Gleichzeitig schlug Mr Jeffery als Zeichen unseres Einverständnisses eine Kerbe in einen Baum. Das dergestalt *bona fide* erworbene Land maß ungefähr eine Quadratmeile. Der Vertrag wurde später formell ratifiziert und das fragliche Grundstück feierlich in Besitz genommen. Beide Parteien waren zufrieden, wir kehrten nach Newmarket zurück, von den Eingeborenen begleitet, die den Handel durch reichlichen Palmweinzuspruch zusätzlich bekräftigten. Später sollte sich allerdings herausstellen, daß solche Vereinbarungen nicht ganz im Interesse der Einheimischen waren, oder im Sinne des geistreichsten aller Deutschen, Georg Christoph Lichtenberg: »Der Amerikaner, der den Kolumbus zuerst entdeckte, machte eine böse Entdeckung.«

Donnerstag, 15. November. – Kurz nach der Landung am heutigen Morgen traf ich eine Gruppe von Eingeborenen, denen ich wie üblich die Hände schüttelte. Als eine junge Frau, die ich mit ihren Eltern häufig auf dem Marktplatz getroffen hatte, bemerkte, daß ich sie nicht sofort als alte Bekannte identifiziert hatte, legte sie mit der größten Natürlichkeit meine Hand auf ihre Brust – in Gegenwart ihrer Verwandten und Freunde, die alle herzlich lachten und offensichtlich meine Überraschung sehr genossen. Falls jedoch einer von uns sich aus eigenen Stükken eine derartige Freiheit herausgenommen hätte, wären die Männer höchst empört gewesen, denn sie bewachen ihre Frauen eifersüchtig und mögen es nicht, wenn wir ihnen zuviel Aufmerksamkeit erweisen, indem wir zum Beispiel ihre Waren zuerst erwerben oder sie beim Verteilen der Geschenke bevorzugen – eine derartige Auszeichnung ist bei den wilden Herren der Schöpfung im Unterschied zu den Gepflogenheiten der zivilisierten Gesellschaft verpönt.

Samstag, 17. – Die Zahl und die Selbstsicherheit der Eingeborenen stieg beständig, ebenso unsere Verärgerung ob ihrer Aufdringlichkeiten – es wurde daher für nötig erachtet, den Markt durch eine Soldatenwache zu sichern. Eine Gruppe war kühn genug, das Bajonett des Wachpostens aus seinem Futteral zu reißen und in den Fluß zu werfen. Dem Soldaten gelang jedoch die Bergung der Waffe, und um weitere Übergriffe abzuwenden, feuerte er seine Muskete über ihre Köpfe hinweg ab. Dies erschreckte sie so sehr, daß sie davonfleuchten wie eine Schafherde, ohne es zu wagen, einen Blick über die Schulter zurückzuwerfen. Ihre Angst vor Feuerwaffen sitzt in der Tat so tief, daß sie nur mit größter Mühe überredet werden können, eine Muskete anzufassen.

Montag, 19. November. – Der junge Matthew Elwood, der vor kurzem von seinem Besuch des Inselinnern zurückgekehrt war, hatte sich erboten, diesen in Begleitung eines anderen jungen Mannes zu wiederholen; mittlerweile befanden sie sich seit zwei Tagen in dem Dorf, in welchem der König residierte und das ein paar Meilen von der Siedlung entfernt lag. In dem Bestreben, keine Möglichkeit zu verpassen, mehr über die Sitten und Gebräuche dieses einzigartigen Volkes zu erfahren, beschloß ich, mich den beiden heute anzuschließen. Ich habe mich zeit meines Lebens sehr stark für die menschliche Natur und das Studium des menschlichen Charakters in seiner primitiveren Form interessiert, nach dem Verlust meines Sehvermögens womöglich noch intensiver. Dieser Neigung konnte ich in einigen Ländern frönen, über die in Europa nur wenig Kenntnis herrscht, besonders in den unzivilisierten Gebieten der Tatarei und den Wüsten Sibiriens.

Um 3 Uhr nachmittags verließ ich die *Eden*, um bei King Cove an Land zu gehen, wo sich umgehend einige Eingeborene versammelten. Anderson, der Dolmetscher, war als mein Führer ausgewählt worden, aber Mr Jeffery begleitete mich freundlicherweise die erste halbe Meile, in der Absicht, mich der Obhut eines uns bekannten Häuptlings zu übergeben. Wir waren jedoch noch nicht weit gekommen, da hatte sich die Menge der Eingeborenen beträchtlich vergrößert, und aufdringlich verlangten sie, Palmwein und andere Erzeugnisse zu erwerben. Ich war froh, als er den Rückweg antrat, da ich die Hoffnung hegte – die sich auch bewahrheitete –, viele der Eingeborenen würden nun von mir ablassen und ich könnte meine Reise ohne weitere Unterbrechungen fortsetzen. Ich schritt nun mit Anderson so schnell voran, wie es die Pfade erlaubten, bestrebt, unser Ziel noch am selben Abend zu erreichen. Mein Begleiter wünschte jedoch, die Nacht bei der Hütte eines Häuptlings in der Nähe des Strandes zu verbringen, und es gelang ihm, mich zu seinem Vorhaben zu überreden. Ich habe bereits von den Dolmetscherfähigkeiten dieses Mannes gesprochen und stellte nun fest, daß er weitere Qualitäten besaß, die ihn zum nützlichen Mittler im Umgang mit den Eingeborenen machten. Er war ein gutmütiger Bursche, konnte von Herzen lachen, wenn sie lachten, aß und trank, was immer ihm vorgesetzt wurde, wie widerwärtig es für europäische Mägen auch sein mochte, und da er ungefähr ihre Hautfarbe besaß, sprich nur eine Spur dunkler war, neigten sie dazu, ihm besonders zugetan zu sein.

Zu Beginn war unser Pfad halbwegs begehbar, aber ungefähr auf halber Strecke wurde er hügelig, uneben und rutschig, besonders nachdem wir den zweiten Strom, der unseren Weg kreuzte, überquert hatten.

Eine Gruppe Eingeborener, hauptsächlich Frauen, folgte uns, amüsierte sich offensichtlich auf unsere Kosten und lachte herzlich über jeden Fehltritt meinerseits. Ehe wir das Ziel unserer Reise erreichten, war die Gruppe auf mehrere hundert Personen angewachsen, die angesichts unserer ungewohnten Erscheinung unablässig Rufe ausstießen, ähnlich europäischem Lumpenpack bei einem ungewöhnlichen Anblick. Um Anderson, der das Gepäck trug, zu entlasten, ergriff ich für kurze Zeit den Arm eines Eingeborenen, der anstandslos führte, bis wir von einer Gruppe seiner Landsleute umringt waren. Nun erwies er sich plötzlich als schlechter Lotse, vielleicht weil er sich verpflichtet fühlte, ihre Fragen zu beantworten oder so stolz auf seinen Auftrag war, daß er das in ihn gesetzte Vertrauen zur Schau stellen wollte. Ständig sprach er mit jenen, die hinter ihm hergingen oder brüllte jemandem etwas zu.

Endlich erreichten wir das königliche Dorf, wo Elwood und sein Begleiter uns bei der Hütte empfingen, die Seine Majestät für unsere Unterkunft vorgesehen hatte. Es war so spät geworden, daß unsere Landsleute von unserem Eintreffen ganz überrascht waren, und da der König sich zurückgezogen hatte, waren wir gezwungen, auf die Ehre eines Gesprächs bis zum nächsten Morgen zu warten. Ich trank eine Tasse Tee und war froh, mich nach der ermüdenden Reise zur Ruhe legen zu können. Nicht ohne Besorgnis erfuhr ich von Elwood, daß während des jetzigen Aufenthaltes weder er noch sein Begleiter mit der erwarteten gastfreundlichen Behandlung oder Aufmerksamkeit bedacht worden seien; im Gegenteil, gleich nach ihrer Ankunft waren sie gezwungen worden, den Inhalt ihrer Taschen auszuleeren und die Hälfte ihres kleinen Eisenvorrats, mit dem sie sich zu Handelszwecken versehen hatten, dem König auszuhändigen. Des weiteren hatten sie den Eingeborenen, die ihr Gepäck befördert hatten, je ein Eisenstück ausgehändigt, ein anderes für ein paar Hühner eingetauscht und Canning (einem Häuptling, mit dem sich Elwood bei seinem früheren Besuch besonders angefreundet hatte) ein fünftes gegeben, um sich seiner wertvollen Dienste zu versichern. Folglich blieb ihnen als Vorrat nur noch ein einziges Stück, wodurch sie auf die Großzügigkeit der Eingeborenen angewiesen waren, ein höchst unbefriedigender Zustand. Immerhin führten sie etwas Pökelfleisch und Kekse mit sich, und es war vereinbart worden, daß Captain Owen den König für ihren Schutz und Unterhalt entlohnen würde.

Dienstag, 20. – Bei Tagesanbruch wurden wir von Canning und einigen anderen Häuptlingen besucht, die eine große Yamswurzel und Palmwein für unser Frühstück mitbrachten. Als Antwort auf unsere gelegentlichen Nachfragen wurde uns versichert, der König käme demnächst; wir warteten allerdings zwei Stunden lang vergeblich und schickten schließlich Anderson los, um den Grund der Verzögerung zu erfahren. Wir erfuhren, daß Seine Majestät eifrig mit seiner Toilette beschäftigt war, mit anderen Worten, seinen Kopf entsprechend schmücken ließ, um, wie ich annehme, bei diesem wichtigen Anlaß noch würdiger zu erscheinen. Gegen acht Uhr hatte er seinen Auftritt, begleitet von einigen seiner Häuptlinge. Anfänglich war er einigermaßen reserviert; nachdem ihm in einem kurzen Gespräch jedoch Geschenke in Aussicht gestellt worden waren und ich ihm zur Bekräftigung zwei große Messer überreichte, wurde er höchst lebhaft, redselig und liebenswürdig. Er ließ nun jede Menge Palmwein heranschaffen, der freigebig die Runde machte und kehrte, nachdem er ungefähr eine Stunde bei uns verbracht hatte, in seine Residenz zurück, aus der er uns kurz darauf eine halbes Dutzend Yamswurzeln zukommen ließ.

In unserer Hütte wohnte ein Eingeborenenpriester – wahrscheinlich abbestellt, um unser Verhalten zu beobachten –, der den ganzen Morgen über damit beschäftigt gewesen war, sich mit buntem Lehm zu beschmieren. Uns fiel auf, daß dieser Mann während unseres Besuchs jeden Morgen einige religiöse Rituale vollführte und Gebete sprach, in welche die Eingeborenen einzustimmen schienen. Nachdem der König aufgebrochen war, kam er einigen der geheimnisvolleren Aufgaben seines Berufsstandes nach. Ich weiß nicht, was der Anlaß war, aber die Zeremonie bestand in häufigem Wiederholen bestimmter kurzer Sätze, in die das Individuum, mit dem er zugange war, gelegentlich einstimmte; zwischen diesen Sätzen schwenkte er ein Reisigbündel über dessen Kopf und gab gleichzeitig Laute von sich, die wie Schweinequieken klangen.

Ich kann nur wenig über die religiösen Gefühle dieses Volkes berichten. Die Pflichten der Priester scheinen mehr medizinischer denn geistlicher Natur zu sein, was durch folgende Beispiele veranschaulicht werden kann: Eine Frau wandte sich mit einer entzündeten Geschwulst an der Hand an einen der Priester; er machte einen Schnitt in die Geschwulst und preßte diese so heftig aus, daß seine Patientin vor Schmerzen das Gesicht verzog, anschließend pustete und spuckte er auf die Stelle. An einem anderen Individuum, das mit einem Abszeß am Auge geschlagen war, in dem sich eine weißliche Masse angesammelt hatte, nahm er folgende heikle Operation vor: Er preßte seinen Mund auf die Stelle, saugte daran voller Eifer und Ausdauer, spuckte dann eine kalkig aussehende Substanz aus, ein Vorgang, den er einige Male mit ähnlichem Ergebnis ausführte. Darin bestanden die wesentlichen priesterlichen Pflichten.

Vergebens bat ich die Eingeborenen um eine umfängliche Beschreibung ihrer Begräbnisrituale; unsere Leute hatten keinerlei Anzeichen von Gräbern gesehen, und es ist wahrscheinlich, daß sie ihre Toten unter den Lehmböden ihrer Hütten vergraben, wie dies in Afrika nicht selten Brauch ist. Ich weiß nicht, ob diese Ansicht durch den Umstand bestätigt wird, daß wir heute nachmittag auf dem Rückweg eines Spaziergangs an einer geschlossenen Hütte vorbeikamen, vor der fünf Hüte hingen und deren Besitzer kurz vor unserer Ankunft gestorben war.

Mittwoch, 21. – Wir statten Seiner Majestät heute morgen um acht Uhr einen Gegenbesuch ab. Er empfing uns vor seiner Hütte und wies mir auf einem Stein zu seiner Rechten einen Platz zu, aber nachdem einige Worte gewechselt waren, bedeutete er uns, wir mögen zu unserem Aufenthaltsort zurückkehren. Dort fanden wir bei unserer Rückkehr ein Schaf vor, das er uns für ein feudales Fest zugedacht hatte. Seine Majestät in Begleitung seiner Häuptlinge traf kurz darauf ebenfalls ein, und sie nahmen umgehend die Schlachtung des Schafs in Angriff.

Das Festessen war rein fleischlicher Natur, denn es wurden weder Yamswurzeln noch Palmwein gereicht. Am Nachmittag stattete uns Seine Majestät jedoch einen weiteren kurzen Besuch ab und schickte uns Palmwein. Wir boten den Eingeborenen Salz zum Fleisch an, aber sie wiesen es mit allen Anzeichen der Abscheu von sich und wollten sogar unseren kleinen Vorrat dieser für uns so notwendigen Würze wegwerfen. Eine ähnliche Abneigung hatten sie gegen Tabak, und wenn einer unserer Gesellschaft Anstalten traf, eine Zigarre zu rauchen, hielt der Priester seinen Stab hoch, als ob er ein Verbot aussprechen wollte.

Donnerstag, 22. Nov. – Kurz nach dem Frühstück rief uns der Häuptling zu seiner Hütte und bewirtete uns mit Palmwein, ausgeschenkt von der holden Hand einer jungen Frau, die meine Gefährten als die schönste beschrieben, die sie auf dieser Insel angetroffen hatten, und von der wir annahmen, daß sie die Lieblingsfrau Seiner Majestät war. Er ergriff die Gelegenheit, uns an die Geschenke zu erinnern, die er von Captain Owen erwartete und wies einige seiner Häuptlinge an, uns seine Gegengeschenke zu zeigen, Schafe, Hühner &c. &c. Man führte uns dann zu unserer Hütte und gab uns zu verstehen, daß es Seiner Majestät eine Freude wäre, wenn wir unverzüglich unsere Siebensachen packen und in unsere Siedlung zurückkehren würden. Wir hingegen hielten es für vergnüglicher, zuerst ein frühes Mittagsmahl zu bereiten, eine Art Irish-Stew aus Hammel und Yams. Da es uns an letzterer Zutat mangelte, baten wir um Nachschub. Dies stieß bei unseren Gastgebern auf Mißfallen. Sie gaben uns zu verstehen, daß in der Siedlung jede Menge von diesem Gemüse vorhanden sei. Wir beharrten jedoch auf unserem Wunsch, und schließlich brachten sie uns ein paar Yamswurzeln. Wir verhehlten unsere Enttäuschung ob der kärglichen Lieferung nicht, woraufhin sie sehr wild und mürrisch wurden. Selbst unser Freund Canning erhob sich mit einschüchternder Geste, ergriff seinen Speer und drohte, unsere sofortige Abreise zu erzwingen. Es wäre unklug gewesen, sie in dieser heiklen Situation noch mehr zu reizen. Wir fügten uns ihren Wünschen, gaben ihnen aber zu verstehen, daß uns ihr Mangel an Gastfreundschaft mißfiel. Ich glaube, sie hatten anschließend Grund, ihr Verhalten zu bereuen, da Captain Owen sie später mit offensichtlicher Kälte behandelte und wahrscheinlich nicht alle ursprünglich vorgesehenen Geschenke verteilte. Es ist wahrlich nicht einzusehen, daß man das Haus zu verlassen hat, nur weil sich der Gastgeber nach ein paar Tagen nach Ruhe sehnt und nachzählen möchte, ob er mit seinem dezimierten Yamsvorrat überhaupt noch die eigene Familie über die Runden bringt. Dies erinnert an die Begegnung der ersten Missionare mit den Ureinwohnern Tahitis, die ihnen die Bucht, an der sie gelandet waren, großzügig zur freien Nutzung anboten und dann sehr erstaunt waren, als die Missionare sie aufforderten, dieses Gebiet zu verlassen. Wir nahmen ungeachtet dieser Lage gemach unser Mittagessen ein, und brachen danach auf, begleitet von Canning und einem anderen Häuptling. Ein alter Mann, der gemeinsam mit uns in der Hütte logiert hatte, trug unser Gepäck. Bald schlossen sich uns die Träger der Geschenke für Captain Owen an. Wir trafen auch den König, aber statt uns zu begleiten, ging er umgehend zu seiner eigenen Residenz, auf seinen Schultern Holz, das, wie wir annahmen, für den Gebrauch im königlichen Haushalt bestimmt war. Wir schüttelten Seiner Majestät zum Abschied die Hand.

Gegen Abend erreichten wir King Cove, wo wir am Strand den Lehm aus unseren Hosen wuschen und uns für die Nacht in unsere Unterkünfte zurückzogen. Die Hütte, die wir bezogen, bestand aus einem rundum mit dornigen Palmblättern gedeckten Holzdach, das auf Pfosten ruhte; die Blätter reichten beinahe bis zum Boden, was das Hinein- und Hinausgehen sehr unbequem machte; wenn man sich nicht sehr in acht nahm, lief man Gefahr, sich an den Dornen der Blätter zu verletzen. Ehe es dunkel wurde, wurden wir zu einem Palmweinumtrunk vor unserer Hütte eingeladen, und nachdem wir uns wieder ins Innere zurückgezogen hatten, beschäftigten sich unsere eingeborenen Begleiter eifrig mit dem Braten und Verzehren ihrer Yamswurzeln, während wir noch ein belebendes Täßchen Tee zu uns nahmen. Anschließend gingen wir zu Bett. An Schlaf war leider nicht zu denken, denn obwohl unsere Hütte nicht sehr groß war, beherbergte sie ungefähr zwanzig Personen beiderlei Geschlechts und jeglichen Alters, die naturgemäß sehr eng nebeneinander lagerten. Zudem ging ein von stürmischem Wind und heftigem Regen begleitetes Gewitter nieder, das fast die ganze Nacht andauerte. Die Hütte war an den Seiten offen, der Regen trommelte aufs Dach, der Wind ließ den Rauch der drei Feuer aufwirbeln, bis wir beinahe ersticken. Unsere Lage war alles andere als beneidenswert, jene, die am Rand lagerten, waren dem mitleidlosen Sturm ausgesetzt, wohingegen jene, die sich in der Mitte niedergelassen hatten, von Hitze und Rauch erdrückt wurden. Gegen zwei Uhr standen einige der Eingeborenen, die keinen Schlaf fanden, auf und beschäftigten sich bis Tagesanbruch mit Plauderei und rösteten über dem Feuer Yamswurzeln.

Obwohl wir uns in ständigem Austausch mit den Eingeborenen befinden, erwerben wir nach wie vor nur geringe Kenntnis ihrer Sprache. Wir haben Grund zur Annahme, daß sie uns Knüppel zwischen die Beine werfen, da sie sich zwar schnell Wörter unserer Sprache aneignen, die Befehle der Offiziere wiederholen und dabei beträchtliches Nachahmungstalent an den Tag legen, aber nur wenig geneigt sind, uns ihr eigene Sprache näherzubringen. Nicht selten kam es vor, daß wenn wir, wie dies Menschen ohne gemeinsame Sprache tun, jene Dinge berührten, deren Namen wir wissen wollten, verschiedene Wörter zur Antwort erhielten, als ob sie uns verwirren wollten. Dachten wir, wir hätten von der einen Quelle das richtige Wort aufgeschnappt, wurde uns von anderen ein völliger anderer Begriff genannt, so daß wir schlußendlich nicht wußten, welches das richtige war. Es ist allerdings auch möglich, daß die Einheimischen mehrere Begriffe für bestimmte Dinge hatten, je nachdem wie wandlungsfähig und wichtig diese waren.

Im allgemeinen sind die Eingeborenen harmlos und friedfertig, man sollte allerdings hinzufügen, daß es sich bei diesem Stamm wahrscheinlich um das dreckigste Volk unter der Sonne handelt, denn abgesehen von gelegentlichen Tauchbädern im Meer haben wir nie erlebt, daß sie sich waschen.* Die einzige gründliche Art des Reinigens als auch des Kleidens scheint ein neuer Anstrich aus Lehm und Palmöl zu sein, mit dem sie sich bedecken, wann immer der alte beschädigt wird. Einige wenige scheinen diese Hülle aus modischen Gründen zu erneuern. Ein Häuptlingsdandy, der besonders häufig seine Hautfarbe wechselte, bekam folglich von uns den Namen »Chamäleon«, dieser Mann hatte zudem als einziger, wie unsere europäischen Dandys, die Angewohnheit, sich zu parfümieren. Selbst auf abgelegenen, wilden Eilanden stößt man auf Brüder

---

* Bemerkenswert, wie selten Holman seinen olfaktorischen Sinn heranzieht – er vertraut vor allem dem Hören und Ertasten.

im Modegeiste Beau Brummells, Zeitgenosse Holmans, Gründungsvater des *dandyism* und Stilberater des bereits erwähnten, keiner Ausschweifung abgeneigten George IV. Es geht die Fama, Brummell habe teilweise drei Stunden vor dem Spiegel verbracht, um seine Krawatte in einen zufriedenstellenden Zustand zu bringen – ein doppelter Windsorknoten ist im Vergleich zu den Verschlingungen der damaligen Binder bloße Anfängerstufe.

ÜBER DIE EINGEBORENENFRAU

Die äußere Erscheinung der Frauen von Fernando Po ist keineswegs anziehend (*de gustibus non est disputandum**), es sei denn ein sehr gewöhnliches Gesicht mit affenähnlichem Profil dünkt einem attraktiv. Fügt man die Verzierungen durch Narben und Tätowierungen hinzu, für welche sich das weibliche Geschlecht mehr begeistert als das männliche, so wird augenscheinlich, wieviel Göttlichkeit der hiesigen Schönheit anhaftet.

Wie die Männer beschmieren auch die Frauen ihren ganzen Körper mit Lehm und Palmöl, tragen gleichfalls das Haar lang und in Ringellocken, die mittels obgenannter Rezeptur wohlgesteift sind. Die Kinder beiderlei Geschlechts oder jene, die noch nicht die Pubertät erreicht haben, tragen das Haar kurzgeschnitten. Ihnen ist es nicht erlaubt, sich zu bemalen. Eine Eigenschaft – von manchen mag diese als Anzeichen von Vernunft gewertet werden – ist vielleicht typisch für die Frauen dieses Landes: Sie haben keinen Sinn für Flitter oder scheinen ihm zumindest nicht zugeneigter als die Männer zu sein. Auch hinsichtlich der Kleidungsstücke sind sie gleich dem anderen Geschlecht von aller Last befreit:

---

* Über Geschmack läßt sich nicht streiten (wird ewig behauptet, obwohl man sich meistens gerade darüber streitet).

Welch glückliche Gefilde, wo ein jeder Mann
für Fron und Spiel denselben Anzug tragen kann,
und wo sein Weib für kleinen Preis,
erstmal bemalt, sich stets adrett gekleidet weiß.*

Um den Charakter der Eingeborenenfrau näher zu erläutern, setze ich meinen Bericht mit einem Zwischenfall fort, der genug Romantik besitzt, um jene meiner Leserinnen zu rühren, die Gefallen an Geschichten von Liebe und Eifersucht, Zorn und Rache finden. Eine Frau, ungefähr fünfundzwanzig Jahre alt, die in einem Dorf in der Nachbarschaft unserer Siedlung wohnte, war eines Vergehens schuldig, wahrscheinlich war sie ihrem Ehemann untreu gewesen, und jetzt drohte ihr die furchtbare Strafe des Handabhackens. In der Hoffnung, dieser zu entgehen, faßte sie den Entschluß, sich mit ihrem Kind, einem hübschen und einnehmenden Jungen von zwei Jahren, in unsere Obhut zu begeben. Captain Harrison empfing sie freundlich und schickte sie zu ihrer Sicherheit an Bord der *Eden*, wo sie einige Tage blieb, ehe man sich nach ihr erkundigte. Obwohl sie offensichtlich einen entschlossenen Charakter besaß, war ihre äußere Erscheinung keineswegs anziehend, das Gesicht war narbenübersät, der Leib vollständig tätowiert. Captain Owen übergab sie der Verantwortung unserer europäischen Frauen. Aus Neid oder Macht der Gewohnheit mißfiel diesen jedoch das Evaskostüm, mit dem sie an Bord kam, und so steckten sie die Verfolgte umgehend in blaue Baumwollgewänder. Das arme Naturkind litt unter dieser Last, die in seinen Augen wahrscheinlich nur geeignet war, Hautreizungen auszulösen und den Kontakt mit der kühlenden Luft zu verhindern, und fühlte sich alles andere als wohl mit diesem Stoffballast. Zuerst ergriff sie jede Gelegenheit, das Kleid abzustreifen, aber unsere unerbittlichen Damen waren ebenso eifrig bestrebt, es ihr wieder

* Aus »Alma, or, The Progress of Mind« von Matthew Prior, einem englischen Schriftsteller und Diplomaten (1664–1721).

anzuziehen. Schließlich gewöhnte sie sich daran oder war lediglich bestrebt, die Wünsche ihrer neuen Freundinnen zu erfüllen. Diese Bemühungen wurden jedoch von einigen drolligen Begebenheiten begleitet; so verlor sie, wann immer ihre Peinigerinnen außer Sichtweite waren, keine Zeit, das ärgerliche Gewand hochzuraffen und um die Taille zu binden oder es von den Schultern gleiten zu lassen, um ihren Körper so zu entblößen, wie es die Natur vorgesehen hatte. Als sie nach einigen Tagen an den Strand gebracht und unter den Schutz der Frau eines Seemanns gestellt wurde, der die Aufsicht über das Gewehr- und Munitionslager hatte, war sie ausreichend mit ihrem neuen Kleid versöhnt, um es mit deutlich weniger Unbehagen zu tragen. Eines Abends ergriff sie jedoch die Gelegenheit und warf es ab, und als sie sich dermaßen leicht und frei wie ein Vogel fühlte, rannte sie in den Dschungel, wo sie für geraume Zeit freudig herumtollte. Danach kehrte sie in das Haus des Seemanns zurück und zog sich das Kleid wieder an.

Nachdem diese Frau ungefähr eine Woche bei uns gewesen war, kam ihr Ehemann zu Captain Harrison, brachte als Geschenke zwei Kalebassen Palmwein und ein paar Hühner mit und gab uns zu verstehen, daß man ihm das Kind zurückgeben möge. Zu diesem Zeitpunkt zeigte er kein Verlangen, sein Eheweib zurückzubekommen, als er jedoch später mit einer Häuptlingsabordnung wiederkam, äußerte er den Wunsch, man möge ihm Frau und Kind zurückgeben. Captain Owen führte die Frau zur Grenzlinie, um zu zeigen, daß wir sie nicht gefangenhielten, deutete zuerst auf ihre Landsleute, dann auf unsere Siedlung und gab ihr zu verstehen, es stünde ihr frei, eine Entscheidung zu treffen. Einer der Häuptlinge trat nun vor und bekundete seine Absicht, sie mitzunehmen, indem er ihre Hand ergriff, aber Captain Owen wollte dies nicht ohne ihre Zustimmung gestatten. Damit seine Gegenwart keinen Einfluß darstellte, ließ er sie jenseits der Grenzlinie mit ihrem Ehemann einen Spaziergang machen, von einem mit einer Muskete bewaffneten Soldaten bewacht. Sie waren erst wenige Schritte gegangen, als fünf Eingeborene aus dem Busch brachen und versuchten, die Frau gewaltsam fortzubringen. Sie rannte sofort zu dem Soldaten, legte ihre Hand auf seine Muskete und bedeutete, daß er auf die Männer schießen möge. Das tat er, und sie hasteten alle so schnell sie konnten davon, so daß die Frau mit dem Soldaten zu seiner Hütte zurückkehren konnte. Nachdem seine Hoffnung dergestalt zunichtegemacht worden war, kam der Ehemann kurze Zeit später wieder und überredete seine Frau, ihm zu erlauben, die Nacht bei ihr zu verbringen und am Morgen das Kind mitzunehmen, wenn er versprach, es am nächsten Tag wiederzubringen. Ein Versprechen, das zu erfüllen er verabsäumte, woraufhin seine Frau so verärgert war, daß sie, obwohl er ihr später einen Besuch abstattete und einige Hühner und Palmwein als Friedensangebot mitbrachte, allen Versöhnungsversuchen widerstand. Dies verursachte einen heftigen Streit, der damit endete, daß sie sich zornentbrannt trennten und der Ehemann drohte, nachts zurückzukehren und fürchterliche Rache an ihr zu verüben. Doch er wagte es nicht, seine Drohungen in die Tat umzusetzen.

»SCHLACHT DER KALEBASSEN«

Montag, 26. November. – Heute ereignete sich leider ein Zwischenfall, der das gute Einvernehmen der letzten Zeit störte. Einer unserer schwarzen Arbeiter, der innerhalb unseres Gebietes mit Holzschneiden beschäftigt war, hatte von dem ihm angebotenen Palmwein getrunken, ohne dafür bezahlen zu können. Daraufhin entwanden ihm die Eingeborenen gewaltsam die Hippe, mit der er arbeitete. Nachdem der Diebstahl Captain Harrison gemeldet worden war, versammelte er die Häuptlinge, die sich auf dem Markplatz befanden, und schilderte ihnen, was vorgefallen war. Zwei von ihnen, Chamäleon und Halsabschneider, stellten nun ihre jeweiligen Gefolgsleute in einer Reihe auf, alle Mann mit Speeren bewaffnet, dann fanden zwischen den beiden Häuptlingen, die das Wort an ihre jeweiligen Gruppen richteten, Verhandlungen statt, zweifellos mit der Absicht, den Dieb zu finden. Ein Mann, der wie ein Priester aussah, hielt der ganzen Versammlung eine Predigt; die beiden Gruppen sangen nacheinander ein Kriegslied, und die Häuptlinge und die anderen Männer knieten auf einem beziehungsweise beiden Knien nieder. Jede Partei marschierte nun dreimal im Kreis, danach stürmte Chamäleons Gruppe plötzlich zum Hay River, gefolgt von Halsabschneider und seinen Mannen. Die Nachzügler der ersten Gruppe warfen auf der Flucht ihre Yamswurzeln und Kalebassen von sich, die von der nachfolgenden Mannschaft voller Ergötzen zerschlagen wurden. Damit endete diese eigenartige Demonstration kriegsähnlicher Aktivitäten, die angemessen »Schlacht der Kalebassen« genannt werden könnte.

Mittwoch, 28. – Eine Gruppe Häuptlinge rief hinter Mr Jeffery her, als dieser gerade in sein Boot gestiegen war; er reagierte nicht. Als sie ihm den Strand entlang folgten, fiel ihm auf, daß sie etwas in Händen hielten, das, wie sie ihm zu verstehen gaben, für ihn bestimmt war. Das veranlaßte ihn, wieder zum Strand zurückzukehren, wo er herausfand, daß es sich um die unselige gestohlene Hippe handelte; die Männer, die sie gestohlen hatten, traten jedoch nicht vor. Mr Jeffery führte die Gruppe nach Clarence, wo ein Gespräch zwischen den Kapitänen Owen und Harrison sowie einigen der Häuptlinge stattfand, denen ein paar Stücke Eisenband als Belohnung überreicht wurde. Danach kamen mehrere Häuptlinge an Bord, die ein Schaf als Friedensangebot brachten, das der Kapitän umgehend zu ihrer Bewirtung schlachten ließ.

Halsabschneider und einem anderen Häuptling, den wir »Gutmütiger Hans« getauft hatten, wurde kurz darauf die Ehre zuteil, ein zweites Mahl am Tisch von Captain Owen einnehmen zu dürfen. Halsabschneider hatte bei verschiedenen Gelegenheiten, besonders im Fall der Hippe, zu unseren Gunsten so viel uneigennützigen Eifer gezeigt, daß Captain Owen ihn nun mit etwas Eisen und einem Paar Schuhe belohnte. Es ist bemerkenswert, daß er bisher der einzige Eingeborene ist, mit dem wir Bekanntschaft schlossen, der niemals um etwas bettelte.

Allmählich fordert das den Engländern abträgliche Klima die ersten Toten, doch Holman bleibt putzmunter, und Captain Owen, der sich zur obligaten kolonialen Erforschungs- und Vermessungsreise rund um die Insel aufmacht, benennt zu Ehren seines blinden Begleiters ein Flüßchen Holman River (der laut Jason Roberts, Holmans Biographen, heute Rio Biady heißt), macht Jagd auf ein Sklavenschiff, das sich dann als die englische *African* herausstellt und nimmt am ersten Weihnachtsfeiertag die Insel formell mit schriftlicher Deklaration für George IV. in Besitz. Die Schiffskapelle intoniert »Rule Britannia«, und viele der Einheimischen schauen nichtsahnend und höchstwahrscheinlich recht amüsiert dem für ihr weiteres Leben so bedeutsamen Spektakel zu.

AUF DER JAGD NACH SKLAVENHÄNDLERN

Sonntag, 3. – Gegen 11 Uhr kehrte Captain Smith an Bord zurück und teilte uns mit, daß seine Mannschaft bei Sonnenuntergang den spanischen Schoner *Victoria Felicita* geentert habe – der mit einer langen Neunpfünderkanone und zwanzig Mann bewaffnet war – und dabei kaum Widerstand geleistet wurde. Die Spanier hatten versucht, die Kanone zu laden, aber sie waren von den plötzlich auftauchenden Booten völlig überrascht und so schnell geentert worden, daß sie nicht mehr dazu kamen, sich zu verteidigen. Es waren nur zwei Sklaven und ein Teil der Mannschaft an Bord, die restlichen Sklaven und die übrige Besatzung befanden sich im *barakoom* oder Sklavenhof, jenem Ort, an den sie gleich nach dem Kauf verfrachtet werden und wo sie bleiben, bis das Schiff klar zum Segeln ist. Damit entzieht sich der Kapitän jeder Verantwortung, die er übernehmen müßte, entdeckte man die Sklaven auf seinem Schiff. An Bord des Schoners hatten sich viele Sklavenhändler befunden, die aber über Bord sprangen, als die Boote in Sichtweite kamen, und zum Ufer schwammen.

BADEFREUDEN

Wir verbrachten die Nacht im Haus des Premierministers auf Bonny Island, und ich teilte mir das Zimmer mit dem Doktor.* Unser Bett, das nur aus Höflichkeit diesen Namen trug, wurde auf dem Lehmboden aufgeschlagen, es bestand lediglich aus einer Matte und einem Coya-Kissen (die äußere Schale der Kokosnuß) für jeden; zum Glück war es zu heiß, als daß wir eine Decke benötigt hätten. Wir legten uns in Unterkleidern nieder, an Schlaf war jedoch nicht zu denken, denn sobald die Lichter erloschen waren, marschierten die Ratten und Mäuse ein, flankiert von Schaben- und Ameisenmyriaden, und wir waren unausgesetzt damit beschäftigt, sie uns vom Leibe zu halten und befanden uns schließlich in einem fiebrigen und erschöpften Zustand, der uns den nächsten Morgen herbeisehnen ließ.

Am folgenden Tag, Sonntag, dem 10., wurde ich zu einem warmen Bad eingeladen, das ich mit Freuden annahm, denn nach einer derartigen Nacht wirkte schon die bloße Vorstellung erfrischend; der Doktor führte mich zu einer Stelle im Freien, wo schon alles vorbereitet war. Ich wurde in einen Sessel gesetzt und eine große, ungefähr zwei Fuß hoch mit lauwarmem Wasser gefüllte Messingwanne vor mich gestellt. In diese sollte ich meine Beine stellen. Zwei oder drei Diener, mit Seife, Lappen und Schüsseln warmen Wassers bewaffnet, machten sich an meinem Körper zu schaffen, der dabei hervorgerufene Effekt ähnelte dem des Schamponierens. Als ihnen schien, sie hätten mich mit ihren Lappen ausreichend eingeseift, schütteten

* Vermutlich handelt es sich um Dr. Burns, den Schiffsarzt der *Eden*.

sie kaltes Wasser über mich – der erfrischendste Teil der ganzen Prozedur. Doch der Leser mag sich meine Überraschung vorstellen, als ich entdeckte, daß die ganze Zeremonie von jungen Frauen durchgeführt worden war, von denen einige, wiewohl schwarz, sehr hübsch sein mußten. Mir war von Anfang an das ständige Gekicher aufgefallen und ich hatte gegen die Anwesenheit so vieler Menschen protestiert, aber gleichgültig wurde mir bedeutet, dies sei »bei uns so Sitte«. Man kann sich kaum vorstellen, daß Holman mit seinem feinen Gehör nicht bemerkte, daß das nahe weibliche Kichern zu den seifenden Händen gehörte. Eher handelt es sich hier um vorauseilende viktorianische Selbstzensur.

BEIM KÖNIG

Wir statteten dem König einen Besuch ab; Seine Majestät empfing uns auf sehr freundschaftliche Art, in einer Aufmachung, die er wahrscheinlich als sehr elegant empfand. Sie bestand aus einem eleganten, gestreiften Kalikohemd, weißen Beinkleidern und einer silbernen Mütze mit langer Quaste. Wir sprachen über eine Vielzahl von Themen, von denen wir annahmen, sie interessierten ihn, wie den legalen Handel mit Palmöl und den illegalen mit Sklaven, aber hauptsächlich drehte sich unsere Unterhaltung um England, aus Höflichkeit dem König gegenüber, der als Schiffsjunge eines der Palmölschiffe nach Liverpool begleitet hatte. Dieser Ausflug eines »Wilden« in die Alte Welt war keineswegs ein Einzelfall, reiste doch auch Pocahontas, die legendäre Indianerprinzessin vulgo Tochter des Häuptlings Powhatan, als eine Art Botschafterin ihres Volkes an den Hof König James' I. Ein weiteres Beispiel wäre Omai, ein junger Mann von der polynesischen Insel Raiatea, der Captain Cook auf dessen zweiter und dritter Reise nicht nur als Dolmetscher behilflich war, sondern ihn auch nach London begleitete. Pocahontas, Omai sowie die vielen anderen reisenden »Wilden«

verzückten die Salongesellschaft mit ihrer Vornehmheit und Exotik. Aber was ein solider Rassismus ist, der läßt sich durch Anschauung nicht erschüttern. Er ließ uns *membo*, Palmwein, kredenzen, der mit einem starken Bitterstoff gewürzt war. Für unsere europäischen Gaumen ist der Geschmack keinesfalls angenehm. Vor allem, da er warm und frisch fermentiert ist – beides sind wir nicht gewohnt.

Nach ungefähr einer Stunde verabschiedeten wir uns vom König und begaben uns zurück zu unserem Schiff. Als wir durch die Straßen gingen, sahen wir einen Leguan einen Baum hinaufklettern. Der Doktor trat näher und ergriff ihn am Schwanz, ein keineswegs gefährliches Vorgehen, da dieses Tier sehr sanftmütiger Natur ist. Die Eingeborenen erschraken jedoch, da diese Kreatur von ihnen verehrt wird. Weil diese Tiere durch den Aberglauben der Menschen geschützt sind, werden sie außerordentlich keck und schnappen sich häufig ein Huhn – oder wonach ihnen auch immer gelüstet –, woraufhin der Besitzer sich höchst geehrt fühlt und glaubt, ihm sei nun das Glück hold. Man sagt ihnen nach, sie würden Säuglinge fressen. Einmal war ein Leguan an Bord eines englischen Schiffes getötet worden, daraufhin wurde der Handel mit den Weißen sofort eingestellt; es entspann sich ein großes Palaver, und der Kapitän wurde zu einer Geldstrafe verurteilt. Als sie beglichen worden war, durfte das Schiff seine Handelstätigkeit wieder aufnehmen.

GRAUSIGE RITUALE

Es ist hier Sitte, beim Tod eines wichtigen Mannes einen seiner Sklaven, Mann oder Frau, ans Ufer zu führen und »den Teufel fernzuhalten«, wie sie es nennen, was wohl bedeutet, daß sie dem Bösen Geist ein Opfer bringen. Das Ritual vollzieht sich folgendermaßen: Ein Pflock wird in der Nähe des Wassers in die Erde gerammt, an den das arme Wesen mit gestrecktem Hals gefesselt wird, damit es mit dem Schwert enthauptet werden kann. Nach vollbrachter Tat tragen sie den Kopf jubelnd durch die Siedlung.

Diese grauenvollen Orgien pflegten früher tagsüber stattzufinden; aufgrund wiederholter Beschwerden der englischen Kapitäne, die empört über die Häufigkeit dieser schrecklichen, in Sichtweite aller Schiffe auf dem Fluß begangenen Rituale waren, findet das Treiben nun nachts statt. Mein Eindruck ist jedoch, daß der durch ihre wilde Fröhlichkeit verursachte Lärm und das Gerenne inmitten nächtlicher Stille in der Phantasie ein Bild entstehen lassen, das entsetzlicher ist als das Geschehen im Tageslicht. Der einzige Unterschied besteht darin, daß es weniger Zuschauer findet, da die meisten an Bord der Schiffe in tiefen Schlaf versunken sind.

Der Brauch, die Lieblingsfrauen mit der Leiche zu begraben, ist keineswegs selten*, und sie beherrschen eine Vielzahl von grausamen Methoden, ihre Sklaven zu verstümmeln. Einer der Diener, der uns im Haus des Königs aufwartete, hatte auf diese Art und Weise für ein geringes Vergehen ein Ohr eingebüßt.

Es ist wohl überflüssig anzumerken, daß die Calabar ein höchst grausames Volk sind. Oftmals töten sie ihre Sklaven aus einer Laune heraus – eine Angewohnheit, die sie mit der Begründung rechtfertigen, hielte man seine Sklaven nicht dergestalt in Ehrfurcht vor ihren Herren, würden sie sich gegen diese erheben. Auch sei dies notwendig, damit es ihrer nicht zu viele würden. Mit diesen Gründen entschuldigen sie auch ihre Unterstützung des Sklavenhandels – ein Geschäft, das ähnlich wie der Handel mit Palmöl äußerst eifrig vom König von Alt-Calabar unterstützt wird, besser bekannt unter dem Namen Herzog Ephraim.

---

* Es ist hier Sitte, die Toten in ihrem eigenen Wohnhaus zu begraben.

Am Nachmittag ging Captain Owen an Land, um Herzog Ephraim zu besuchen. Er wurde höflich, aber mit einem gewissen Mißtrauen empfangen, denn ungeachtet ihrer großartigen Freundschaftsbekundungen für die Engländer im allgemeinen und ihrer echten Zuneigung für einige Personen, die regelmäßig Handel mit diesem Land betreiben, sind die Eingeborenen ob unserer Einmischung in ihren lukrativen Sklavenhandel nicht wenig verärgert. Ihnen ist bewußt, daß unsere neue Siedlung in Fernando Po dazu bestimmt ist, in ihre Geschäfte einzugreifen, und sie haben ihre Ansicht hierzu deutlich gemacht, nicht ohne allerdings ihre Ausführungen dabei so geschickt zu bemänteln, daß diese keinen Anstoß erregen.

»Warum«, sagte einer, »will weiße Mann in Land von schwarze Mann leben? Warum kann weiße Mann nicht bleiben in sein eigene Land? Ist viel besser für weiße Mann als Land von schwarze Mann.« In den Reiseberichten kann man immer wieder feststellen, daß sich die Afrikaner keineswegs naiv ihrem kolonialen Schicksal fügten, sondern die drohenden Gefahren schon früh erkannten.

Mr Cowan und ich begleiteten König Eyo an diesem Abend in seinem großen Kanu flußaufwärts in das zwölf Meilen entfernte Creek Town, wo Seine Majestät residiert.

Die Siedlung ist am Ufer eines Nebenflusses erbaut. Bei unserer Ankunft stellten wir fest, daß König Eyo ein größeres englisches Holzhaus bewohnte als der König von Alt-Calabar; es war sich allerdings in schlechterem Zustand. Im größten Raum befand sich ein erhöhter Sitz, eine bescheidene Thronimitation, auf welcher der König Streitfällen und anderen Begebenheiten, die sein Interesse fanden, lauschte und darüber Recht sprach. Er besaß einige englische Möbel, Kommoden, Sofas, Stühle &c. Auch Glaswaren sahen wir, so einen Kronleuchter, der in der Mitte des Raumes aufgehängt war, einige Spiegel, Lampenschirme, Römerpokale, Weingläser &c. Wie der Herzog schläft Seine Majestät nicht in seinem englischen Haus, sondern zieht seine Eingeborenenhütte vor, wo er von seinen Ehefrauen und Domestiken umringt ist, letztgenannte sind selbstverständlich Sklaven. König Eyo ist in seinen ehelichen Ansprüchen bescheidener als Herzog Ephraim, denn er hat nur zwanzig Ehefrauen, wohingegen der Herzog sechzig sein eigen nennt.

Als eines Tages der Kapitän eines englischen Schiffes dem Herzog einen Besuch abstattete, rief dieser aus: »Mein Freund, du bist zur rechten Zeit gekommen, ich habe soeben einige meiner Frauen weggeschickt, die mich unterhalten sollten! « Der Kapitän antwortete, er bedauere, nicht früher gekommen zu sein, da er sie gern gesehen hätte. Der Herzog antwortete: »O nein, mein Freund, das wäre nicht gegangen, das ist nicht Sitte in Calabar! « Wie viele es denn gewesen seien, fragte der Kapitän. »Ach «, antwortete der Herzog, »bloß fünfundzwanzig. «

VOR DER WEITERREISE NACH BRASILIEN

All unsere Versuche, in die Tiefen Afrikas zu dringen, einen freundschaftlichen Umgang mit den Menschen zu pflegen und den Menschenhandel abzuschaffen, werden oftmals durch den verhängnisvollen Einfluß des Klimas und den hartnäckigen Widerstand der Einheimischen zunichte gemacht, da für sie der Sklavenhandel eine einträgliche Einkommensquelle darstellt. Die Frage, inwieweit die Afrikaner selbst an ihrer massenhaften Versklavung beteiligt waren, ergo die Schuldfrage, läßt sich schwer beantworten und ist wohl daher Gegenstand erbitterter ideologischer Dispute. Zweifellos gab es Sklaverei in Afrika, bevor die Europäer erschienen, aber der Sklave war meist Teil der Großfamilie, zwar nicht frei oder mit Rechten ausgestattet, aber auch nicht als reine Ware behandelt. Von außen erfolgte eine brutale und radikale Kommerzialisierung des Menschenhandels durch die Araber im Osten und die Europäer im We-

Holman im Alter von 52 Jahren

sten. Auch unterstützten die Sklavenhändler jene Mächtigen in Afrika, die bereit waren, ihnen zuverlässig neue Ware zu liefern, mit Waffen und griffen somit in die machtpolitischen Verhältnisse des Kontinents ein. Die in Afrika existierenden Gewohnheiten haben sie gegenüber der Niederträchtigkeit und dem Elend des Menschenhandels abstumpfen lassen. Dieser Widerstand wäre bedeutungslos, würden die barbarischen Ansichten der Menschen nicht durch das ekelhafte Klima begünstigt, das noch verderblicher ist, als wir ursprünglich bei der Errichtung einer britischen Siedlung in diesen Breitengraden annahmen. Es erweist sich für Europäer als so schädlich, daß der Pesthauch des Todes in jeder Windstille lauern und in jedem Sturm wabern kann.

Grund genug, nach sieben in der Bucht von Biafra verbrachten Monaten Richtung Brasilien aufzubrechen und Rio de Janeiro anzusteuern.

RIO DE JANEIRO

Montag, 21. Juli. – Im Tageslicht wurden wir eines prächtigen Anblickes gewahr. Die Luft so klar und der Himmel so heiter, die fernen Berge gingen sanft in die Himmel über, in unserer Nähe eine Ansammlung malerischer Objekte, alles bildete einen solch bezaubernden *coup d'œil,* wie er nur schwerlich vorstellbar ist und der wohl kaum übertroffen werden kann. Mr Fearon und ich schlugen unser Quartier im *Hôtel du Nord* in der Nähe des Palastes am Ende der Rua Direito auf, die parallel zum Meer verläuft.

Donnerstag, 24. – Captain Owen lud mich ein, mich einer Gruppe anzuschließen, die am nächsten Morgen zu einer sehr interessanten Exkursion zum Corcovado aufbrach, mit dem Ziel, seine Höhe zu bestimmen. Auch ohne Cristo Redentor war der »Bucklige« einen Ausflug wert, und der Reisegesellschaft blieb die Enttäuschung erspart, die Christusfigur inmitten des Nebels nicht zu sichten.

Mittwoch, 30. – Ich verabschiedete mich von Mr Fearon und trat mit Captain Lyon und einigen anderen die Reise ins Landesinnere an; unter diesen Herrschaften befand sich auch Mr Lewis, ein preußischer Jude, der in diesem Land ein beträchtliches Vermögen mit Edelsteinhandel erworben hat und zudem auch einen Gemischtwarenladen in Gongo Soco besitzt. Wer weiß, vielleicht bot dieser Herr später auch Schmuck in seinem Lädchen an – der Lewis von gestern ist der H. Stern von morgen.

Hier bricht immer wieder eine Krankheit aus, besonders unter den Negern, verursacht durch ihre mangelhafte Hygiene; tatsächlich sind die meisten Brasilianer ungemein schmutzig, da sie sich oftmals viele Tage hintereinander nicht waschen. Es ist wahrscheinlicher, daß die Schwarzen keine Abwehrstoffe gegen die Krankheiten der Weißen entwickelt hatten. Die vernichtende Wirkung der fehlenden Immunisierung indigener Völker gegen europäische Krankheiten war fatal für Millionen und wurde immer wieder auch gezielt genutzt. So schenkte die US-Armee den Mandan-Indianern pockeninfizierte Decken – das sorgte für zuverlässige Ausrottung, sparte Kugeln und vermied eigene Verluste. Solche Vernichtungsstrategien setzen sich bis in unsere Zeit fort. Der englische Reiseschriftsteller Norman Lewis beschreibt etwa in »Die Missionare«, wie US-amerikanische Missionare im Amazonas Stämme bekämpfen, die sich dem Licht des Evangeliums verschließen.

WESPENANGRIFF

Acht Meilen von Grandie entfernt brüllten die Maultiertreiber plötzlich »*Marabuntas! Marabuntas!*« – ein Schwarm Wespen war im Anflug. Augenblicklich warfen sich alle Tiere, ob beladen oder nicht, auf den Rücken und keilten wild aus, während alle Zweibeiner, die noch nicht angegriffen wurden, in sämtliche Richtungen davonrannten und einen großen Bogen um die Wolke der heranschwirrenden Peiniger machten. Ich habe niemals eine so umfassende Panik erlebt; allerdings bestand guter Grund zur Besorgnis, denn die durch diese Winzlinge verursachten Qualen sind so groß, daß sich selbst der tapferste Reisende nicht scheut, die Flucht zu ergreifen, sobald er eines Schwarms gewahr wird.

AUF DEM GUT VON SENHOR JOÃO LEITE

Während der ganzen Reise waren wir selten vor acht Uhr morgens zum Aufbruch bereit; heute setzten wir uns zu dieser Zeit zum zwölf Meilen entfernten Bertioga in Bewegung. Dort verweilten wir nur kurze Zeit, da wir das Anwesen von Senhor João Leite erreichen wollten; uns wurde mitgeteilt, daß der Senhor zwar ansehnlichen Grundbesitz besaß, Besuchern aber gleichgültig gegenüberstand und die Gäste meistens an den angrenzenden *rancho* im Besitz der Regierung verwies. Da dies sehr ungemütliche Einrichtungen sind, die außer einem Dach über dem Kopf nichts Besonderes zu bieten haben, sind Reisende, denen an Behaglichkeit gelegen ist, sehr an der Unterbringung auf dem Gut Senhor Leites interessiert. Das Anwesen ist groß, die Zimmer gut ausgestattet, und vor allem die Engländer, die Annehmlichkeiten und die guten Dinge des Lebens zu schätzen wissen, geben seinem Domizil den Vorzug. Leider sind dies ebenjene Gäste, gegen die der Senhor die heftigsten Einwände hat, denn, wie er sagt, wollen sie mehr Luxus und Aufmerksamkeit, als er zu geben bereit ist. Seine eigenen Landsleute sind mit einer Unterkunft in einem Nebengebäude zufrieden; ein paar Orangen und ein bißchen Mehl genügen ihnen als Verpflegung.

Obwohl die Engländer gern und reichlich für ihre bevorzugte Behandlung bezahlen, zieht es der Senhor vor, die von ihnen benötigten Waren lieber zum *rancho* zu schicken, als die Reisenden bei sich unterzubringen. Da uns die Gewohnheiten João Leites bekannt und wir nicht gewillt waren, eine zweitklassige Unterkunft zu akzeptieren, wenn wir durch geschicktes Taktieren Besseres bekommen konnten, wurde ein Eilbote vorausgeschickt, um den Stand der Dinge in Erfahrung zu bringen, ehe wir persönlich auftraten. Die Wahl für den Posten des Sonderbotschafters fiel auf den obersten Maultiertreiber, der genau die richtige Person für diese delikate Mission zu sein schien und demzufolge mit allen diplomatischen Rechten ausgestattet wurde. Er wurde insbesondere angewiesen, unseren bemerkenswert schlichten Geschmack in ausgesuchten Worten zu beschreiben, unser ruhiges und gesetztes Verhalten zu schildern, sich in Einzelheiten unserer Gottesfurcht und Schicklichkeit zu ergehen, denn der alte Herr war sehr fromm und hatte eine hübsche Tochter. Vor allem aber sollte er sich über unsere Großzügigkeit auslassen und diskret andeuten, daß alle zusätzlichen Zuwendungen, ob nun bei Beherbergung oder Verköstigung, voller Dankbarkeit angenommen und entsprechend vergolten würden. Damit hatten wir die Verhandlungen für einen friedlichen Einlaß in die Garnison eröffnet, ritten frohen Mutes voran und verbrachten die restliche Reise damit, über das Aussehen und Verhalten unseres potentiellen Gastgebers und über den möglichen Erfolg unserer Taktik zu spekulieren.

Nach vier Meilen kamen wir auf dem Gut an und stellten mit Genugtuung fest, daß wir liebenswürdig empfangen wurden und die entsprechenden Vorbereitungen für unsere Verpflegung und unsere Unterkunft getroffen worden waren. Nachdem er uns dergestalt für die Nacht versorgt hatte, kümmerte sich Senhor João Leite nicht weiter um uns, zog sich in sein bevorzugtes Gemach zurück, eine Werkstatt, die der Anfertigung von Sätteln gewidmet war – eine Beschäftigung, der er sich fast den ganzen Tag zu widmen pflegt und die Haupttätigkeit und Lebensglück für ihn zu sein scheint. Vielleicht hätte ich sagen sollen, einzige Beschäftigung, aber seine Leidenschaft für das Singen von Psalmen konnte es beinahe damit aufnehmen. Er hat drei Söhne, die er wenig zu beachten scheint, aber seine einzige Tochter bewacht er ängstlich. Sie ist neunzehn, und aus dem Widerspruchsgeist heraus, den manche ausschließlich dem schönen Geschlecht zuschreiben, den ich aber eher für eine Eigenschaft der gesamten menschlichen Rasse halte, war das Fräulein eifrig bemüht, so oft wie möglich zu uns hereinzuhuschen, wenn sie sich unbeobachtet wähnte. Sie schien gegen ein wenig Getändel keinen Einwand zu erheben, und als wir gewahr wurden, daß es sich um heimliche Besuche handelte, verwandelte diese Geheimnistuerei die hübsche dunkeläugige Brünette in ein espritvolles, von Romantik umwehtes Geschöpf. Die Söhne waren nicht weniger bemüht, unsere Bekanntschaft zu machen, so daß wir bald mit der gesamten Familie auf freundschaftlichem Fuß standen, mit Ausnahme des alten Herrn – und selbst er überwand für Mr Hill seine Vorurteile. Dieser gewann das Herz des Senhors so umfassend, daß er Zutritt zur Werkstatt erhielt – ein noch nie gewährtes Privileg – und beim Abschied dringlich gebeten wurde, wiederzukommen, unter der Bedingung – muß ich es wohl kaum erwähnen –, *ohne* Begleitung zu kommen.

Mittwoch, 24. – Ich begleitete Dr. Dickson heute morgen in die Stadt, um nach einer privaten Unterkunft Ausschau zu halten – die ich in einer Pension in der Rua do Ouvidor fand, die von einer Engländerin geführt wurde und neben dem einzigen öffentlichen Bad in Rio liegt. Bemerkenswert an der Straße sind die vielen farbenfrohen französischen Geschäfte. Am Nachmittag brachen wir nach Botafogo auf, das vier Meilen entfernt ist, um mit Colonel Cunningham zu speisen, der als Mitglied eines Sondergerichts über die in den Sklavenhandel verstrickten Schiffe zu urteilen hatte.

Freitag, 26. – Ich kehrte am Vormittag in die Stadt zurück, um meine neue Unterkunft in der Rua do Ouvidor in Beschlag zu nehmen, nachdem ich eine sehr ruhige Woche verbracht hatte. Dies geschah weniger aus Wunsch denn aus Notwendigkeit, da ich wegen der Verletzungen, die mir auf meine Rückreise von Gongo giftige Insekten zugefügt hatten, meine üblichen Wanderungen nicht unternehmen konnte.

Donnerstag, 13. – Ich brach am Vormittag mit Dr. Dickson zum Besuch des Botanischen Gartens auf, der für die Vielzahl seiner Pflanzen aus aller Welt, besonders aus China und der östlichen Erdkugel, berühmt ist. Dieser Garten liegt ungefähr vier Meilen von Botafogo entfernt. Der legendäre Jardim Botânico wurde 1808 von Prinzregent Don João VI. gegründet und war ursprünglich für Pflanzen und Tiere aus dem Orient und Ostindien gedacht. 1822 wurde er der Öffentlichkeit zugänglich gemacht und 1832 von Charles Darwin besucht.

Alles in allem gefällt es Holman aber in dieser langweiligen Stadt nicht besonders, und er ist froh, via Buenos Aires zum Kap der Guten Hoffnung entkommen zu können. Ja, es waren trübe Tage damals für die Besucher Rio de Janeiros – kein Cristo Redentor auf dem Corcovado, der wurde erst 1931 aufgestellt, keine Seilbahn zum Pão de Açúcar, dem Zuckerhut, die wurde erst 1912 gebaut. Auch war dessen offizielle Soloerstbesteigung durch einen Europäer schon absolviert: 1817 hatte eine Landsfrau von Holman, das Kindermädchen Henrietta Carstairs, den Hausberg Rios erklommen. Und jene christlichen Feiertage, an denen Holman anwesend war und die zwar öffentlich begangen wurden, wie Allerheiligen und Allerseelen, stellen selbstverständlich keinen adäquaten Ersatz für den rauschenden, sambabeschwingten Karneval dar.

Freitag, 19. Dezember. – Gelangten an die Küste Afrikas um halb elf, die Stelle erwies sich als Point Danger, ein wenig südwärts vom Kap der Guten Hoffnung gelegen. Gegen halb acht abends liefen wir in die Simon's Bay ein. Endlich war ich in jenem Teil der Welt angekommen, den ich seit Knabentagen zu betreten wünschte, und vielleicht hat Vasco da Gama nicht mehr Befriedigung beim Anblick der südlichsten Spitze Afrikas verspürt als ich bei meiner Landung heute.

Donnerstag, 8. Januar 1829 – Um fünf Uhr morgens brach ich an Simon's Town in Begleitung von Mr Osmonds Söhnen John und James zur Besteigung des höchsten Gipfels des Kaps der Guten Hoffnung auf. Bald begann der steile Aufstieg zum ersten Berg der Kette, gleich hinter der Stadt. Wir erreichten direkt unter der Spitze eine 280 Fuß lange Höhle, die am Eingang hundert Fuß Breite mißt. Ich war entschlossen, meine Entdekkung bis zum äußersten voranzutreiben (an ihrem Ende verjüngt sich die Höhle bis zum einem kleinen Punkt) und kroch geduldig über große Steine, Seegras &c, bis der Durchlaß nicht mehr hoch genug für einen Menschen war.

Anschließend stiegen wir eine weitere Klippe empor und bahnten uns einen Weg zum Gipfel eines 276 Fuß über der Höhle gelegenen Felsens, und hier konnte ich meine Freunde nur mit großer Mühe überzeugen, mich am äußersten Rand sitzen zu lassen. Ich war, ehe ich ihre Zustimmung gewinnen konnte, mehrmals gezwungen, ihnen zu versichern, daß mein Selbstvertrauen auf Erfahrung beruhte. Ich muß zugeben, daß der Sitz in luftiger Höhe sehr gefährlich war, vor allem, da man sich gezwungen sah, seine Beine ins Leere baumeln zu lassen. Aber für mich war es weniger erschreckend als für jene, welche die Gabe des Sehens haben; ich fühle mich jetzt bei Abgründen viel sicherer als zu jener Zeit, als ich noch in die schwindelnden Tiefen blicken konnte.

Es ist wahrlich erschreckend für einen Sehenden, wie ich eines Abends erfahren mußte, als ich mich auf dem Tafelberg, den ich einmal die Woche bestieg, auf der Suche nach einem kürzeren Abstieg verlaufen hatte und bei Einbruch der Dunkelheit weder hinauf- noch hinabkam, sondern auf einem Vorsprung sitzend, die Füße über dem Abgrund baumelnd, auf die Rettungswacht warten mußte. Je genauer man in die Tiefe blickt, desto grauenvoller erscheint sie einem.

Montag, 19. – Heute abend besuchte ich mit meinem Gastgeber, Mr van Renen, und seinen Freunden den riesigen Weinkeller der Messrs Hudson, Donaldson und Dixon. Ich bin fest davon überzeugt, wäre der in England unter dem Namen Kap Madeira verkaufte Wein so gut wie der schlechteste, den wir hier in diesen Gewölben verkosteten, löste sich das Vorurteil gegen den Kapwein im Handumdrehen auf. Dem Wunsch Holmans trug die Zeit Rechnung.

Mittwoch, 28. – Heute besuchte ich mit dem Hafenkapitän und seinem Schwager, Mr J. Ebden, die in der Tafelbucht gelegene Robben Island. Es war ein schöner Tag, und bei unserer Fahrt durch die Bucht fingen wir etliche Snooks, Raubfische, die nach fast jedem Köder schnappen.

Auf Robben Island befinden sich Haus und Kontor des Kommandanten, das Haus des Aufsehers, die Kaserne und das Gefängnis sowie einige Werkstätten, in denen die Gefangenen Steinplatten schneiden. Jeder Arbeiter hat eine ihm zugeteilte Aufgabe, deren Umfang der täglichen Arbeitsleistung eines englischen Arbeiters entspricht. In den Sommermonaten sind ihnen zur Mittagszeit zwei Stunden Pause, im Winter eine erlaubt.

Das Gefängnis ist nicht gut angelegt; es faßt jedoch, falls nötig, 120 Gefangene. Ein Religionslehrer verrichtet seit kurzem die notwendigen Sabbatrituale, und es fehlt nicht an Mitteln, jenen, die es wünschen, das Lesen beizubringen. Etliche Insassen, die vor zwei Jahren noch keinen einzigen Buchstaben kannten, lesen nun flüssig die Bibel. Die Heilige Schrift, Gebetbücher und lehrreiche Abhandlungen werden kostenlos an jene verteilt, die Interesse haben, und die Sittlichkeit unter diesen unglücklichen Menschen macht derart Fortschritte, daß viele zum Tode Verurteilten aufgrund ihres tadellosen Verhaltens begnadigt wurden und nun rechtschaffene und nützliche Mitglieder der Gesellschaft sind.

Jan van Riebeeck, der Kapstadt 1652 im Auftrag der Niederländischen Ostindien-Kompanie begründete, designierte schon fünf Jahre später diese windgepeitschte Insel zum Gefängnis und Arbeitslager. Seitdem haben die verschiedenen Gouverneure politische Opponenten auf Robben Island verbannt, vor allem afrikanische Freiheitskämpfer. Zwischen 1961 und 1991 waren über dreitausend politische Häftlinge hier inhaftiert, darunter als berühmtester Nelson Mandela. Das Gefängnis wurde 1996 geschlossen. Heute würde sich Holman an einem hervorragenden Museum erfreuen können, in dem Führungen von ehemaligen Häftlingen angeboten werden.

Sonntag, 22. – Heute war ein sehr schöner warmer Tag, und so machte ich mich nach dem Frühstück als Reisender hoch zu Roß mit einem Führer in das vierundzwanzig Meilen entfernte Georgetown auf. Meine Garderobe war weder umfang- noch einfallsreich und paßte in zwei Satteltaschen: drei Hemden, drei Paar Socken, drei Taschentücher, ein Paar Unterhosen, ein Paar Schuhe, eine leichte Jacke samt Weste und zwei Pfunddosen Schnupftabak als galantes Angebot für die burischen Hausfrauen. Ich trug einen wasserdichten Jagdmantel, eine leichte Wollweste, Hosen aus Englischleder, Wellingtonstiefel* und zur Vervollständigung meiner Montur einen hübschen breitkrempigen Kastorhut, der mir später das Leben retten sollte.

Montag, 23. – Schließlich trieb ich einen Hottentottenführer und Pferde auf und verließ Georgetown gegen ein Uhr mit dem Ziel, den Knysnafluß und Plettenberg Bay zu besuchen, ehe ich mich nach Lange Kloof aufmachte. Ich fand bald heraus, daß mein neuer Fremdenführer für einen Hottentotten ungewöhnlich gut Englisch sprach; auf Nachfrage stellte sich heraus, daß er Diener bei einem Missionar gewesen war, der ihn entlassen hatte, da er nach England heimkehrte. Dieser Mann bot mir seine Dienste an, wünschte, mich durch das ganze Land zu begleiten und in meinen Diensten zu stehen, bis ich die Kolonie verließ. Ich lehnte dieses Angebot ab, da es meine Pläne nicht vorsahen, in fremden Landen einen Diener dauerhaft zu beschäftigen. Ich hatte festgestellt, daß es besser war, jeweils vor Ort und wenn es die Notwendigkeit erforderte, einen Diener einzustellen, da sich diese Menschen zwangsläufig besser mit der Umgebung und den jeweiligen Gepflogenheiten und Sitten auskennen.

Dienstag, 24. – Ich brach kurz nach Tagesanbruch auf und überquerte den Hoog Kraal's River. Nach zwei Stunden machten wir bei der Farm von William Bishop halt, um unsere Pferde zu tränken und ihnen eine Rast zu gönnen.

---

* Zu jener Zeit waren die Wellingtons noch keine Gummistiefel, sondern bestanden aus weichem Kalbsleder und reichten bis zur Wadenmitte. Sie waren vom ersten Duke of Wellington entworfen worden (wahrscheinlich um 1810), galten in modebewußten Kreisen als *très chic* und wurden selbstverständlich von Beau Brummell gern zur Abendgarderobe getragen – wenig Ähnlichkeit also mit den heutigen grünen Inselgummistiefeln oder ihrer gelben Variante, die in deutschen Landen zum Friesennerz getragen wird.

Es mag meinen Lesern seltsam vorkommen, daß die Buren Entfernungen nach Zeit messen – zumindest erschien es mir, als ich das erste Mal damit Erfahrung machte, eigenartig. Diese Methode ist jedoch nicht so unvernünftig, wie sie auf den ersten Blick scheint. Reist man etwa über flaches Land, sind sechs Meilen eine Stunde, bewältigt man aber die gleiche Strecke auf einer sehr schlechten Straße samt einiger Bergpässe, dann benötigt man dafür sechs Stunden. Es ist vielleicht die beste Art, Strecken in einem dünnbesiedelten Land zu erfassen, das noch nicht vermessen wurde. Ihre Berechnungen sind jedoch oftmals falsch, was nicht wunder nimmt, wenn man die Beschränktheit der dummen Führer ins Kalkül zieht, für gewöhnlich die Sklavendiener der Farmer, die meist die Reise nur unternehmen, um die Pferde ihrer Herren zur Farm zurückzubringen. Ich reiste mit einigen mosambikanischen Schwarzen, die um einiges dümmer waren als die Tiere, auf denen sie ritten. Sicherlich erwuchsen auch einige der Probleme aus der Tatsache, daß keine der beiden Parteien auch nur eine Silbe dessen verstand, was die andere von sich gab.* Manchmal ritt ich an einem Ort los, und es hieß, er läge nur zwei oder drei Stunden vom nächsten Anlaufpunkt entfernt, bis ich herausfand, daß es meist doppelt so lange dauerte – eine der bekannten Unannehmlichkeiten für jene, die in Gebieten reisen, die noch nicht vermessen worden sind.

Freitag, 27. – Ich stand lange vor Tagesanbruch auf, da der Mond um halb fünf hell erstrahlte. Als ich zum Abritt bereit war, gab mir mein Hottentottenführer, der das Zaumzeug ordnete, versehentlich den Leitzügel statt der Trense in die Hand, worauf das Pferd, ein edles, temperamentvolles Tier, sich prompt dank der gewonnen Freiheit mit mir in Galopp setzte. Der Field Cornet hatte zuvor besorgt geäußert, wegen seines Temperaments

---

* Da Holman keine gemeinsame Sprache mit den Pferden oder den Mosambikanern hatte, darf man sich fragen, wie er diesen Intelligenzvergleich anstellen konnte.

sei das Tier schwer zu besteigen. Nach ein paar Meilen Ritt würde ich aber feststellen, daß es eine sanfte und angenehme Kreatur sei und zudem das einzige Pferd in seinem Stall, auf dem eine Überquerung der Berge möglich sei. Ich antwortete scherzhaft, ich sei durchaus in der Lage, ein herumtollendes Pferd zu besteigen, da ich damit bereits Erfahrung hätte (ich bezog mich auf meinen letzten Sturz), und wenn ich erst einmal im Sattel säße, würde ich diesen Platz nicht so schnell wieder aufgeben. Jetzt wurde meine Aussage auf die Probe gestellt, denn das Tier machte einen raschen Bogen von ungefähr einer halben Meile, um zu seinem Stall zurückzukehren, in welchen es Hals über Kopf geprescht wäre, wären der Field Cornet und Mr John Rex nicht herbeigeeilt, um die Stalltür zu schließen. Auch gelang es ihnen, die Trense zu packen und das Pferd zum Halt zu zwingen.

Samstag, 14. März. – Nach einer angenehmen Nacht und einem guten Frühstück verabschiedete ich mich von Mr Lowen und Mr Gilfillan und brach in Begleitung von Captain Lowen und Mr Morgan sowie zwei Hottentottendienern zur Kaffernfurt* auf, um den Great Fish River zu überqueren.

Die Furt des Great Fish River stellt immer ein Wagnis dar, manchmal ist sie aufgrund der Strömung und des unsicheren Untergrunds für die Pferde regelrecht gefährlich, der Boden äußerst steinig und rutschig. Nachdem mir Captain Lowen alle in seinen Kräften stehende Hilfe hatte angedeihen lassen und mich sicher an der Grenze des Kaffernlandes absetzte, verabschiede-

---

* Kaffer war damals im südlichen Afrika das übliche Wort für Schwarze, zwar gewiß nicht freundlich gemeint, aber auch nicht unbedingt rassistisch konnotiert. Die Begriffsverwirrung ist dem Wortursprung eingeschrieben. Das arabisch-islamische *kafir* (Ungläubiger) verwandelte sich im portugiesischen und spanischen *cafre* zu einem gängigen Ausdruck für »Barbar«. Nicht zu verwechseln mit dem deutschen Jargonwort für »dummer Kerl«, das zwar ebenfalls pejorativ, aber jüdischen Ursprungs ist, womit die abrahamitischen Quellen unserer Kultur belegt wären.

ten er und Mr Morgan sich. Die Ufer des Flusses waren sehr steil, aber waren sie erst einmal erklommen, war der Boden eben, und aus der Menge hohen Grases, durch das ich ritt, schloß ich, daß der Erdboden sehr fruchtbar ist. Gegen Mittag kam ich am Bekafluß vorbei und hielt in der Nähe des Kraals von Kaffernhäuptling Kongu am Ostufer, um Männern und Pferden eine Rast zu gönnen. Einige Anwohner näherten sich uns, aber ich vermute, daß ihr Besuch niedere Beweggründe hatte. Mrs Lowen war so nett gewesen, mich mit kaltem Huhn und einem Fläschchen Wein zu versehen, ich bot ein paar der Kaffern davon an, was bereitwillig akzeptiert wurde. Im Austausch wurde mir ein kleiner Korb geliehen, damit meine Hottentottenführer Wasser holen konnten – eine Methode, die dem europäischen Leser ungewohnt erscheinen mag, die aber im Kaffernland sehr verbreitet ist, wo sie sowohl bei Milch als auch bei Wasser eingesetzt wird. Diese Körbe sind aus so feinem Material angefertigt und so eng geflochten, das sie völlig wasserdicht sind. Jener, den ich benutzte, faßte ungefähr eineinhalb Pint. Ich muß zugeben, daß es höchst tadelnswert war, mich so auf die gutwilligen Dienste völlig Fremder zu verlassen, denn ein Reisender sollte nie ohne eigene Vorräte unterwegs sein. Er sollte auch stets eine Blechtasse mit Henkel mit sich führen, die er am Pferdegeschirr oder einer anderen günstigen Stelle befestigt, ebenso Schnur und Seile in größeren Mengen, ein gutes Taschenmesser und (falls man sich in einem Land befindet, in dem einem abends nicht unbedingt ein Bett sicher ist) eine gute Decke, ebenso ein leichter Reisemantel, ein Stück Seife und (gibt es jemanden, der ohne reist?) eine Zahnbürste. Es gibt allerdings keinen Grund, sich mit einem Rasiermesser zu belasten, denn ich würde es niemandem, der von der Hauptstadt in die Tiefen des Landesinneren reist, empfehlen, auch nur einen Gedanken an eine Rasur zu verschwenden, ehe er wieder zu seinem Ausgangspunkt zurückgekehrt ist. Selbstverständlich rede ich hier vom echten Reisenden, nicht von jenen parfümierten Müßiggängern, die auf der Suche nach Eindrücken in Europa von Stadt zu Stadt flattern. Holman selbst befolgte seinen Ratschlag getreulich, denn er empfand einen ausgewachsenen Vollbart als guten Schutz vor intensiver Sonneneinstrahlung, und wassergetränkt erwies sich die haarige Mannestracht als probates Kühlmittel bei sengender Hitze. Auch eine Glatze galt manchen Reisenden wie etwa dem britischen Entdecker Richard Francis Burton als bewährtes Mittel. Was die Ausrüstung betrifft, kann man sich Holmans Empfehlungen nur anschließen.

Sonntag, 15. – Gegen elf Uhr am Vormittag nahm ich am Gottesdienst teil, der von Mr Shaw vor ungefähr hundert Kaffern beiderlei Geschlechts und aller Altersstufen in einem für diesen Zweck errichteten Gebäude gefeiert wurde. Um der Zeremonie der Gemeinde folgen zu können, hatte Mr Shaw einen Kafferndolmetscher an seiner Seite, der mit dem Englischen sehr vertraut zu sein schien und die Predigt Satz für Satz in seine Muttersprache übersetzte. Keine christliche Versammlung hätte aufmerksamer, artiger und sittsamer sein können.

Mr Shaw versucht sowohl für das weltliche Wohl dieser Menschen als auch für ihr seelisches zu sorgen; er bemüht sich, sie zu überzeugen, ihre Häuser auf europäische Art zu errichten, damit sie seßhaft werden und eine Gemeinschaft bilden. Folglich wurden in Wesleyville einige Häuser erbaut, aber momentan steht der Name noch eher für die Missionsstation als für ein ganzes Dorf. Die Mission hat hier einen Laden eingerichtet, um in den Eingeborenen den Wunsch nach Gegenständen zu erwecken, die für ein zivilisiertes Leben benötigt werden, wie Blechtöpfe, Kessel, verschiedene Kleidungsstücke, Taschentücher &c. &c., die sie allmählich zu benutzen lernen. Dies sind die ersten Schritte der Zivilisation in einem unabhängigen Land der Barbarei, denn

der Mensch hienieden ist mit wenig zufrieden*,

* Aus »The Hermit« von Oliver Goldsmith (1728–1774), irischer Schriftsteller.

bis ihn die Kultiviertheit lehrt, daß seine Bedürfnisse grenzenlos sind.

Mr Shaw besitzt auch einen englischen Pflug für seinen Kafferndiener, der seinen Landsleuten dessen Gebrauch erklärt, und den er allen leiht, die daran Interesse haben. Dieser gütige Präzeptor und seine Frau leben hier, von Kaffern umgeben, in absoluter Sicherheit, von allen respektiert und geliebt. Mrs Shaw hat einige Kaffernkinder, die ihr behilflich sind, Töchter eines Kaffernhäuptlings, denen sie Englisch und das Tragen europäischer Kleidung beigebracht hat. Diese Mädchen erklärten, sie zögen es vor, bei ihrer Beschützerin zu leben statt mit ihren eigenen Leuten.

Mr Shaw lud die Häuptlinge häufig an seine Tafel; einer von ihnen bewies sehr gute Manieren, handhabte Messer und Gabel mit der Ungezwungenheit eines Europäers. Es war Bestandteil von Mr Shaws Strategie, ständigen Kontakt zu den Eingeborenen zu halten und sein Haus ihren Anführern genehm zu machen. Somit war es ihm möglich, ihr Vertrauen zu gewinnen, und da er ihre Sprache, Sitten und Vorurteile gründlich studiert hatte und mit ihnen in ihrer Sprache verkehrte, wuchs sein Einfluß täglich.

Montag, 16. – Ich verließ Wesleyville gegen 5 Uhr morgens mit Mr Shaw Richtung Mount Coke. Wesleyville ist die älteste und vielleicht erfolgreichste Missionsstation im Kaffernland, und sie ist bezaubernd gelegen. Stellen Sie sich ein hübsches kleines, an einem Hang gelegenes Dorf vor, mit vielen Obstbäumen sowie Mais- und Hirseanbau, darunter schroff eine Schlucht, das Umland wunderschön bewaldet, gleich einem englischen Park, die Hügel und Ebenen mit Vieh übersät und einige Kaffernkraals über diese fruchtbare Landschaft verstreut.

Ich nahm nun Kurs auf eine weitere Wesley*-Einrichtung,

* John Wesley (1703–1791) begründete den Methodismus; für ihn war die Missionierung eine der wichtigen Aufgaben, die einem Christen zukommt.

sechzehn Meilen entfernt, die wir gegen halb neun erreichten und wo uns Mr und Mrs Young freundlich empfingen. Ihre Einrichtung wurde genau nach den gleichen Vorgaben geführt wie jene in Wesleyville, daher gab es nichts Neues für mich zu entdecken, und so setzte ich meine Reise umgehend fort. Mr Young versah mich mit Pferden und einem Kaffernführer, mit dem ich gegen elf Uhr zum fünfunddreißig Meilen entfernten Fort Willshire aufbrach, das ich vor Sonnenuntergang zu erreichen hoffte. Diese Hoffnung wurde durch die Verstocktheit meines Führers enttäuscht, der mich auf eine Straße führte, die zu benutzen ihm ausdrücklich untersagt worden war. Sie erwies sich an manchen Stellen als Fußpfad, der sich die steinigen Gebirgsketten entlangschlängelte und gelegentlich über kleine Bergkämme führte. Manchmal waren wir gezwungen, uns durch Äste, Brombeergestrüpp und dornige Büsche zu kämpfen, die Dornen waren stark genug, um einem nicht nur die Kleider zu zerreißen, sondern auch, wenn man sich nicht sehr vorsah, heftige Verletzungen zuzufügen. Sie ähneln Angelhaken und sind beinahe ebenso stark gekrümmt. Aufgrund seiner Erfahrungen mit diesen verdrießlichen Dornen hatte Mr Young dem Führer die Nutzung dieser Straße explizit untersagt. Am Fuß der Gebirgskette verlief ein Pfad, der zwar etwas mehr Zeit in Anspruch nahm, dafür aber viel bequemer zu bereisen war. Ich hatte durch die Hindernisse einiges auszustehen, erhielt mehrmals heftige Schläge auf den Kopf und bekam schwere Kratzer ab, da ich die Gefahren nicht sehen konnte. Auch wurde mir mein Hut häufig vom Kopf gerissen. In einigen Fällen war ich gezwungen, abzusteigen und dem Pferd zu folgen, da mir nicht einmal mehr ein Vorwärtsschreiten mit in der Mähne verborgenem Gesicht möglich war. Diese Unterbrechungen verlangsamten unser Reisetempo, wir erreichten jedoch kurz nach Sonnenuntergang einen aus zwei oder drei Hütten bestehenden Kaffernkraal. Dort machten wir halt, da mein Führer sich mit seinen Landsleuten unterhalten wollte – sein Hauptgrund für diese Route, vermute ich. Er beschaffte mir etwas

Milch, konnte aber nichts für unsere armen Pferde auftreiben, und so setzten wir nach kurzer Rast die Reise fort. Wir begegneten einigen Kaffern, die zu ihrem Kraal zurückkehrten und die sehr höflich waren. Gegen elf Uhr kamen wir zum Ufer des Keiskamma, auf dessen gegenüberliegender Seite Fort Willshire lag; ich schloß aus dem Rauschen des Wassers und dem Verhalten des Kaffern, der auf der Suche nach der Furt auf und ab wanderte, die in der Nacht schlecht zu finden sein schien, daß nur wenig Hoffnung bestand, heute noch auf die andere Seite zu gelangen. Ich erwartete vielmehr, die Nacht unter einem Busch verbringen zu müssen, ohne Feuer und Labung, Angriffen wilder Elefanten und Tiger* ausgesetzt. Schließlich fand er jedoch die Furt in der Nähe des Wasserfalls, dessen Lärm ganz entsetzlich war, und ich gestehe, der Gedanke, den Fluß im Dunkeln zu überqueren, war nicht angenehm. Da sich aber unser Führer ohne Zögern ins Wasser wagte, folgte ich; hätte echte Gefahr gedroht, wäre er wahrscheinlich vor diesem Schritt zurückgeschreckt. Folglich kämpften wir gemeinsam gegen die Flut, was durchaus ein Wagnis war, denn die Pferde mußten mächtig gegen den Strom anschwimmen; wären sie gestrauchelt, wären wir beide von der Strömung mitgerissen worden. Dies wurde mir bewußt, als wir uns mitten in der Furt befanden, und ich machte mich bereit, notfalls an jenes der Ufer zu schwimmen, das besser zu erreichen war. Das Glück war mir jedoch hold, und ich hatte keine Gelegenheit, meine Schwimmkünste einer so schweren Prüfung zu unterziehen, denn wir kamen sicher auf der anderen Seite an und betraten bald darauf Fort Willshire, wo mich der über mein Kommen unterrichtete Kommandant, Captain Friend, herzlich empfing.

Dienstag, 17. – Ich wurde eingeladen, bis morgen zu bleiben, um den Kaffernmarkt zu erleben, der jeden Mittwoch abgehalten wird und bei dem ungefähr tausend Kaffern zugegen sind. Sie

---

* Da hat man James Holman aber eine große Raubkatze aufgebunden.

bieten Hörner, Felle und Häute verschiedener Tiere an, *Samboks* (Reitpeitschen aus Nilpferd- oder Nashornhaut), Binsenmatten und -körbe, Tontöpfe, Wildhonig in der Wabe und (wenn im Überfluß vorhanden) Mais und Hirse; sie tauschen ihre Waren hauptsächlich gegen Perlen und Knöpfe, aber sie finden mittlerweile Geschmack an nützlicheren Gegenständen wie Geräten für die Landwirtschaft, Blechtöpfen, Kleidung, Taschentüchern &c.

Samstag, 28. – Ich brach bei Anbruch des Tageslichts in Uitenhage auf und erreichte Mr Meedings Farm um halb neun, frühstückte dort und blieb noch ein paar Stunden. Ich fand meinen Gastgeber und seine Frau sehr anständige und gefällige Menschen, aber man muß sich immer vor Augen halten, daß es in dieser Kolonie nur sehr wenige Farmer gibt, die sich durch ähnlichen Wohlstand und vergleichbare Kultiviertheit auszeichnen, die mittlerweile bei den englischen Farmern anzutreffen sind. Hier wird schon der Konflikt zwischen Engländern und Buren in Südafrika vorweggenommen. Die Unterschiede waren sozialer (die Elite bestand überwiegend aus Engländern), aber auch kultureller Art (die Buren identifizierten sich stärker mit dem Land), zudem schürten unterschiedliche Kirchengemeinschaften Feindseligkeiten – (die Buren waren überwiegend Mitglieder der streng kalvinistischen Niederländisch-reformierten Kirche).

MIT DEM LEBEN DAVONGEKOMMEN

Es gibt nur wenige Vergnügungen, an denen sich die Kapkolonisten erfreuen können, und ihre Gewohnheiten sind schlicht. Zu ersteren zählt besonders das Zielschießen, zu dem sich regelmäßig vielköpfige Gruppen versammeln. Der sportliche Tag endet mit einem Tanz, anschließend holen die Gäste ihr Bettzeug aus ihren Ochsenwagen. Die jungen Männer müssen sich mit Matten zufriedengeben, die zu diesem Zweck in den Nebengebäuden ausgebreitet werden. Den jungen Damen blüht in einem großen Raum ein ähnliches Schicksal, und die verheirateten Paare tragen ihr Bettzeug in einen Gemeinschaftsraum, wo sie alle ebenfalls auf dem Boden schlafen, Paar für Paar.

Ich brach zur Farm von Piet Ferriera auf, die fünfzehn Meilen entfernt lag, wo ich frische Pferde bekam und den dümmsten Führer, der in der ganzen Kolonie zu finden war, ein Schwarzer aus Mosambik, der mir entweder nicht antworten wollte oder konnte und wenn ich ihn ansprach nur grunzte. Mein Pferd war ein kleines, feuriges Pony und in solch schlechtem Zustand, daß es unmöglich war, den Sattel festzuzurren; daher rutschte ich beim Galopp seitlings, und ich hatte gerade noch Zeit, das Tier von der Straße abzudrängen und so zum Stehen zu bringen, ehe ich stürzte. Ich war gezwungen, den Gurt selbst zu richten, denn es gelang mir nicht, meinen Führer dazu zu bringen, dies zu tun; er tat nichts anderes, als neben mir herzureiten und mein Pferd auf der Straße zu halten.

Sobald ich wieder aufgestiegen war, rannte das Geschöpf in vollem Galopp mit mir davon, und ich hatte größte Schwierigkeiten, mich im Sattel zu halten. Zu meinem Glück war die Straße hervorragend, und so hatte ich eine zügige Reise zur nächsten Station, dem Haus von Field Cornet Stephanus Radameyer. Hier allerdings hatte ich noch größeres Pech mit den Pferden als bei der vorigen Station – was auch mein Verschulden war, da ich es eilig hatte, weiterzukommen. Der Field Cornet war nicht zu Hause, aber sein Bruder lud mich freundlich ein, hier die Nacht zu verbringen und bedauerte es sehr, mir keine Pferde bieten zu können. Da ich es aber mit der Weiterreise sehr eilig hatte, trieb er schließlich zwei erbärmliche Klepper auf sowie einen ungefähr zwölfjährigen schwarzen Jungen als Begleiter, und ich ritt bei Sonnenuntergang weiter. Bald darauf stolperte mein Roß mehrmals. Hatte ich mich zuvor beschwert, daß mein Pferd zu klein war, hatte ich jetzt allen Grund, die enorme Größe des Geschöpfes zu beklagen, auf dem ich nun auf und ab hüpfte, denn es hatte die riesigen Ausmaße eines Pfingstochsen, und der Sattel war topfeben, so daß es mir unmöglich war, mich darin aufrecht zu halten. Während ich langsam dahingaloppierte, senkte die Mähre abrupt den Hals, ich wurde abgeworfen, stürzte auf meinen Kopf und blieb für einige Minuten bewußtlos auf der Erde liegen. Als ich wieder zu mir kam, fühlte es sich an, als sei mein Schädel gespalten, und als ich meine Stirn befühlte, stellte ich fest, daß aus einer Wunde über dem rechten Auge Blut strömte und meine Nase aufgeschürft war. Auch hatte ich mir die Oberlippe aufgerissen und meine Vorderzähne schmerzten so heftig, daß ich zuerst glaubte, ich hätte eine Schädelfraktur und so schwere innere Verletzungen erlitten, daß dieser Sturz binnen weniger Minuten das große Finale all meiner Abenteuer darstellen würde. Ich muß gestehen, daß der Gedanke, ich sollte nach all meinen Reisen und Wanderungen am Wegesrand fern jeglicher menschlichen Ansiedlung mein Leben aushauchen, ohne einen Menschen, der mir in meinen letzten Augenblicken beistand und Trost spendete, meine Eitelkeit verletzte. Mein Begleiter, der Sklavenknabe, war furchtbar entsetzt, aber sein Holländisch war so schlecht, daß ich ihm weder meine Bedürfnisse noch meine Befürchtungen verständlich machen konnte.

Nach kurzer Zeit ließ jedoch der Schmerz etwas nach, und ich brachte es fertig, mein Taschentuch um die Stirn zu binden; die Wunde blutete immer noch heftig. Ich stieg wieder auf, erfreut, daß es mir gelang, mich im Sattel zu halten. Der Junge mußte jedoch meinen Hut an sich nehmen, da ich ihn nicht auf dem Kopf ertrug. Als ich meinen Hut später untersuchte, stellte ich fest, daß er mir wahrscheinlich das Leben gerettet hatte, denn er hatte den Sturz abgefangen; er war ziemlich platt, vorn war vom Pelz nichts mehr zu spüren – der obere Teil der Krempe so glatt, als ob er mit einem scharfen Messer abgeschabt worden wäre. Ohne Hut würde ich sicherlich nicht mehr unter den Lebenden weilen. Ich ritt also weiter, langsam zuerst, aber dann trieb der Junge unsere beiden Pferde an; da es dunkel war, wollte er so schnell wie möglich das Ziel erreichen; kein Sklave liebt es, sich nach Anbruch der Dunkelheit noch im Freien aufzuhalten. Eine unscheinbare Beobachtung, die Grausiges impliziert. Die Sklaven waren rechtlos und galten daher nach Einbruch der Dunkelheit gänzlich als vogelfrei. Da auch ich wünschte, die Farm zu erreichen, ehe die Familie bereits im Bett war, fiel ich in langsamen Galopp, im Glauben, mein Sturz sei auf einen unglücklichen Zufall zurückzuführen gewesen, vielleicht weil das Pferd mit seinem Fuß in ein Loch geraten oder auf einen losen Stein getreten war. Kaum war ich jedoch ein paar Huflängen vorangekommen, stürzte es erneut, und ich lag abermals flach auf dem Boden; gottlob landete ich diesmal auf dem Rücken und trug kaum Blessuren davon. Ich stand also auf, beglückwünschte mich zum harmlosen Ausgang des Sturzes und stieg wieder auf. Der freche Bube wollte abermals das Tier energisch antreiben, durch Erfahrung klug geworden, verhinderte ich dies allerdings, und wir fielen in Schritt. Durch diese Maßnahme benötigte ich drei Stunden für eine Entfernung, die in einer zu überwinden gewesen wäre; ich fand dieses Schneckentempo äußerst mühsam, zudem tat mein Kopf weh, die Nachtluft verursachte meiner abgeschürften Nase und aufgerissenen Lippe heftige Schmerzen. Ich war zutiefst dankbar, als Hundebellen verkündete, daß wir uns einem bewohnten Ort näherten. Aber als ich ohne Hut, mit einem um die Stirn gebundenen Seidentaschentuch, Gesicht, Bart und Kleider blutbeschmiert sowie einem zitternden, kleinen schwarzen Jungen vorstellig wurde, der Strafe für mein Mißgeschick befürchtete, löste ich im Haus Schrecken und Verwirrung aus. Die Diener versammelten sich neugierig, um die Details zu erfahren, da sie keinen Zweifel daran hegten, daß ich in eine fürchterliche Schlägerei verwickelt worden war. Die Hausherrin wurde aus ihren Träumen gerissen, der Hauslehrer (ein Engländer, der in einem Nebengebäude schlief) herbeigerufen, und der Sohn und die Tochter eilten herbei, um den Grund für diesen ungewöhnlichen Aufruhr zu erfahren. Bald darauf trat die Dame des Hauses mit einer Schüssel heißen Wassers auf mich zu, wusch und verband meine Wunden; die Tochter beeilte sich, mir Tee zu bringen, und der Schulmeister lauschte meinem Unfallbericht und übersetzte ihn dem Rest der Gesellschaft. Nachdem diese Dinge zur Zufriedenheit aller Anwesenden erledigt waren, »verwandelte sich der Sturm zur Windstille«*. Endlich wurde ich zu einem Bett geführt und konnte mein immer noch heftig schmerzendes Haupt auf ein Kissen legen, der Großen Vorsehung unendlich dankbar, nicht nur weil mein Leben heute verschont worden war, sondern auch für die vielen Momente meines Lebens, in denen ich den Schutz dieser unsichtbaren Macht genossen hatte.

MANGELNDE GASTFREUNDSCHAFT

Donnerstag, 2. – Gegen sieben Uhr standen meine Pferde bereit. Meine Reise an diesem Tag war unerwartet trostlos, voller Hindernisse, und mir widerfuhr die einzige unfreundliche Behandlung seit meiner Ankunft in der Kolonie, und dies ausgerechnet durch eine Frau. Die erste Enttäuschung bestand darin, daß ich auf dem Gut von John Thysel, wo ich gegen Mittag nach fünf Stunden Ritt unter heißer Sonne eintraf, keine Pferde bekam. Da mir jedoch mitgeteilt wurde, ich könnte bei der nächsten Farm, die nur eine Stunde entfernt lag, welche bekommen, wies ich meinen Führer an, daß er dort hingehen solle, er stimmte zu und ging, wie ich annahm, die Pferde satteln. Nach beträchtlicher Wartezeit erfuhr ich aber, daß er nach Hause geritten war. Meine Verärgerung über diese Neuigkeit wurde noch durch die Ungastlichkeit der Gutsleute verstärkt, die mir, obwohl ich mich seit mehr als zwei Stunden in ihrem Haus befand, keine Erfrischung anboten. Da ich sehr erpicht war, meine Reise fortzusetzen, empörte mich die Verzögerung um so mehr.

---

* Und nochmals Lord Byron: »The Vision of Judgment«.

Schließlich tauchte ein alter Hottentotte auf (leicht beschwipst), der etwas Englisch beherrschte, und ich versuchte mit Schmeichelei und guten Worten herauszufinden, wie ich zum nächsten Anwesen kommen könnte, aber außer der dümmlichen Wiederholung von »Auf der Farm gibt es nur ein lahmes Pferd, was soll ich machen?« bekam ich nichts aus ihm heraus, und ich wurde ihn und alles um mich herum leid. Nachdem das Feilschen meine Geduld nahezu erschöpft hatte, brachte ich die Leute dazu, mir ein Paar Pferde zum doppelten des üblichen Preises herbeizuschaffen. Schließlich wurde ich auf das lahme Pferd gesetzt, und der Hottentotte bestieg ein Pony, um mich zu begleiten. Abgefüllt mit Brandy begann er nun, auf mein Pferd einzuschlagen, um es über Stock und Stein und ebene Fläche zum Galopp zu bringen, bis ich verlangte, er solle damit aufhören, da ich befürchtete, das arme Tier könnte jeden Augenblick zusammenbrechen. Mein Führer hob nun zu einer Lobrede über die Vorzüge der Mähre an, schwor, ihr Vater sei ein englisches Pferd, folglich habe sie Durchhaltevermögen, eine Erklärung, die mich als Engländer wahrscheinlich versöhnlich stimmen sollte – wie auch immer, wir verloren keine Zeit. Wir überquerten drei Nebenflüsse des Olifant River, bis wir unser Ziel erreichten, eine Farm namens Red Wall, die Mr Lambritz gehörte, der zu meinem Pech nicht zu Hause war, denn seine Frau empfing mich auf unhöflichste Weise und schalt den Führer, weil er mich hierhergebracht hatte. Ich hoffte, es handele sich nur um ein vorübergehendes Aufschäumen ihres Temperaments, das sich bald legen würde, und stellte mich gegenüber ihren ärgerlichen Bemerkungen taub, warf nur gelegentlich ein Wort ein, um den Sturm zu bannen.

Nach einiger Zeit deutete ich vergeblich an, daß ich hungrig sei. Als nächstes gab ich zu verstehen, daß ich durstig sei, woraufhin mir eine Tasse starken Kaffees gebracht wurde, ohne Milch oder Zucker. Die Gastgeberin und sämtliche Familienmitglieder verschwanden nun, ließen mich mit dem abscheulichen Kaffee allein, der selbst nach zehnstündiger Durststrecke, sieben davon zu Pferd, ungenießbar war. Schließlich hörte ich, wie jemand den Raum durchquerte, und wagte es, um etwas Brot zu bitten, das mir dann von einer alten Sklavin überreicht wurde, nachdem ihre Herrin es im Nebenraum abgeschnitten hatte. Es erwies sich als sehr fad und trocken. Ich bat um etwas Salz, das mir die Sklavin in ihrer Handfläche darbot; ich nahm ein paar Körner aus der Mitte, da ich diese für die saubersten hielt. Wäre ich in einem Burengefängnis gewesen, hätte man mich besser verpflegt, denn ich hatte Geld in den Taschen und war auch willens, für meine Wünsche aufzukommen.

Warum diese Frau, die Mann und Familie besaß, mich so kaltherzig behandelte, weiß ich mir nicht zu erklären, waren ihr doch die christlichen Grundsätze bekannt, denn im Nebenraum hörte ich ihre Kinder mit der Gouvernante Psalmen singen! Ich kann nur mutmaßen, daß sie zu diesem Zeitpunkt von einem bösen Geist gequält wurde und sie ihrerseits beschlossen hatte, mich zu quälen. Ich blieb bis ungefähr acht Uhr allein, fragte gelegentlich jemanden, der vorbeiging, nach Pferden, aber die gleichbleibende Antwort lautete: »*Nix, Mijnheer.*« Daher bat ich, man möge es einem Knecht erlauben, mit mir zur nächsten Farm zu gehen, die nur neun Meilen entfernt war, anderthalb Stunden zu Pferd und drei zu Fuß, aber nein!, die Dame erwies sich als uneinsichtig. Weder Pferde noch Knechte noch die geringste Aussicht auf Unterstützung würde sie gewähren. Kurz darauf wurde ich eingeladen, am Nachtmahl der Kinder teilzunehmen, bei dem die Gouvernante die Aufsicht führte, und das aus einfachster Kost bestand, hauptsächlich Gemüse und Milch. Wie dem auch war, jegliche Erfrischung war einem Mann, der vierzehn Stunden gefastet hatte, willkommen, und dankbar nahm ich die Einladung an. Da aber die Gouvernante kein Englisch sprach und ich nur über wenige niederländische Wörter verfügte, war uns eine Unterhaltung unmöglich, und nach dem Abendessen wurde ich zu einer auf dem Boden liegenden Matratze geführt, und man gab mir zu verstehen, daß ich zu Bett gehen müsse, da sich die Familie für die Nacht zurückzog. Eine

Stunde später, ich konnte nicht einschlafen, hörte ich die Hunde bellend verkünden, daß sich jemand näherte, und ich stellte bald fest, daß der Hausherr mit seiner ältesten Tochter von einem Besuch in der Nachbarschaft zurückgekehrt war. Etliche Personen marschierten durch das Zimmer, aber ich schwieg, und da ich Uhr und Geld unter dem Kopfkissen verstaut hatte, wartete ich geduldig, was der nächste Morgen bringen würde.

Freitag, 3. – Nachdem ich aufgestanden war, begrüßte mich der Herr des Hauses auf sehr höfliche Weise und stellte mir Pferde in Aussicht, sobald diese vom Feld hereingebracht würden. Mir wurde auch ausgezeichneter Kaffee angeboten und gutes Brot sowie Zuckerwerk als Buttterersatz, und er blieb während des ganzen Frühstücks neben mir stehen, um sich mit mir zu unterhalten – er hegte offensichtlich den Wunsch, die schlechte Behandlung, die mir seine Frau hatte angedeihen lassen, wettzumachen. Bald nachdem ich das Mahl beendet hatte, waren die Pferde bereit und ich glücklich, ein Haus verlassen zu können, in dem ich ein derart außergewöhnliches weibliches Verhalten erlebt hatte – ein Verhalten, das so im Gegensatz zum Charakter des schönen Geschlechts stand, dessen Nächstenliebe und Verständnis gewöhnlich jeder Reisende preist. Ich halte Mrs Lambritz für eine Abweichung der Natur, denn es ist allseits bekannt, mögen Aussehen und Statur auch variieren, das Herz einer Frau, unter jedem Himmelsstrich, in jedem Land, fließt über vor Zärtlichkeit, Mitleid und Empfindsamkeit.

AUF DEM TAFELBERG BEI KAPSTADT

Samstag, 18. – Ich verließ Kapstadt mit der Absicht, den Aufstieg auf den Tafelberg zu Pferd von der Wynebergseite aus zu unternehmen, in Begleitung von Messrs van Renen und anderen Freunden.

Ostermontag, 20. – Wind und Wetter waren günstig (bei Südostwind wäre ein Aufstieg gefährlich gewesen), und so brachen Mr van Renen und ich gegen sechs Uhr in seiner holländischen Karriole zu Mr Freshfields Haus auf, das am Fuß des Berges gelegen ist und wo unsere Reitpferde bereits auf uns warteten. Um sieben Uhr begannen Mr van Renen und sein Sohn, Mr John Freshfield, sein jüngerer Bruder und ich hoch zu Roß unseren Aufstieg. Gegen zehn Uhr erreichten wir eine Stelle namens Castle Hill, ein Plateau, das sich ungefähr auf halber Wegstrecke befindet, wo wir zwei Männer sowie unsere Vorräte zurückließen, mit der Anweisung, Feuer zu machen und für unsere Rückkehr das Mittagessen bereitzuhalten. Wir erreichten den Gipfel gegen Viertel nach elf, und fanden drei Engländer mit einem schwarzen Diener vor, die den Tafelberg über die andere Seite vor ungefähr zwei Stunden bestiegen hatten. Wir ritten einmal rund um den Gipfel, damit meine Freunde mir die Aussicht rundum auf Kapstadt, die Tafelbucht &c., &c. schildern konnten. Und diese Aussicht tausend Meter hinab auf zwei Meere, auf dichtbewachsene steile Hänge, auf kleine Buchten und ausgestreckte Landzungen ist so atemberaubend schön, man bedauert den blinden Reisenden besonders intensiv.

Gegen Mittag begannen wir mit dem Abstieg, den ich viel schwieriger als den Aufstieg fand, und wenn sich der Schweifriemen gelöst hätte oder das Pferd ausgerutscht wäre, hätte nichts und niemand Roß und Reiter vor dem Untergang retten können. An manchen Stellen war es so abschüssig, daß ich auf dem Rükken meines Pferdes liegen mußte, und sich die Steigbügel somit in Höhe des Widerrists befanden. Durch die Fürsorge Mr van Renens, der meinem Führer Anweisungen erteilte, sowie das Vertrauen, das ich in mein Pferd hatte, entkam ich allen offensichtlichen Gefahren dieses waghalsigen Unternehmens.

Wir erreichten Castle Hill gegen halb zwei, rechtzeitig für ein sehr gemütliches Picknick mit Fisch, Fleisch und Geflügel sowie Wein, Porter und Ale. Meine Freunde entdeckten viele Felsenkaninchen sowie Fußspuren von Hyänen und Wölfen. Mr van Renen brachte mir eine Probe eines kräftig stinkenden Grases, das in der Kolonie einen gewissen Ruf besitzt, da es manchmal von jungen Männern um eines Spaßes willen heimlich in die Tasche ihres Nachbarn gestopft wird.

Nach einem üppigen Essen setzten wir um drei unseren Abstieg fort und erreichten Mr Freshfields Haus gegen fünf Uhr; wir waren den gesamten Weg geritten, aufwärts wie abwärts, bis auf ungefähr fünfzig Yards, da die Straße am Abhang so abgebröckelt war, daß meine Freunde erklärten, es sei den Pferden unmöglich, zusätzliches Gewicht zu tragen; wir waren hier also gezwungen, durch die Büsche zu krabbeln.

Der Aufstieg zum Tafelberg hoch zu Roß gilt als beeindrukkende Heldentat*, und Mr van Renens Vater war der erste Mensch, von dem bekannt war, daß er dieses Abenteuer bestanden hatte, zum nicht geringen Erstaunen von Lady Ann Barnard, die zu diesem Zeitpunkt mit ihrem Zeichenblock auf dem Gipfel saß und vor der er plötzlich wie ein Geist erschien. Das war im Jahre 1800. Der nächste Mensch, dem dieser Triumph gelang, war 1821 Dr. Cathcart vom 38. Regiment, und selbst nach dieser langen Zeitspanne geschah dies um einer Wette willen, die im Offizierskasino geschlossen worden war, als Mr van Renen von der mutigen Tat seines Vaters erzählte. Zu diesem Anlaß war die Straße sorgfältig von Mr Freshfields Boys** vorbereitet worden, die einige Tage damit beschäftigt waren, die Pfade auszubessern, Steine und andere Hindernisse fortzuschaffen.

Dr. Cathcart war erfolgreich beim Erringen des erstrebten Ruhmes – und der erste Mensch, der den Berg nicht nur hinauf-, sondern auch hinabgeritten war, ein Vorhaben, das immer noch für sehr riskant gehalten wird, so daß er bisher wenig Nach-

---

* Auch heute gilt der Aufstieg wieder als Heldentat, allerdings wegen der ständigen Gefahr, überfallen zu werden.

** In holländischen Familien werden alle Sklaven oder schwarzen Diener »boy« genannt.

ahmer fand. Mr van Renen wünschte jedoch, meinen Namen dieser kühnen Truppe hinzuzufügen, wir alle waren Teil der Unternehmung, wir alle hatten das Ziel erreicht.

Dienstag, 28. – Heute begannen die Kapstadtrennen. Die Rennbahn liegt ungefähr eine Meile von der Stadt entfernt, bei Green Point*, ich habe viele freundliche Einladungen erhalten, meine Freunde boten mir Plätze in ihren Kutschen an, aber ich habe alles abgelehnt, eingedenk der ausgelassenen Schreie »Hier kommen sie!« – »Dort laufen sie!« und der tausendundein irritierenden Geräusche pöbelnder Fröhlichkeit, wie sie für eine Rennbahn typisch sind und die nur einen armseligen Ausgleich für das Opfer so vieler verschwendeter Stunden darstellen.

Pferderennen gehören in der Tat zu den wenigen Vergnügungen, denen ich nicht das geringste Interesse abgewinnen kann. Ich weiß nicht, ob diese meine Abneigung gegenüber einem so beliebten Sport meinem Charakter zuzuschreiben ist oder ob sie ausschließlich im Verlust des Sehsinns begründet liegt**. Ich kann mir letzteres kaum vorstellen, denn es gibt so viele Auslöser allgemeiner Bewunderung, beispielsweise eine schöne Aussicht, die ich, ohne sehen zu können, sehr schätze, vielleicht nicht *so* sehr, wie jene, die sie betrachten, die mir aber durch die bloße Beschreibung und durch das Bewußtsein, mich in ihrer Anwesenheit zu befinden, nahe ist. Ich kann auch lebhaften Anteil an der Erregung der Menschen in meiner Nähe nehmen, ihre wechselnden Gefühle intuitiv erahnen und erfühlen und an ihrer Freude teilhaben, obwohl der Eindruck hauptsächlich, wenn auch nicht vollständig, durch das Hören entsteht, denn obwohl der Tastsinn bei Blinden besonders ausgeprägt und empfindlich ist, wird diese Fähigkeit doch sehr durch Konvention und gute Manieren eingeschränkt. Folglich ist der Blinde

* Also dort, wo heute das für die Fußball-Weltmeisterschaft 2010 erbaute Kapstadt-Stadion steht.

** Nein, einem Sehenden kann er noch abstruser erscheinen.

hauptsächlich auf sein Ohr angewiesen, und wer, wenn nicht der Blinde, wüßte die Akkuratesse dieses wundersamen Organs zu schätzen? Andere *hören*, das ist wahr, aber anders als der Blinde, versagt das Gehör, bleibt ihnen die Zuflucht zum Sehen, aber er kann nicht in Augen blicken, im Buch der Natur blättern. Er hört mit ganzer Seele, wenn er hört, entdeckt die feinsten Abweichungen, die minimalsten Schwingungen des Tonfalls, ja der Betonung, denn sie erzählen ihm haarfein von allen Veränderungen des Willkommens, der Aufmerksamkeit, der Kälte, des Vergnügens, des Schmerzes, der Freude, des Tadels, und all dies füllt sein Glas mit Trübsal oder Fröhlichkeit. Ihr, die ihr durch das Leben tobt, moduliert eure Stimmen für ihn, denn jede Satzmelodie echot in seinem Herzen wider, und kostbar sind ihm weiche, flötengleiche Töne, am kostbarsten aber der Seufzer weiblicher Zuneigung.

Mit diesem »Lob des Hörsinns« ist Holman durchaus auf der Höhe seiner Zeit, denn auch für seine sehenden Zeitgenossen gewinnt das Gehör als kultureller Leitsinn zunehmend an Bedeutung, was sich nicht zuletzt im einem Wandel der Erkenntnismetaphorik vom Visuellen hin zum Auditiven andeutet. Studierten die Aufklärer noch mit analytisch-sezierendem Blick das »Buch der Natur«, lauschten die Romantiker vielmehr ihrer »Stimme« und erschlossen sich die natürliche Welt als gewaltigen Echoraum, in welchem ein »Lied in allen Dingen« schläft. Gleichzeitig wurde das Ohr als das zwischenmenschlich wichtigste Organ entdeckt, da es für die Kommunikation, für das Hören auf den anderen wie auf die Welt zuständig ist. Für J. G. Herder beispielsweise ist das Gehör – ganz in Holmans Sinne – »die eigentliche Tür zur Seele und das Verbindungsband der übrigen Sinne.«

Holman verweilt noch kurz am Kap, um dann über Mauritius Madagaskar anzusteuern.

Gegen zehn Uhr begleitete ich Captain Lyons, Mr Liardet, den Ersten Offizier, und Mr Austin, den Schiffsarzt, um Seiner Majestät* unsere Aufwartung zu machen. Sofort nach unserer Landung wurden wir von einer Wache begrüßt, Schwarze in wild zusammengestellter Kleidung, aber mit Musketen, Bajonetten und Speeren aufs Beste ausgestattet. Wir wurden zu einem Haus in der Nähe des Palastes geführt, wo wir einige Zeit in einem großen Raum warteten, der sowohl als Wachlokal für die Offiziere als auch als Schulzimmer genutzt wurde. Aber nach den französischen Drucken zu urteilen, welche die Wände schmückten, waren die hier gelehrten Sitten nicht die vornehmsten. Nach ungefähr einer halben Stunde teilte man uns mit, daß der König bereit sei, uns zu empfangen. Die Verzögerung war der Morgentoilette geschuldet, und fast die ganze Zeit drang der Lärm von Trommeln und Muschelhörnern an unser Ohr, vermischt mit den Stimmen von Männern, Frauen und Kindern. Schließlich wurden wir durch einen weitläufigen Hof geführt, in dem sich zu unserer Linken ungefähr hundert Frauen aufgestellt hatten, in drei Klassen unterteilt, von denen jede eine andersfarbige Tracht trug.Als wir an ihnen vorbeigingen, waren sie mit Singen und In-die-Hände-klatschen beschäftigt, ihre Kleider schienen ihnen jedoch eine Bürde zu sein, was nicht verwunderlich ist, da sie gewöhnlich nicht viel mehr als ein Stück Leinen um die Taille tragen. Die dem Palast am nächsten stehende Gruppe war in blau und weiß gestreiftes Baumwolltuch gewandet, oben schlang es sich als Schal um den Hals und bedeckte die Vorderseite, ein kurzer Rock aus demselben Material vervollständigte die Bekleidung. Ihre Köpfe waren

* Regionalkönig Ramananoulouna, ein Verwandter des 1828 verstorbenen Königs Radama I., der sich die gesamte Insel unterwarf und geschickt die Interessen der französischen und britischen Kolonialmächte gegeneinander ausspielte.

ungeschmückt, das lange Haar sorgsam geflochten und geölt. Die zweite Gruppe war ähnlich gekleidet, die Baumwolle trug allerdings ein fröhliches indisches* Muster, und die dritte Gruppe unterschied sich nur durch ihre Schals, weiße Tupfen auf leuchtendrotem Grund. Zu unserer Rechten stand die Wache des Königs, ungefähr hundert Mann, mit Musketen und Speeren wohlbewaffnet, ihre Uniform bestand lediglich aus einem weißen, um die Hüften gewickelten Tuch; die Männer trugen weder Hüte noch Kappen und präsentierten, als wir an ihnen vorbeigingen, das Gewehr. Danach kam eine Musikkapelle, die von Speerträgern umringt war, deren Speere länger als die der anderen Soldaten waren und an Hellebarden ohne Schlagdorn erinnerten. Die Instrumente der Kapelle bestanden aus Muschelhörnern, Trommeln und Bambusgitarren.

Als wir das Audienzzimmer betraten, ging Seine Majestät auf uns zu, nahm Captain Lyons bei der Hand und führte ihn zu einem Stuhl zu seiner Rechten. Lieutenant Liardet, Mr Austin und ich folgten, und nachdem er uns allen die Hand geschüttelt hatte, brachte der König uns nacheinander zu unseren Stühlen. Seine Majestät wurde unterstützt vom Befehlshaber seiner Truppen sowie seiner Ratsversammlung, die aus sechzehn Personen bestand und einen Kreis bildete. Der König gab Captain Lyons mit Hilfe seiner Dolmetscher seine freundschaftliche Haltung gegenüber den Engländern zu verstehen, erklärte, er würde alles in seiner Macht Stehende tun, um den Sklavenhandel in seinem Herrschaftsbereich zu unterbinden. Als Beweis seiner Einstellung erzählte er, daß er vor kurzem ein französisches Sklavenschiff zerstört und vierunddreißig Sklaven befreit habe.

Unsere Unterhaltung dauerte ungefähr eine Stunde, und zum Abschluß lud Captain Lyons den König und sein Gefolge

---

* Der »Indische Ozean« verdankt seinen Namen unter anderem dem regen Handel zwischen der ostafrikanischen Küste und dem Subkontinent, der dank den zuverlässigen Monsunwinden seit mindestens tausend Jahren andauert.

zu einem Besuch auf dem Schiff ein. Seine Majestät lehnte jedoch ab und verwies die Angelegenheit an seine Ratsversammlung, woraufhin wir uns zurückzogen. Bald nachdem wir wieder an Bord waren, traf die Antwort Seiner Majestät ein, eine höflichen Ablehnung mit der vorgeblichen Begründung, er litte an Seekrankheit.

Dienstag, 4. August. – Ich begleitete einige der Offiziere auf die Insel, um die Hauptstadt Ilha de Moçambique zu erkunden. Wir statteten dem Kommandanten einen Besuch ab, sodann machten wir dem Gouverneur unsere Aufwartung. Während unseres Streifzugs betraten wir eine große, ansehnliche Kirche, deren Fenster aus Perlmutt statt aus Glas bestanden, und wir stellten fest, daß die Wohnhäuser ebenfalls derart erleuchtet waren. Diese kleinen Perlmuttscheiben stammen aus der inneren Beschichtung großer, flacher Austernschalen, die von der Malabarküste, hauptsächlich aus Bombay, stammen. Sie geben ein angenehmes, düsteres Licht, das für Gotteshäuser wie geschaffen ist, und mindern die Unerbittlichkeit der Tropensonne. In vieler Hinsicht unterscheidet sich die Kathedrale von Mosambik nicht wesentlich von anderen katholischen Kirchen. Wir konnten am Ort nichts finden, was einem Gasthaus ähnelte, aber wir stießen in einem Haus auf zwei ordentliche Billardtische.

Donnerstag, 6. – Das Wetter war schön, und so brach ich gleich nach dem Frühstück mit dem First Lieutenant, dem Schiffsarzt, dem Zahlmeister und weiteren Gentlemen, die der Besatzung angehörten, auf, um ein Dorf auf dem Festland aufzusuchen: Wir hofften, dort einige brauchbare Muscheln zu erwerben und bei Ebbe selbst welche zu sammeln – bei beidem waren wir nur mäßig erfolgreich. Das Dorf wurde von Schwarzen unter portugiesischer Herrschaft bewohnt, die alle der mohammedanischen Religion angehörten. Die Hauptbeschäftigung der Bewohner war die Herstellung von Kokosseilen. Wir beobachteten einige Personen mit geweißten Gesichtern; man teilte uns mit, es handele sich bei der weißen Masse um eine Paste aus pulverisiertem Ingwer, die, so aufgetragen, gegen Kopfweh helfen soll. Jedes Haus besaß einen Vorrat sehr kleiner Kaurimuscheln, die für den Handel mit dem Landesinneren bestimmt waren, wo sie von vielen afrikanischen Stämmen statt Münzen verwendet werden. Die Hütten waren größer, als man sie für gewöhnlich bei den Negern antrifft. Sie verfügten über zwei bis sechs Räume, wir hatten jedoch Grund zur Vermutung, daß diese nicht für sie selbst bestimmt waren, da wir in einem der geräumigsten eine Gruppe junger Neger gesehen hatten, die zweifellos Sklaven waren und auf ihre Einschiffung warteten. Gegen zwei Uhr wünschten wir, zu unserem Schiff zurückzukehren, da einige unserer Gesellschaft eingeladen waren, um vier mit dem Gouverneur zu speisen, die Gezeiten hielten uns allerdings bis halb fünf fest, und wir erreichten das Schiff nicht vor halb sieben. Nach einem schnellen Abendbrot begaben wir uns zum Haus des Gouverneurs, wo wir eine Beschreibung des Nachtmahls Seiner Exzellenz erhielten, die uns unsere Abwesenheit nicht sonderlich bedauern ließ. Er entschuldigte sich bei Captain Lyons für seinen Koch und den Mangel an ausgebildeten Dienern, und es muß ihm zugute gehalten werden, daß er sich nicht grundlos beschwerte, denn von den sechsen, die aufwarteten, waren höchstens zwei für den Auftritt in zivilisierter Gesellschaft geeignet, da sie nur wenig vom Stadium völliger Nacktheit entfernt waren; ihre gesamte Bekleidung bestand aus einem kurzen, groben, um die Lenden gewickelten Tuch, und es sprach nicht sehr für das Zartgefühl des Gouverneurs, daß er seinen Töchtern erlaubte, einen öffentlichen Speisesaal aufzusuchen, besonders in Anwesenheit britischer Offiziere. Der Haushalt Seiner Exzellenz entbehrte jeglicher Eleganz, und das folgende Beispiel wird eine ziemlich genaue Vorstellung des Zierates geben: Die Kredenz wurde mit vier Kerzen beleuchtet, die in, was glauben Sie, werter Leser? befestigt waren – zittern Ihre Nerven vor Anspannung über die Verletzung von Geschmack und Mode? Was sagen Sie dazu, wenn ich Ihnen berichte, daß vier Weinflaschen den Platz von Kerzenhaltern einnahmen? Und wir dachten, der Ursprung dieser improvisierten Kerzenständer läge in einer kleinen Trattoria in Bari. Wie entsetzt werden Sie sein, wenn ich hinzufüge, daß es sich lediglich um barbarische Gleichgültigkeit handelte und keinesfalls um eine Notlage, der die fehlende Wohnlichkeit in den Räumen des Gouverneurs zuzuschreiben war, denn er hätte seinen Haushalt reichlich mit Annehmlichkeiten ausstatten können, dazu hätte es nur der Anstrengung bedurft, sich an die entsprechende Stelle zu wenden. Aber er war ein bequemer Mann, den außer der Anhäufung von Reichtum nichts kümmerte, und darin war er äußerst erfolgreich gewesen, dank des Gewinns, den er durch die von seiner Regierung exportierten Sklaven erzielte. Es wäre vorstellbar, daß seine Töchter den Haushalt ihres Vaters in gesitteterer Manier hätten führen können, aber wenn wir uns ins Gedächtnis rufen, wie sehr schlechter Umgang verdirbt, wundern wir uns nicht länger, daß die Kinder dieses Vaters, unter derartigen Umständen aufgewachsen, kaum einen Schönheitssinn haben.

Es waren ein paar portugiesische Offiziere anwesend, einer von ihnen ein Colonel, aber vollständig schwarz, mit wolligem Haupt; ungeachtet seiner Hautfarbe jedoch war er bei weitem die wohlerzogenste Person.

ÜBER VORURTEILE

Wären meine Umstände andere gewesen, schilderte mein Bericht andere Eindrücke. Hätte ich wie in den meisten Fällen eine Vielzahl von Meinungen eingeholt und dann aus dem Ganzen jene Schlußfolgerungen gezogen, die mir die wahrscheinlichsten erschienen, wäre ich vielleicht mit einer raschen Begutachtung äußerer Zeugnisse zufrieden gewesen und hätte aufgrund der Eile, die so oft die Arbeit jener Menschen auszeichnet, die zu sehr auf Ausmaß und Vielfältigkeit ihrer Fähigkeiten vertrauen, manch oberflächlichen Fehler begangen. Aber wie die Dinge liegen, kann ich in mich kein derartiges Vertrauen setzen. Da ich der üblichen Mittel entbehre, die Neugier zu stillen, bin ich gezwungen, mich vorsichtig und umsichtig durch das Labyrinth der Spekulation zu bewegen und aus der Menge der Informationen die wahrscheinlichsten und vernünftigsten Schlußfolgerungen zu ziehen. Auf diese Art bin ich in gewissem Maß gegen eine bestimmte Art von Fehlern geschützt: Ich lasse mich nicht leicht von den zahlreichen Vorurteilen verleiten, die mit der Beurteilung sichtbarer Objekte einhergehen. Die Gefährdung der eigenen Vorurteile ist einer der großen Segnungen des Reisens, die einem um so leichter widerfahren je weniger Gepäck man dabei hat, im Koffer und im Kopf. Die landläufigen Besserwissereien, die ein Europäer in fernen Regionen mit sich schleppt, verhindern meist die Begegnung mit dem anderen. Vorurteile stören so sehr wie ein Frack im Urwald. Sie stellen alle möglichen Behauptungen auf, gegen die sich die Fremde schwer wehren kann.

SANSIBAR

Donnerstag, 10. – Bei Tagesanbruch begleitete ich Mr Eales an Land und besuchte den sogenannten Bazar, einen offenen Platz, der Marktzwecken dient, und wo, wie an allen Plätzen, an denen sich Neger versammeln, der Lärm unerträglich ist, da sie sich nicht nur in hoher und unmelodischer Tonlage unterhalten, sondern auch die Vorzüge ihrer verschiedenen Waren brüllend anpreisen. Angeboten wurden lediglich Bananen, Ananas, Kochbananen, Orangen, Zitronen, Limetten, Zuckerrohr, Yams, Süßkartoffeln, Maniokwurzeln, ein paar Hühner, Eier und gesalzener Fisch. Eine so karge Auswahl hätte manch ein hungriges irisches Bäuerlein gern gehabt! Zwei Jahrzehnte später schreibt Richard Burton, daß es dem durchschnittlichen Bauern (in Ostafrika) mindestens genausogut gehe wie dem britischen Bauern. Allein dieser Vergleich, der von anderen Reisenden der Zeit bestätigt wird, belegt, wie absurd Behauptungen sind, die in letzter Zeit wieder Konjunktur haben, der Kolonialismus sei im großen und ganzen zum Nutzen Afrikas gewesen.

Wir hatten die Einladung des Gouverneurs angenommen und gingen an einer drei Meilen unterhalb der Stadt gelegenen Stelle an Land und begaben uns zum Landsitz Seiner Exzellenz, wo wir den Sohn des Imams von Maskat trafen. Der befehlshabende Offizier der Leibgarde, der Englisch sprach, empfing uns und geleitete uns umgehend in die Residenz, die nur wenig vom Strand entfernt lag. Ein Soldatenspalier stand im Vorraum, durch den wir zum Empfangszimmer gingen, wo der Gouverneur, sein Sohn und der junge Imam unsere Ankunft erwarteten. Nach einem kleinen Gespräch, vermittels eines Dolmetschers, wurden verschiedene Sorten Scherbet* aufgetragen, umgehend gefolgt vom Mittagessen, das aus kaltem Geflügel, Kuchen, Bananen, Datteln, Koskosmilch &c. bestand, das Ganze wurde von Tee und Kaffee beschlossen; danach verabschiedeten wir uns.

Ich muß hier anmerken, daß weder der junge Imam, der Gouverneur, sein Sohn noch einer seiner Offiziere (von denen sich ungefähr dreißig im Raum befanden) irgend etwas zu sich nahm, was außergewöhnlich erscheinen mag, vor allem, da wir angenommen hatten, daß wir zu einem gemeinsamen Mittagessen mit dem Gouverneur und seinem Gefolge eingeladen wären. Diese Enthaltsamkeit war nicht besonders angenehm für uns, und ich bin mir auch nicht sicher, ob wir nicht alle gewisse Befürchtungen teilten, die auf einen Bericht zurückzuführen waren, der uns allen schmerzlich gegenwärtig war: daß nämlich Commodore Nourse und viele seiner Offiziere, die bald nach

* »Süßer kühlender Trunk«, geschmacklicher und etymologischer (aus dem Arabischen ins Türkische eingewanderter) Vorgänger unseres Sorbets.

Verlassen dieser Insel gestorben waren, bei einem Essen, das ebenjener Gouverneur gegeben hatten, vergiftet worden waren. Wir nahmen jedoch alle am Mahl teil, wenn auch vielleicht nicht mit unserem üblichen Appetit, denn zusätzlich zu dieser Geschichte sahen die Speisen für englische Begriffe nicht besonders verlockend aus. Die Offiziere des Gouverneurs umstanden uns als Ehrenwache, jeder trug eine Luntenschloßmuskete und einen Kris*. Beim Betreten der Räume zogen sie ihre Schuhe aus; sie trugen Turbane, einen blauen oder schwarzen Stoffmantel über einem weißen Gewand, ein Tuch um die Taille und silberverzierte Patronenbüchsen in mancherlei Form.

DER SKLAVENMARKT

Wir gingen jeden Tag zum Sklavenmarkt, fanden aber, aufgrund unserer Anwesenheit, wie wir vermuteten, nur einige wenige jener bemitleidenswerten Kreaturen zum Verkauf angeboten. Unter ihnen erblickten wir stets einige anmutige junge Mädchen, farbenfroh gewandet, mit Blumen im Haar und Körperbemalung geschmückt, um sie – so wie dies auch in Brasilien geschieht – hübscher aussehen zu lassen. Der Imam von Maskat war durch seinen Vertrag mit England zum Verbot des Sklavenhandels innerhalb seines Regierungsbereichs verpflichtet, und wir hatten Grund zur Annahme, daß Captain Lyons' Erkundigungen über den Sklavenhandel zu einer vorübergehenden Einschränkung des Handels geführt hatte – aus politischen Gründen –, da sie es zweifellos für weise hielten, während unseres Aufenthaltes jegliche Handlungen zu unterlassen, die Anlaß zu britischen Interventionen geben könnten. Ich glaube jedoch,

* Malaischer Dolch, mit schlangengleich gekrümmter zweischneidiger Klinge und meist kunstvollem Griff aus Holz oder Elfenbein. Manch berühmte Klinge soll laut Legende von überirdischen Wesen mit der Hand geformt worden sein.

daß es völlig unmöglich sein wird, diese Menschen davon abzuhalten, ihre Interessen oder ihr Vergnügen zu verfolgen, sobald sich ihnen die Möglichkeit bietet, dies ungestraft zu tun. Sie sind Wein und Rum zugetan, obwohl der Genuß solcher Stimulanzien ihren religiösen Grundsätzen widerspricht; viele wagen es, diese in der Öffentlichkeit zu sich zu nehmen, und beinahe alle, so meine Vermutung, tun dies im geheimen. Uns wurde gesagt, Sklavenhandel würde nicht mehr betrieben und der Markt nur für die gewöhnlichen Transaktionen des Binnenhandels genutzt; wir hatten jedoch jeden Grund zur Annahme, daß er im verborgenen immer noch praktiziert wird.

Holman war zu einer politisch turbulenten Zeit in Sansibar, die mit der heutigen Situation einiges gemein hat. Said ibn Sultan al-Busaidi, der mächtigste der omanischen Sultane, regierte über weite Teile der ostafrikanischen Küste sowie der Golfküste. Allerdings mußte er sich im Inland gegen die Wahhabiten und auf hoher See gegen das Fischervolk der Qawasim zur Wehr setzen. Großbritannien unterstützte den Sultan von Maskat vor allem, um den Einfluß Frankreichs in dieser Region einzudämmen. Die Angriffe der Qawasim wurden umgehend als Piraterie eingestuft und eine britische Flotte aus Bombay entsandt, die alle Boote der Qawasim versenkte oder festhielt und alle Festungen in der Region okkupierte. Eine Pax Britannica wurde eingeführt, die unter anderem den Sklavenhandel zu beenden trachtete, allerdings, liest man das Kleingedruckte des Friedensvertrages, nur, was das Menschengeschäft zwischen dem Sultanat Oman und christlichen Staaten betraf. Mit anderen islamischen Gemeinwesen durfte weiterhin Menschenhandel betrieben werden, eine der wirtschaftlichen Säulen des Sultanats. Der ostafrikanische Sklavenhandel ist von den Historikern bislang überwiegend ignoriert worden, obwohl er im Umfang und Brutalität dem atlantischen keineswegs nachstand. Erst 1845 wurde der Sklavenhandel generell verboten, doch es dauerte noch einige Jahrzehnte, bis die britische Marine das Gesetz durchsetzen konnte.

Die Stadt von Mahé, nahe dem Hafen gelegen, besteht aus beinahe hundert Häusern. Es gibt zwei Billardlokale, aber keine richtige Schankwirtschaft, denn es besuchen nur sehr wenige Gäste die Insel, und die Gastfreundschaft der Einwohner macht eine derartige Einrichtung überflüssig. Es gibt drei hervorragende Läden, wo fast jeder notwendige und nützliche Artikel, ob aus Europa oder Indien, erworben werden kann.

Wie würde Holman über die heutigen Seychellen mit ihren zweihundert überwiegend luxuriösen Hotels staunen und wie die Gastfreundschaft der Einheimischen einschätzen, von denen dreißig Prozent im Tourismussektor arbeiten, der an die siebzig Prozent des Bruttosozialproduktes erwirtschaftet?

Die üblichste Art, von einem Ende der Insel zum anderen zu gelangen, ist mit Plätten oder Kanus (von denen ungefähr zweihundert mit Fischfang beschäftigt sind) die Küste entlang zu fahren; indes kann die Insel in mehreren Richtungen durchquert werden, entweder in einer Hängematte oder zu Pferd, aber es gibt keine Kutschen oder befestigten Straßen.

Es herrscht ein sehr gesundes Klima, aber falls nun der britische Leser des 19. Jahrhunderts mit dem Gedanken spielen sollte, mit seinem schwindsüchtigen Sohn zur Kur auf die Seychellen aufzubrechen: die vorherrschenden Krankheiten sind Wasserbruch, Wundrose und sowie einige Fälle von Hydrothorax.

Die Bepflanzung erfolgt vollständig durch Sklaven, die ursprünglich von der Ostküste Afrikas eingeführt wurden. Sie beginnen ihre Arbeit bei Tagesanbruch, was in diesem Breitengraden das ganze Jahr über zwischen fünf und sechs Uhr der Fall ist; man gesteht ihnen eine halbe Stunde bis Stunde für das Frühstück zu und zwei Stunden für das Mittagessen.

Jeder Schwarze hat eine eigene Hütte, an die für gewöhnlich ein Schweinestall angrenzt, da sie zum Eigenbedarf Schweine züchten sowie etwas Tabak anpflanzen und einige Bienenstöcke besitzen dürfen.

Die Essensrationen, die sie von ihren Herren zugeteilt bekommen, bestehen hauptsächlich aus Mais, Süßkartoffeln, Maniok, Kochbananen und Ananas; pro Jahr gibt es letztere Frucht vier oder fünf Monate lang in derartiger Überfülle, daß sie an Kühe, Maultiere &c. verfüttert wird.

Aufgrund des milden Klimas ist Kleidung unnötig und wird von der Negerbevölkerung nur zur Zierde getragen, bis auf die übliche Verhüllung aus Gründen der Sittlichkeit, die aus einem Lendentuch für die Männer und Hemd und Unterrock für die Frauen besteht.

Beiden Geschlechtern steht es absolut frei, allein zu leben oder als Mann und Frau und sich zu trennen, wenn ihnen der Sinn danach steht, eine Regelung, der die Überzeugung zugrunde liegt, daß sie sich, je mehr eingegriffen wird, desto schlechter verhalten; nur wenigen von ihnen eignet eine festgefügte Vorstellung von Sittsamkeit. Merkwürdig an dieser und den vielen ähnlichen Äußerungen, die sich bei fast allen viktorianischen Reisenden finden, ist die Blindheit gegenüber dem Balken im eigenen Auge. Wenn die europäische Sittsamkeit so viel weiter entwickelt war, wieso bedurfte es dann so strenger religiöser und staatlicher Gesetze, um diese Sittsamkeit zu wahren? Unklar ist zudem, ob es auch dem gemeinen Engländer an Sittsamkeit mangeln kann (etwa dem Proletariat), und wenn dem so sein sollte, wäre dieses Problem mit einer Missionierung der »Schwarzen« noch lange nicht aus der Welt. Man kümmert sich sehr um sie, wenn sie erkranken, und ein Arzt betreut sie. Es fällt daher auf, daß die Sklaven in dieser Kolonie besser genährt sind und nicht so hart arbeiten wie die ärmeren Bauern in vielen Teilen Europas. Leider gibt es jedoch in allen Teilen der Welt selbstsüchtige Menschen, und wird solchen Personen zuviel Macht über ihre Mitgeschöpfe zugestanden, frönen sie Grausamkeit und Ungerechtigkeit; dies ist jedoch kein Grund, alle Sklavenbesitzer unterschiedslos zu tadeln.

Die Wesensart der Neger ist zweifellos mannigfaltig und unterscheidet sich meist von der herrschenden Vorstellung; es ist in der Tat für Europäer, die nie mitten unter ihnen gelebt haben oder abhängig von ihrer Arbeit waren, unmöglich, sich eine richtige Vorstellung der Not und Pein zu machen, die sie häufig selbst den nachgiebigsten Herren verursachen, denn wird ihnen eine Straftat nachgesehen, wird wahrscheinlich gleich am nächsten Tag die zweite begangen werden, dann eine dritte und eine vierte, und dergestalt ist die beste menschliche Eigenschaft (die Abneigung, Schmerz zu verursachen) genau jene, derentwegen man am meisten zu erdulden hat. Die Neigung, jene auszunutzen, die zu gutmütig sind, sie mit Härte zu behandeln, bildet zusammen mit ihrer Faulheit und dem permanenten Drang zu stehlen ihren übelsten Charakterzug.*

In den meisten Fällen bestrafen die Herren ihre Sklaven selbst oder schicken sie zur Polizei, wo sie eingesperrt werden oder fünfundzwanzig oder fünfzig Peitschenhiebe, je nach Art des Vergehens, erhalten.

MAURITIUS

Sonntag, 8. November. – Unternahm vor dem Frühstück einen Spaziergang zu den zwei Meilen entfernt liegenden Pulvermühlen. Auf meinem Weg dorthin besuchte ich die berühmten, aber fingierten Grabmäler von Paul und Virginie**, ich sage fin-

---

* Die Briten beschweren sich eifrig über die Stehlerei und Hehlerei der anderen und haben selbst die halbe Welt samt ihren Reichtümern gestohlen.

** »Paul et Virginie« (1787) ist der bekannteste Roman des Rousseau-Jüngers und Mauritiusreisenden Jacques-Henri Bernadin de Saint-Pierre, in dem es gar traurig hergeht, denn die zwei Titelfiguren, so lieb sie sich hatten, konnten zusammen nicht kommen, da sich die vorrevolutionäre Ständegesellschaft eine Vermischung der Klassen verbat, und so bildet statt Liebeserfüllung dramatisch-didaktisch der Tod das Unhappy End – und die Insel liefert in der Fast-Unberührtheit ihrer Natur rousseauesk den passenden Schauplatz.

giert, denn es ist wohlbekannt, daß sie vom Besitzer des Anwesens aus einer gefühlvollen Laune heraus errichtet wurden. Woraus wir schließen dürfen, daß Tourismus damals schon ein windiges Geschäft war – und der Reisende romantisch betrogen sein wollte. Eines der Grabmale ist von schönem Bambus beschattet, das andere von jungen Tannen umgeben. Jedes ist ungefähr vier Fuß hoch mit einer Seitenlänge von drei Fuß und wird von einer aus Kalk und anderen Materialien bestehenden Urne gekrönt; dazwischen befindet sich ein kleiner See, durch den beständig ein Bächlein fließt. Das Grundstück auf dem sie sich befinden, gehört nun einer Madame Pons. Der Ort, dessen Name »Pulvermühlen« aus jenen Zeiten stammt, in denen die Franzosen im Besitz der Insel waren, hatte man zu einem Militärposten umfunktioniert – zum Zeitpunkt meines Besuchs waren dort die Staatsgefangenen von Kandy einquartiert –, gemeinsam geleitet von einem Lieutenant des Royal Staff Corps und Don Bastian, einem singhalesischen Mudlier oder Adligen. Die Kolonialregierung von Ceylon hatte diesem Gentleman ein Salär zugestanden; später begleitete er mich zu dieser Insel. Seine weibische, singhalesische Gepflogenheit, das Haar sehr lang zu tragen und hinten mit einem Kamm zusammenzustekken, pflegte bei den Franzosen auf Mauritius große Fröhlichkeit hervorzurufen, vor allem, da diese Besonderheit durch nichts verdeckt wurde, wenn er durch die Straßen ging, außer dem Schatten, den der von einem Diener getragene Schirm oder, wie es Brauch in seinem Land ist, das Blatt einer Talipotpalme warf.

Nach dem Frühstück begleitete ich Mr Madge zum Haus von M. Chevalier Duplessy, einem ältlichen, für seine Galanterie bekannten Junggesellen. Kurz vor unserem Besuch hatte er ein glanzvolles Frühstück für alles, was in und um Port Louis Rang und Schönheit hat, gegeben. Der Zweck unseres Besuches war die Untersuchung einer merkwürdigen Höhle auf dem Anwesen dieses Gentleman, deren Eingang ungefähr eine halbe Meile vom Haus entfernt lag und die einem Tunnel ähnelt, hoch genug, daß ein Mensch aufrecht darin gehen kann. Sie besitzt einen felsigen Grund und führt ungefähr eine Viertelmeile lang sanft bergab. Dann verengt sich die Höhle beträchtlich und zwingt einen, eine Strecke von zwanzig Yards gebückt zu gehen, bis sie sich zu einer großen Kammer öffnet, die wiederum in einer Verengung mündet, die einen zu einer zweiten Kammer führt, und so geht es durch den ganzen Berg. Es besteht allerdings ein bemerkenswerter Unterschied zwischen dieser Höhle und einem Tunnel: die Decke ist voller Stalaktiten, die entstehen, wenn Wasser langsam durch das Erdreich sickert und sich dann allmählich eine Kalkablagerung bildet.

Sonntag, 29. – Ich hatte das Vergnügen, vor dem Frühstück mit Captain Hay (einem der Adjutanten) einen kleinen Spaziergang zu einem Ort namens Le Bout du Monde zu machen. Das ist eine Landspitze, die zwei Schluchten und zwei Flüsse teilt, den Moka und die Cascade. Gegen Mittag begleitete ich einige aus unserer Gruppe zu einer Hütte, wo der Gottesdienst von einem schwarzen Gärtner für die in dem Reduit beschäftigten Regierungssklaven (ungefähr einhundert) auf kreolisch abgehalten wurde. Er las das vierte Kapitel des Johannesevangeliums, und nachdem er einige Stellen sehr ausführlich behandelt hatte, schien ihn die Stelle äußerst zu verwirren, die ein Weib erwähnt, das fünf Männer gehabt hatte und von unserem Heiland aufgefordert wurde, seinen Mann zu rufen und darauf antwortete: »Ich habe keinen Ehemann.« Worauf unser Herr bemerkte: »Du hast recht gesagt, denn fünf Männer hast du gehabt, und den du nun hast, der ist nicht dein Mann.« Hier hielt der Prediger unangenehm berührt inne, schweifte ab, kam durcheinander, zögerte und überging die Stelle schließlich, kam wieder auf jene Wilden zu sprechen, die Steine, Holz und Gold verehrten; er sagte seinen Zuhörern, sie sollten Dankbarkeit empfinden, nicht wie diese Götzendiener, sondern Christen zu sein, die Kinder eines Gottes, der sich wie ein Vater für all ihre Belange interessiere. Er war auch eifrig bestrebt, es so erscheinen zu lassen, als hätte Noah in seiner Arche die Bibel für sie aufbewahrt &c. und schloß schließlich mit den Worten, da der Tag warm sei und er sehe, daß sie schläfrig seien, würde er sie nicht länger belästigen.

Ich kann mir nicht helfen, aber wenn sich einige unserer Geistlichen dazu herablassen könnten, an einem warmen Sommertag vor versammelter Gemeinde dem Beispiel dieses dunkelhäutigen Bruders zu folgen, würden ihre Predigten größere Wertschätzung erfahren und ihre moralischen Geschichten besser verstanden.

Ich machte mich an diesem Morgen nach Pamplemousses auf, um Richter Blackwell meinen Abschiedsbesuch abzustatten. Ich ritt auf einem Timorpony, so klein, daß meine Füße beinahe den Boden berührten. Als wir durch die Vororte von Port Louis kamen, traf der schwarze Führer zufällig einen alten Bekannten und ließ mich allein weiterziehen. Ein paar Minuten später stellte ich zu meiner Überraschung fest, daß ich mich in einem Stall befand, dessen offene Tür offensichtlich die Aufmerksamkeit des Ponys erregt hatte.

AUF DER ÜBERFAHRT NACH CEYLON

Eines dunklen Abends, als das Deck rutschig vom Regen war und das Schiff sich häufig auf die Seite legte, was das Gehen beschwerlich machte, unternahm ich, um in Übung zu bleiben, einen Ausflug zum höchsten Masttop, zum nicht geringen Erstaunen der ganzen Mannschaft. Die Lascars* sprachen davon, mir zu folgen und mich an der Takelage zu sichern, aber der wachhabende Offizier riet ihnen, dieses Experiment zu unterlassen, denn da er annahm, daß ich genausoviel über die Take-

---

* Bezeichnung für die indischen Matrosen, die auf europäischen Schiffen dienten (16. bis Anfang 20. Jahrhundert). Der Sepoy des Wassers, ohne Gewehr.

lage eines Schiffes wußte wie sie, hielt er es für wahrscheinlich, daß sie einen gefährlichen Tritt erhalten könnten, wenn sie sich mir mit schelmischer Absicht näherten.

CEYLON (SRI LANKA)

Mittwoch, 17. März 1830. – Der Morgen des St. Patrick's Day fand mich behaglich in einem der besten Häuser in der Umgebung von Colombo untergebracht – ein Glücksfall, mit dem ich am vorigen Morgen so gut wie nicht gerechnet hatte.

Colombo leitet seinen Namen von *kola*, das bedeutet Blätter, und *amba*, Mango, ab, denn es wird erzählt, daß hier früher ein sehr großer Mangobaum wuchs, der stets von Blättern bedeckt war, aber nie Früchte trug.* Die Stadt ist ebenfalls berühmt als tatsächlicher Schauplatz des Paradieses, und der Berg namens Adam's Peak, einer der höchsten Ceylons, ist immer noch Gegenstand regen Interesses, da er laut Überlieferung den Ort kennzeichnet, an dem unser großer Stammvater stand, um Eden, aus dem er ohne Wiederkehr schied, ein letztes Lebewohl zuzurufen. Genau jener Fußabdruck, wo er innegehalten haben soll, zeigt sich immer noch am äußersten Rand des Berges; er ähnelt dem Abdruck eines Menschenfußes bis auf die Größe, die wahrlich riesig ist. Der 2243 Meter hohe Adam's Peak oder Sri Pada sieht einem grünen Zuckerhut ähnlich, Bedeutung bis in unsere Tage hat er wegen einer Vertiefung im Fels nahe des Gipfels, die mythenbegabte Menschen an einen Fußabdruck erinnert, nur herrscht Unklarheit, wer ihn hinterlassen hat. Christen und Muslime sind sich einig, es habe sich um den Urahn des Menschengeschlechts gehandelt (die Muslime glauben, er habe hier auf einem Bein stehend seine tausendjährige Buße absolviert), Buddhisten setzen auf Gautama

* Andere Quellen behaupten wiederum, *colombo* sei das singhalesische Wort für Hafen …

und Hindus auf Shiva. Der Berg galt schon den Ureinwohnern als heilig, denn auf dem Gipfel soll eine der vier Hütergottheiten der Insel gehaust haben. Nach einem letzten wehmütigen Blick auf seine verlorene Heimat, aus der er vertrieben worden war, soll unser unglücklicher Ahn über eine Landenge zum indischen Kontinent hinübergegangen sein, aber kaum hatte er den Isthmus im Golf von Mannar überquert, schloß sich das Meer hinter ihm und trennte die Insel vom Festland.* Seit jener Zeit, erzählt eine hiesige Legende, war dieser Ort der Herrschaft der Teufel überlassen, und der Geburtsort der Menschenrasse wurde die Heimstatt der Sturmgeister. Bis zum heutigen Tag führen die Bewohner ihre häufigen Gewitter darauf zurück und beklagen bitterlich die vergangene Herrlichkeit des verlorenen Paradieses.

GEFÄHRLICHE PASSAGEN

Kurz nachdem wir Palabaddra verlassen hatten, überquerten wir auf den Resten einer morschen Brücke, deren Planken gerade noch hielten, einen reißenden Bergfluß mit hohen Uferbänken. Ich verließ meine Sänfte jedoch nicht, da die Träger erklärten, die Überquerung sei ebenso einfach, wenn ich mich noch darin befände, als wenn sie leer sei, und da ich wußte, daß Seiltänzer die Balance durch ein Ausgleichsgewicht halten, hielt ich es für wahrscheinlich, daß ihnen mein Gewicht in ähnlicher Weise dienen würde. Tatsächlich gelangten sie mit völliger Sicherheit über den Fluß, obwohl ich später von meinen Freunden erfuhr, daß sie daran zweifelten, ob ich in obgenannter Manier hinübergelangen würde.

Später wurde die Straße sehr steil, an manchen Stellen nicht weniger als 35 Grad Neigung, und der Boden war so uneben und

* Die Inselkette zwischen Sri Lanka und Indien trägt übrigens den Namen Adamsbrücke.

rutschig durch den Regen, daß es aller Träger bedurfte, um vorwärtszukommen. Ich stieg einige Male aus, aber jeder Schritt war so stolpernd und gefährlich, daß meine Bemühungen unser Vorankommen eher behinderten denn beschleunigten.

ADAM'S PEAK

Montag, 29. – Ungefähr eine Stunde nach Mitternacht bereiteten wir uns für den Aufstieg zu Adam's Peak vor. Unsere Gruppe bestand aus Don Andrews, Bobby, mir und zehn Kulis. Der Laskorin oder Eingeborenensoldat, der angestellt worden war, um mir aufzuwarten, erkrankte kurz vor unserem Aufbruch, und ich war gezwungen, ihn zurückzulassen; ich glaube allerdings, der eigentliche Grund war seine Angst vor der Erschöpfung. Auch Bobby wurde nach knapp einer Meile krank und mußte umkehren, aber Don Andrews gab sehr aufmerksam Anordnungen und half mir oftmals beim Vorankommen. Mit jeder Minute, in der wir dem Gipfel näherkamen, wurde der Aufstieg schwieriger und gefährlicher.

Als wir unterhalb des Kegels ankamen, war der Weg an vielen Stellen beinahe senkrecht, mit einem steil abfallenden Abhang zur Rechten; aber hier fanden wir Halt an Ketten, welche die Gläubigen mancherorts am Fels befestigt hatten und die ihnen an den schwierigsten Stellen halfen.

Wir erreichten den Gipfel, kurz bevor die Sonne über einer grandiosen Landschaft aufging. Der freistehende Berg erhebt sich bis zu seinem spitzen Kegel 7420 Fuß über dem Meeresspiegel, auf der einen Seite von hochaufragenden Gebirgsketten, auf der anderen von Ackerland flankiert. Dieses erstreckt sich bis zum Ufer, das den Saum einer riesigen Ozeanfläche bildete.

Ich konnte diesen prächtigen Anblick nicht mit Augen *sehen*, aber ich wandte mich ihm mit unbeschreiblichem Enthusiasmus zu; ich stand auf dem Gipfel von Adam's Peak und *fühlte* die Schönheit in mein Allerinnerstes strömen.

Wir vermaßen den berühmten Fußabdruck Buddhas, der sich ganz oben auf der Bergspitze befand; er ist mit einer stabilen Schale oder Pfanne bedeckt, ungefähr ein Zoll tief, in welche die Gläubigen ihre Opfergaben legen, Geld, Blumen &c. Ein Priester bewohnt hier ein Haus, ganz nah am Gipfel; er ist stets bereit, religiöse Zeremonien für die frommen, entsagungsvollen Pilger abzuhalten, und da alle Singhalesen die Pilgerschaft als wirkungsvolle Buße betrachten, sind seine Pflichten keinesfalls symbolischer Art. Auch sind die auf dem Gipfel dargebrachten Opfergaben keineswegs unbedeutend. Die reichen Eingeborenen Indiens unternehmen oftmals sehr lange und mühsame Reisen, um die Forderungen ihres weitverbreiteten Aberglaubens zu erfüllen, und selbst zarte Frauen unterwerfen sich häufig den Mühen und Gefahren dieses Unternehmens.

LÄSTIGE TISCHGENOSSEN

Sonntag, 4. – Ich frühstückte mit Lieutenant Dalgetty im Fort; eine Krähe, die durch das Fenster hereinflog, raubte uns beinahe Teile dieses Mahles, aber das rechtzeitige Erscheinen eines Dieners verhinderte dies zum Glück. Diese Vögel sind so unverfroren, daß jeder, der sich vor ihren plündernden Einbrüchen schützen will, sehr sorgsam darauf achten sollte, offene Türen und Fenster nicht unbeobachtet zu lassen. Wenn die Eingeborenen Körbe voller Lebensmittel auf dem Kopf nach Hause tragen, werden sie häufig von Schwärmen dieser gefräßigen Vögel angegriffen, die sich plötzlich auf den Inhalt stürzen, auch lassen sie nicht eher ab, bis der Korb abgesetzt und sie mit Armwedeln verscheucht werden. Diese kecken Diebe rauben Kinder noch erbarmungsloser aus, schnappen ihnen buchstäblich das Essen aus den Händen. Ein klein wenig beruhigt es, zu erfahren, daß die schwarzen Federungeheuer nicht vom Massentourismus zu dieser Unsitte animiert wurden, sondern die frech auf der Lehne des einzigen freien Stuhls am Tisch gierende Krähe auf der überdachten Frühstücksterrasse eines noblen Hotels wie des *Taj Mahal Palace and Tower* den ganz normalen Darwinwahnsinn verkörpert. Sie läßt sich übrigens weder durch heftiges Armwedeln des gereizt-angewiderten Gastes noch durch resigniertes Serviettenschütteln der Hotelangestellten dauerhaft vertreiben.

VON DEN KONVERTITEN

Die eingeborenen Katholiken scheinen Stolz, Vorurteil und Aberglaube ihres alten mit den gleichen Attributen ihres neuen Glaubens zu mischen, besonders jene, die im Erwachsenenalter konvertierten. Man muß verstehen, daß sie oder ihre Vorfahren aus Not oder doch zumindest aus politischen Gründen Konvertiten wurden. Sie sind so unwissend, daß sie bloße Formalisten zu sein scheinen, die zunächst die äußeren Zeichen des Glaubens übernahmen, um die Portugiesen versöhnlich zu stimmen. Und sind somit repräsentativ für Konvertiten aller Zeiten, eindrücklich dargestellt in Zeichnungen aus alten Tagen über die byzantinische Christianisierung der Südslawen, in denen eine lange Reihe von Einheimischen vor einer klaren Option steht: das Taufbecken oder das Schwert des Scharfrichters. Berühmt sind auch die Übertritte zum Islam, um von Abgaben befreit zu werden, eine religiöse Form der Steuerhinterziehung.

Die katholischen Priester scheinen, um viele Konvertiten zu gewinnen, große Zugeständnisse an den Aberglauben der Menschen zu machen; sie haben ihren üblichen Takt und ihr übliches Talent bewiesen und die Erfolge der Protestanten bei weitem übertroffen.

Drei Meilen vor Colombo überquerten wir auf einer Pontonbrücke die Kelani Ganga. Ich zog es übrigens vor, mit den Eingeborenen zu reisen, um in aller Ruhe die Gebräuche dieses Volkes zu studieren. Um sieben in der Früh entdeckten wir einige Leute, die sich um ein Haus versammelt hatten, und man sagte uns, daß sie für einen Kranken, der dort wohnte, den Teufelstanz aufführten. Sie tanzten, schlugen das Tomtom, bliesen in Muscheln, brüllten, kreischten und verursachten jedes erdenkliche Geklapper, um den Teufel zu vertreiben, der den Siechen plagte. Es kann keinen Zweifel geben, daß sie erfolgreich waren, es sei denn, Seine pferdefüßige Majestät wäre sehr taub. Ich war nur erstaunt darüber, daß der kranke Mann sich nicht aufrappelte und fortrannte, denn ihr Getöse war wahrlich angetan, die Lahmen gehend und die Tauben hörend zu machen.

Fünf Meilen nach der Brücke stießen wir auf einige Menschen, die Bananen, Kokosnüsse und Kuchen trugen, die als Geschenke für ein junges Paar gedacht waren, das im Begriff stand zu heiraten. Es ist singhalesischer Brauch, daß die Braut vom Bräutigam Kleider, Schmuck &c. geschenkt bekommt und die Freunde und Verwandten Obst, Blumen, Kuchen, manchmal Schweine und Wild, aber niemals Ziegen oder Geflügel beisteuern.

Kurz nachdem wir an dieser Gruppe vorbeigekommen waren, machten unsere Ochsen, die seit einiger Zeit das grüne Gras am Wegesrand mit sehnsüchtigen Blicken betrachtet hatten und deshalb sehr zögerlich vorangetrottet waren, einen abrupten Schwenk nach rechts, und wir stürzten in ein Reisfeld, das ungefähr sechs Fuß unterhalb des Straßenniveaus lag. Das Erdreich war reichlich mit Wasser bedeckt, so daß wir zwar keinen nennenswerten persönlichen Schaden davontrugen, aber unangenehm durchfeuchtet und der Inhalt unserer Koffer vollständig von Schlammwasser durchnäßt wurde.

Nach dem Abendessen zogen wir uns auf unsere jeweiligen Lagerstätten zurück, die zwar ohne Matratzen, aber nicht ohne Ungeziefer waren.

KANDY

Dienstag, 13. – Am Nachmittag fuhr ich zu dem Tunnel, der kürzlich durch einen fast vollständig aus Fels bestehenden Berg geschlagen wurde. Er ist fünfhundert Fuß lang, liegt auf dem Weg nach Kornegalle, der Hauptstadt von Seven Korles. Sein Eingang ist ungefähr zwei Meilen von Kandy entfernt. Es sieht nicht so aus, als ob er in seinem derzeitigen Zustand genutzt werden könnte, da ihn das ständig von der Decke tropfende Wasser für Passagiere recht ungemütlich macht; es wäre notwendig, ihn mit Backsteinen und Zement in der Art des Themsetunnels auszukleiden. Die Kandyaner haben ein altes Sprichwort, nach dem ihr Land niemals erobert würde, ehe nicht die Europäer ein Loch in einen der großen Berge gebohrt hätten, welche die Hauptstadt umgeben. Da dies unausführbar schien, hatten sie sich in Sicherheit vor allen ausländischen Eindringlingen gewiegt. Nun aber halten sie den Tunnel für die Erfüllung der alten Prophezeiung und sind bis zu einem gewissen Maß mit jenen versöhnt, die sie für ihre vorherbestimmten Eroberer halten.

Donnerstag, 15. – Besuchte mit Mr Turnour und einer kleinen Gruppe einen Buddhatempel namens Dalada Maaligawe (Zahntempel), der auf dem Gelände des alten Palastes liegt, welcher nun von meinem Gastgeber bewohnt wird. Wir wurden in das Allerheiligste eingelassen, wo Buddhas Zahn auf einem Silberaltar aufbewahrt wird, acht auf fünf Fuß, mit getriebenen Ecken und kostbaren Steinen bedeckt. Die heilige Reliquie, die uns triumphierend zur Begutachtung vorgeführt wurde, sah aus wie ein Stück dreckiges Elfenbein. Das Volk bekommt diesen Schatz fast nie zu sehen, nur bei sehr bedeutenden Gelegenheiten, wenn er Gegenstand eines großen Zeremoniells ist. Er wird von sieben Metallbüchsen in Kegelform geschützt, die äußerste mit vielen Edelsteinen verziert. Der Aufseher des Tempels – ein Kandyan-Häuptling, der aber kein Priester ist – wies uns an, während der grauenvollen Zeremonie einige mit Blumen gefüllte Gold- und Silberteller zu halten, und jeder hatte eine Blume als Opfergabe für Buddha auf den Altar zu legen, eine Vorschrift, der wir uns natürlich getreulich unterwarfen. Anschließend erhielten wir Zutritt zu einer Kammer, deren Wände voll mit Portraitschinken der Könige und der berühmtesten Priester von Kandy war. Wieder im Erdgeschoß angelangt wurde uns eine große Buddhafigur aus Bronze gezeigt, reichlichst vergoldet, die achthundert Pagoden* gekostet haben soll. Die für gewöhnlich in diesem Tempel eingesetzten Musikinstrumente bestehen aus drei verschieden großen Trommeln, Tomtoms, einer kleinen grell klingenden Trompete und einem Schilfrohrinstrument, dessen Klang dem des Dudelsacks ähnelt.

Da der Zahntempel im 18. Jahrhundert erbaut wurde und staatstragende Rituale von langjähriger Beständigkeit sind, wirkt Holmans Beschreibung an dieser Stelle erstaunlich zeitgemäß. Auch heute wird die Reliquie (oder eine Kopie) im August zehn Tage lang auf einem reich geschmückten Elefanten durch die Stadt getragen – der Zahn wurde mehrfach geschmuggelt, geraubt und einmal sogar vernichtet, doch seine Hüter behaupteten, es sei eh nur eine Kopie entwendet worden; offensichtlich verfügen Reliquien – wie manch ein Diktator – über viele Doppelgänger.

* Ostindische Goldmünze.

Freitag, 30. – Major Anderson und mein Vetter waren so liebenswürdig gewesen, eine Elefantenjagd zu organisieren, um meine Neugier auf einen Sport zu stillen, der ihnen wohlbekannt, mir aber völlig neu war. Wir brachen um vier Uhr morgens auf und gingen zur zwei Meilen entfernten Werft, wo wir in ein Boot stiegen, das uns umgehend in die Nähe unseres Jagdgebietes bringen würde. Damit vermieden wir eine Reise über siebenundzwanzig Meilen schlechter Straße, die zudem von mehreren Flüssen und Salzsümpfen gekreuzt wurde. Wir waren allerdings gezwungen, unsere Pferde über diese Route zu schicken, bis wir uns in Cottiaram wiedertrafen. Nachdem wir drei Stunden quer durch die große Bucht gerudert und gesegelt waren, landeten wir in Cottiaram oder Modoré, einem Dorf am rechten Ufer des kleinesten Arms der Mahavilla Ganga*. Nach unserer Landung begaben wir uns zum staatlichen Rasthaus, das außergewöhnlich gemütlich eingerichtet war. Es umfaßte mehrere Zimmerfluchten, die sich im ersten Stock befanden und daher wahrscheinlich weniger insekten- und ungezieferverseucht waren. In der Nähe des Gebäudes stand die berühmte Tamarinde, unter der Knox** und ein Seemann von den Kandyanern gefangengenommen wurden.

Wir zogen uns während der Tageshitze zurück, nahmen ein spätes Mittagessen zu uns und brachen um drei Uhr in das neun Meilen entfernte Dorf Topore auf. Nach ungefähr anderthalb

* Der größte Fluß Sri Lankas, allerdings weiblichen Geschlechts, wie seine Urmutter, die nordindische Ganga (Ganges).

** Robert Knox (1641–1720), ein englischer Kapitän im Dienst der Britischen Ostindien-Kompanie, war Gefangener des Königs von Kandy und verfaßte einen der ersten europäischen Berichte über Ceylon. Nach neunzehn Jahren gelang ihm die Flucht – statt sich aber nun gefahrlos hinter dem Schreibpult eines Kaufmannskontors niederzulassen, reiste er weiterhin unverzagt nach Osten.

Meilen überquerten wir einen breiten und mäßig tiefen Fluß, der den Gezeiten unterworfen ist. Unser Weg führte zuerst durch Salzsümpfe, danach durch Dschungel und Reisfelder. Bei Topore schoß mein Vetter auf ein paar Affen, einer von ihnen fiel tot vom Baum, ein anderer wurde schwer verwundet, was er durch Schmerzensschreie kundtat. Es war kurz vor Sonnenuntergang, als wir das Dorf erreichten, zu spät, um auf die Jagd zu gehen. Wir trafen daher unsere Vorbereitungen für den nächsten Morgen, und nachdem wir Curry und Reis zu Abend gegessen hatten, legten wir uns in der Hoffnung nieder, über Nacht ausruhen zu können. Sie sollte sich jedoch als höchst trügerisch erweisen, denn wir wurden so von Ameisen, Sandmücken und Moskitos geplagt, daß wir froh waren, aufstehen und uns die Zeit mit Gesprächen vertreiben zu können. Meine Begleiter rauchten aus Notwehr Zigarren, um sich vor den lästigen Attacken der Insekten zu schützen. Dann zog ein schweres Gewitter auf, und da unser Unterstand lediglich aus einer strohgedeckten Hütte bestand, regnete es aus allen Ritzen auf uns herab. Und um dem Ganzen die Krone aufzusetzen, drang mitten in der Nacht ein wilder Elefant in das Dorf und verursachte solchen Lärm, daß alle Hunde zu bellen anfingen, was das Tier so erzürnte, daß es sich schließlich, unter wütenden und enttäuschten Trompetenstößen, zurückzog.

Heute ist der Elefant für Sri Lanka das, was Mozart für Salzburg darstellt: *Elephant View Hotel* neben *Hotel Elephant Park*, Elefanten aus Holz und auf Stoff, geschnitzte, gestanzte und gemalte Elefanten, T-Shirts mit fröhlichen, tanzenden, süßen Elefanten. Die Stars der Tourismusmanege werden in Tierwaisenheimen wie dem Pinnewale Orphanage täglich vorgeführt. Zwar warnen Schilder, diese Elefanten seien nicht zahm, aber das kommt einem so glaubwürdig vor wie die Behauptung, Hathi, Winifred und Junior seien gefährlich. Doch der Eindruck täuscht. Gelegentlich rebelliert einer der Dickhäuter, zermalmt seinen *mahout* (Reiter) und verletzt einige entsetzte Besucher. In Sri Lanka leben heute noch etwa viertausend wilde Elefanten, allerdings in Nationalparks vor Jägern geschützt.

Bei Tagesanbruch brachen wir zu Pferd auf, begleitet von vier Männern, welche die Waffen trugen, insgesamt drei doppel- und vier einläufige Flinten, alle bereits geladen; zudem hatten wir einen weiteren Mann für jedes Pferd und einen Führer, der gut über die von den Elefanten besuchten Plätze Bescheid wußte. Bald nachdem wir das Dorf verlassen hatten, befanden wir uns auf einem Elefantenpfad, bekamen aber keines der Tiere zu Gesicht.* Unser Weg führte hauptsächlich durch sumpfige Ebenen und eine Reihe von kleinen Wasserlöchern, bis wir die Ebene beim großen Wasserloch von Killiwitte erreichten. Nachdem wir dort riesige Büffelherden gesehen hatten, hatten wir jeden Grund zur Annahme, daß sich eine beträchtliche Anzahl Elefanten im umliegenden Dschungel befand, wohin sie sich gewöhnlich bei Tagesanbruch zurückzogen, um sich von Kriechpflanzen und Yams zu ernähren.

Wir kehrten zum Frühstück in das Dorf zurück, wo wir unsere alten Freunde, Moskitos, Sandmücken &c., antrafen, eine ganz enorme Plage, die der Ort seiner sumpfigen Lage verdankte.

Gegen drei Uhr nachmittags verließen wir Topore, mit dem Plan, die Nacht in Killiwitte zu verbringen, nachdem wir das rechte Ufer des großen, nahe dem Dschungel gelegenen Wasserloches abgesucht hatten; und um vier Uhr setzten wir uns ins Unterholz und warteten auf das Wild. Nach kurzer Zeit traten fünf oder sechs Elefanten aus dem Dschungel, leider auf der gegenüberliegenden Seite des Wasserlochs, so daß wir nicht an sie herankamen. Ein paar Minuten später tauchten jedoch zwei Elefanten auf unserer Seite auf, eine Viertelmeile von dem Platz entfernt, an dem wir uns niedergelassen hatten. Sie wurden aber von einer Büffelherde gestört und zogen sich sofort wieder zurück. Es dauerte nicht lange, bis ein großer Elefant, der Anführer der Herde, aus dem Dschungel auftauchte, um zu prü-

* Keinen Elefanten zu treffen ist das Beste, was einem auf Elefantenjagd geschehen kann.

fen, ob die Luft rein war. Doch die Büffel störten abermals die Jagd, denn er zog sich höchst verärgert zurück, trompetete und trampelte ungefähr hundert Yards weit alles nieder. Dann hielt er inne und schwenkte seinen Rüssel so wütend, daß wir es, obwohl wir uns in beträchtlicher Entfernung von ihm befanden, deutlich hören konnten. Unsere Jäger folgten ihm in den Dschungel, aber das Gebüsch war so dicht, daß kein vernünftiger Schuß abgefeuert werden konnte; in zwanzig Yards Abstand schossen sie jedoch, daraufhin trompetete er erneut und machte sich mit allen Anzeichen rachsüchtigen Zorns davon. Kurz darauf griffen wir ein anderes Tier mit ebensowenig Erfolg an. Ungeachtet unserer ständigen Enttäuschungen bekamen wir bald das nächste Wild zu sehen – eine weitere große Herde zeigte sich am Rand des Dschungels –, woraufhin der Major und mein Vetter auf die beiden größten schossen, die sich, gefolgt von der ganzen Herde, ihren Angreifern näherten. Mittlerweile waren alle Gewehre abgefeuert worden, was die Jäger in eine äußerst kritische Situation brachte, da es keinen Zweifel gab, daß zwei der Elefanten tödlich verletzt waren, der Rest von ihnen trompetete und raste hin und her, drohte die Angreifer jeden Moment zu attackieren. Dies alarmierte eine weitere Herde mit fünfzehn Elefanten, doch die Zeit reichte, hinter einem Gebüsch nachzuladen, ehe sich die Jagdgesellschaft zwischen den beiden Herden befand und gezwungen war, im Freien zwei Elefanten entgegenzutreten; sie begrüßten die Tiere aus einer Entfernung von zwölf Yards mit Kugeln und zwar solcherart, daß sich die Elefanten umgehend zurückzogen. Sie hatten gerade noch genügend Kraft, um den Dschungel zu erreichen, wo sie sich der anderen Herde zugesellten, trompetend, die Rüssel schwingend, und ab und zu zeigten sie sich, als ob sie mit einem zweiten Angriff drohen oder sich den Weg zum Wasserloch erzwingen wollten. Es wurde nun zu dunkel, als daß ein weiteres Verweilen klug gewesen wäre, deshalb zogen wir uns in das ungefähr zwei Meilen entfernte Killiwitte zurück, wo wir kurz nach Einbruch der Dunkelheit eintrafen.

Man mag nun fragen, wo ich mich während dieses interessanten Vorfalls aufhielt? Ich erlaube mir als Antwort meinen Lesern mitzuteilen, daß ich weiterhin zu Pferd unterwegs war, so nahe bei meinen Freunden, wie sie es zuließen, und es gelang mir meistens, in Hörweite zu bleiben, denn ich glaube, ich war ebenso aufgeregt und an der Jagd interessiert wie nur irgendeiner von ihnen.

Sonntag, 2. Mai. – Wir brachen bei Tagesanbruch zu einem anderen Wasserloch auf, da wir annahmen, daß die Elefanten, die wir gestern gejagt hatten, viel zu beunruhigt waren, um wieder an jener Stelle aufzutauchen, wo sie vor kurzem gestört worden waren. Aber wir hatten keinen Erfolg, da nur einige von ihnen in der Ferne zu sehen waren, an einer für uns unzugänglichen Stelle. Es gab jede Menge anderes Wild, aber es war schwierig, bis auf Schußnähe heranzukommen. Doch schließlich, nachdem sich die Jäger auf beiden Seiten des Wasserloches verteilt hatten, gelang es ihnen, ein Schwein zu schießen.

Wir trugen unsere Beute heim, in der Erwartung, uns an ein paar vorzüglichen Koteletts gütlich tun zu können, aber das Fleisch war so zäh und widerlich, daß wir dem üblichen Eingeborenenmahl aus Reis und Curry den Vorzug gaben und unser Schweinefleisch als Köder für die Alligatoren am Wasserloch benutzen.

Wie üblich ruhten wir während der heißesten Stunden und brachen um vier Uhr zum selben Jagdgrund auf, den wir gestern besucht hatten, da er in der Umgegend das beste Jagdgebiet war. Ungefähr auf halben Weg stießen wir am Rand des Dschungels auf drei große Elefanten, die sich mit Sand bewarfen und mit Grasbüscheln wedelten, um die Fliegen zu vertreiben. Manchmal benutzen sie für diesen Zweck große Äste, die sie sehr gewandt mit ihren Rüsseln handhaben.

An diesem Nachmittag hatten wir unseren Führer gegen einen Mann ausgewechselt, der als Zauberer seines Berufsstandes galt, da er über profunde Kenntnisse der Gewohnheiten der

Elefanten verfügte, die es ihm ermöglichten, jede vielversprechende Situation zu nutzen und ihre Schritte beinahe so zu lenken wie Viehhüter ihre Herde. Bald bekamen wir eine Kostprobe sowohl seines Wissens als auch seiner Abgebrühtheit; der alte Mann führte die Jäger bis auf fünfzehn Yards an die Tiere heran, als mein Vetter feuerte und den größten Elefanten am Kopf verletzte, er hatte für einen tödlichen Treffer jedoch zu hoch gezielt, und die ganze Herde drehte um, machte sich schutzsuchend davon, gefolgt von meinen Gefährten. Der Major schoß während dieser Verfolgungsjagd und hatte, nach den Blutspuren zu urteilen, offensichtlich getroffen, aber nur die Trophäe zählt, und die Kreaturen sind, wenn sie gejagt werden, so listig, selten den Kopf zu wenden, und daher ist es beinahe unmöglich, sie unter diesen Umständen tödlich zu verwunden.

Sie verschwanden nun unter Trompetenstößen; es dauerte jedoch nicht lange, bis wir weiteres Wild sahen. Nach ungefähr einer Viertelstunde zeigte sich jenseits des Dschungels eine große Herde, die sich auf das Wasserloch zubewegte, aber bald verharrten die Tiere im Unterholz an, offensichtlich waren sie sich der drohenden Gefahr bewußt und da sie einen sehr feinen Geruchssinn besitzen und wir uns auf der Windseite befanden, hatten sie uns wahrscheinlich gewittert. Sie standen in kleinen Gruppen beieinander, verbargen ihre Köpfe im Gebüsch und hinter kleinen Bäumen, so daß wir uns bis auf ungefähr vierzehn Yard nähern konnten. Dann machten sie sich leider zu einem geräumigeren Unterschlupf auf. Als unsere Jäger eine Lichtung im Unterholz erreichten, bemerkten sie, wie sich in geringer Entfernung eine weitere Herde auf sie zubewegte; der größte Elefant, der zugleich der Anführer war, rollte, als sie noch fünfundzwanzig Yard entfernt waren, seinen Rüssel unter der Brust ein, neigte den Kopf und ging aufs Äußerte gereizt zum Angriff über. Derweil war Major Anderson so auf die Verfolgung der anderen Gruppe konzentriert, daß er das Tier erst wahrnahm, als es fünfzehn Yard von ihm entfernt war; er drehte sich um und feuerte einen so genau gezielten Schuß ab, daß das ungeheure Monstrum mit gewaltigem Schwung beinahe vor die Füße seines Bezwingers fiel. Um die restliche Herde vom Angriff abzuhalten, fingen die Eingeborenen an, ihre Zauberformeln zu brüllen, in der Hoffnung, daß es mit übernatürlicher Hilfe gelänge, alle Tiere zu vertreiben, und man muß zugeben, daß es erstaunlich gewesen wäre, wenn ein derartig scheußlicher Lärm nicht sogar das wildeste Untier in Schrecken versetzt hätte. Wir blieben als Herren des Schlachtfeldes zurück und näherten uns vorsichtig unserer Beute, um diese zu inspizieren; sie erwies sich als Weibchen von außergewöhnlicher Größe. Ich kletterte auf den Kadaver und tanzte triumphierend darauf.

Der Sieger trug den Schwanz als Trophäe davon, und voller Euphorie kehrten wir ins Dorf zurück. Auf unserem Weg bemerkten wir eine Herde Büffel, die bis zu den Nasen im Wasserloch stand. Als wir nahe Killiwitte einen Strom überquerten, erhob sich ein Alligator dicht neben den Hacken unserer Pferde. Die Eingeborenen wissen, daß diese Kreaturen zahlreich in Strömen und Wasserlöchern anzutreffen und so feige sind, daß sie leicht durch mehrere, kühn durch das Wasser preschende Gruppen eingeschüchtert werden.

Montag, 3. – Bei Tagesanbruch brachen wir zum selben Gebiet auf, wo wir am vorigen Abend so reichlich Jagdglück gehabt hatten und wo wir hofften, weitere Trophäen zu erringen. Wir hatten uns zuvor geeinigt, das Fleisch unserer Beute zu probieren, und hatten deshalb ungefähr zwei Pfund Rumpsteak herausgeschnitten sowie zwei Füße abgetrennt. Von diesen behielt Major Anderson einen, den er mir sehr zuvorkommend mittlerweile in England vorbeibrachte. Wir hatten vor, den anderen zu backen, um Vaillants* Bericht und die Beschreibungen anderer Elefantenjäger überprüfen zu können, die ihn als Köstlichkeit bezeichnen. So früh wir auch aufgebrochen waren, mußten wir doch feststellen, daß der Kadaver bereits angefallen

* François Le Vaillant (1753–1824), französischer Forschungsreisender.

worden war, die weicheren Körperteile waren vollständig verschwunden; wir nahmen an, daß dies das Werk von Schakalen oder einer kleinen Tigerart gewesen war.

Wir blieben in diesem Jagdgebiet, bis es sieben Uhr war und die Sonne so hoch stand, daß wir alle Hoffnung auf Beute aufgaben, und obwohl wir wie gewöhnlich eine Vielzahl anderes Wild sahen, war uns das Glück hier genausowenig hold wie hinsichtlich der Elefanten.

Wir kehrten daher in unser Dorf zurück, wo wir auf einen Eingeborenen trafen, der versprochen hatte, uns einen Wildpfau zu schießen und den wir zu diesem Zweck mit einem Gewehr und Munition ausgestattet hatten. Aber er war lediglich mit einem Kammhuhn zurückgekehrt, das zusammen mit den Elefantensteaks und einem Curry auf unseren Speiseplan gesetzt wurde. Der Vogel wurde gebraten, erwies sich aber als sehr zäh; auch unsere Steaks waren aufgrund der Grobfasrigkeit leicht zäh, aber sie waren saftig und wohlschmeckend, ähnlich wie gutes Rindfleisch. Der Tag erwies sich als sehr schwül, und wir verbrachten die meiste Zeit im Freien, legten uns im Schatten der Tamarinde auf Matten und vergnügten uns mit Lesen, Gesprächen sowie Zielschießen, zu dem ich mich auf dringende Bitten meiner Freunde überreden ließ, die mich in folgender Weise anleiteten: Nachdem ich geladen hatte, stellten sie sich hinter mich, schauten über meine Schulter, bis sie mit meinem Anvisieren zufrieden waren; ich feuerte dann auf Kommando, aber ich habe den starken Verdacht, daß keiner meiner Schüsse auch nur annähernd ins Schwarze trafen, auch wenn meine Gefährten mir gern geschmeichelt hätten, daß sie ihr Ziel trafen. Gelegentlich untersuchten wir unsere Köder am Wasserloch, stellten aber enttäuscht fest, daß sie nicht angerührt worden waren.

Nachdem wir unsere Vorbereitungen für die Rückkehr nach Trincomalee am folgenden Tag getroffen hatten, entschlossen wir uns, an diesem Abend über Malliativeo nach Cottiaram zu gehen, in der Hoffnung, in diesem Jagdgebiet auf weitere Beute zu stoßen. Wir brachen gegen vier Uhr nachmittags auf, der erste Teil der Wegstrecke führte auf schmalem Pfad durch dichten Dschungel, und als wir hinaustraten, lag das große Wasserloch von Malliativeo vor uns. In der Nähe befand sich das Dorf gleichen Namens; bei den Häusern stand eine Gruppe Kokosnußbäume, die zuvor erwähnt worden war, und als wir uns näherten, rief ich aus: »Schaut euch diese prächtigen Kokosnußbäume an!« Das löste bei meinen Gefährten große Heiterkeit aus, alle drehten sich um, lachten herzlich und verkündeten, daß ich *sehen* könne.

Das Wasserloch stellte sich als beinahe ausgetrocknet heraus, folglich war wenig Hoffnung, daß sich in seiner Umgebung Elefanten aufhielten. Daher gingen wir auf direktem Wege nach Cottiaram, wo wir kurz nach Anbruch der Dunkelheit bei heftigem Regen eintrafen; es war unser Verschulden, daß wir dem Guß nicht entkamen, ein bißchen mehr Beeilung hätte uns das erspart.

Donnerstag, 6. – Wir speisten heute mit einem Gentleman, der uns mit einem chinesischen Schinken eine große Gaumenfreude bereiten wollte, aber jeder, der in diesem Land gewesen ist, würde lieber einen Schinken aus England haben als zwei aus China. Der eine ist saftig und wohlschmeckend, wohingegen der andere im allgemeinen trocken, hart und fade ist – soviel zur Bewunderung ausländischer Genüsse.

SÜDINDIEN

Samstag, 22. – Ich erreichte Pondicherry kurz nach ein Uhr nachts. Meine Freunde trafen ebenfalls vor dem Frühstück ein.

Madame Baboom, eine französische Schönheit aus Pondicherry, gab an diesem Abend einen großen Ball, zu dem alle angesehenen Anwohner, sowohl Engländer als auch Franzosen, eingeladen wurden. Ich erhielt eine Einladung zum Mittagessen mit Seiner Exzellenz für den folgenden Tag, da ich mich aber zu diesem Datum morgens einschiffen würde, mußte ich diese Ehre notgedrungen ablehnen, ein Umstand, den ich nicht bedauerte, sah ich mich doch einigermaßen unhöflich behandelt, da man meinen Besuch nicht zur Kenntnis genommen hatte, und ich hätte lieber einen Gegenbesuch von einem der Adjutanten erhalten oder die umgehend von seiner Ordonnanz überbrachte Visitenkarte des Gouverneurs, als diese nach so vielen Tagen ausgesprochene Einladung Seiner Exzellenz.

In dem Moment, als das Boot am Strand auflief, waren wir von Landhaien der Gattungen Träger, Sänftenträger und Lakaien umgeben, deren ausgemachtes Ziel die Entfachung eines derartigen Durcheinanders schien, das ihnen ermöglichte, ihre Forderungen durchzusetzen, die mitten im Trubel völlig unergründlich waren, so daß ihnen ein Fremder auf Gedeih und Verderb ausgeliefert war. Die Sänftenträger versuchten, uns in ihre jeweiligen Gefährte zu drängen, die Träger hielten sich an den im Boot befindlichen Gepäckstücken fest und die Lakaien sangen ihr Eigenlob sowie die Empfehlungen ihrer ehemaligen Herren in aufdringlichsten Tönen. Alle miteinander verursachten einen derartigen Tumult, aus dem wir uns nur befreien konnten, indem wir sie aus dem Weg stießen.

Gegen neun Uhr fand eine prächtige Prozession statt, bei der einer ihrer Götter mit viel Pomp und von einer riesigen Menschenansammlung begleitet von der großen Pagode in Little Kanchipuram zu einer diesem Götzenbild gewidmeten Heimstatt am anderen Ende von Great Kanchipuram getragen wird. Mr Cotton und ich schlossen uns der Prozession in unseren Sänften an und folgten ihr bis zur Heimstatt, wo wir Stühle angeboten bekamen und mit Blumenkränzen geschmückt wurden. Sie erlaubten mir, all ihre Instrumente zu untersuchen, ebenso das Kostüm einer der jungen Tänzerinnen, aber nachdem meine Neugier gestillt war, blieben wir nicht mehr lang, denn wir waren dankbar, dem überwältigenden Lärm der Musik, dem Krachen des Feuerwerks und dem Stimmenlärm der Menschenmasse entrinnen zu können.

Am Abend gaben die Offiziere des 7. Kavallerieregiments der ruhmreichen Ostindien-Kompanie einen großen Ball, den zu besuchen ich nicht den Wunsch verspürte. Zum einen machte sich der Mangel an Schlaf bemerkbar, zum anderen zählt für mich ein Ball zu den am wenigsten interessanten Zerstreuungen, ähnlich unerquicklich wie eine große Abendgesellschaft, bei der die Leute ständig hin und her gehen und huschen, reden, lachen, in jeder Gesprächspause kommen und gehen. Dieses beständige Geflattere hält mich so auf Trab, daß die Veranstaltung zum Ärgernis wird und mir kein Vergnügen mehr bereitet; vorausgesetzt aber, daß die Gesellschaft sitzen bleibt, kann ich, egal wie groß die Räumlichkeiten sind, meine Aufmerksamkeit ohne qualvolle Anstrengung auf den gesamten Raum richten. Selbst wenn sich mir Leute nur für kurze Zeit zuwenden und dann wieder zu ihren angestammten Plätzen zurückkehren, gerät mein Bild nicht durcheinander, denn habe ich einmal die Stimmen unterschieden und jeder Person eine bestimmte Position zugeordnet, dann bildet sich vor meinem geistigen Auge eine genaue Vorstellung des ganzen Raumes, wie sie bei anderen Menschen sehenden Auges entsteht. Aber in dem Moment, in dem die Gesellschaft beginnt, ihre Plätze zu wechseln und umherzuwandern, verwirrt sich mein Gedankennetz so vollständig, daß ich es nur schwer entwirren kann. Obwohl ich mich vielleicht an die Stimmen der meisten erinnern kann, ist die Verwirrung so bedrückend, daß ich mir manchmal nicht einmal die Namen meiner engsten Freunde ins Gedächtnis rufen kann.

BESUCH BEIM RADSCHA VON PUNGANUR

Gegen sieben Uhr morgens wechselte ich in Maulwangle die Träger, ab dort ging es bergab, und die Luft wurde fühlbar wärmer.

Nach sechzehn Meilen traf ich einen Iren, der in Diensten

des Radschas von Punganur stand und mir die Einladung des Radschas überbrachte, ihn in seinem Haus zu besuchen, das sich in der Nähe der Straße befand. Die Aussicht eines Besuchs bei einem Eingeborenenprinzen war ein Glücksfall ganz nach meinem Geschmack, vor allem da ich bisher dazu nie die Gelegenheit gehabt hatte. Ich begleitete den Boten daher gern und entlockte ihm soviel Informationen, wie es in der Kürze der Zeit möglich war. Bei meiner Ankunft empfing mich der Radscha, der sehr gut Englisch sprach und europäisch gekleidet war, sehr freundlich. Sein Vater war kurz zuvor verstorben, und das Haus, in das er mich eingeladen hatte, gehörte seiner Mutter, die aufgrund einer unheilbaren Krankheit ans Bett gefesselt war. Kurz nach meinem Eintreffen betraten die beiden jüngeren Brüder des Radschas das Zimmer. Er lud mich ein, die ganze Nacht zu bleiben, aber ich war gezwungen, seine Großzügigkeit abzulehnen, da meine Planung eine sofortige Weiterreise erforderte. Ich blieb daher nur ein paar Stunden bei ihm; er ließ einen Imbiß auftragen, aß aber weder noch setzte er sich nieder, während ich mich bediente. Später erfuhr ich, daß er weder mit Fremden aß noch sie in seinem eigenen Palast empfing, einem separaten Bungalow, den sein Vater speziell für die Unterbringung der Söhne erbaut hatte. Ich wurde mit verschiedenen Weinen, englischem Porter &c. bewirtet. Der Radscha war ein sehr sanfter und umgänglicher junger Mann; sein eigener Palast, in den er mich sehr freundlich einlud, befand sich in Punganur, achtzehn Meilen entfernt; die Gegend wird wegen des milden Klimas für sehr gesundheitsfördernd gehalten, so daß sie während der heißen Jahreszeit von vielen aufgesucht wird. Ich verließ den Radscha nach einem sehr angenehmen Besuch gegen zwei Uhr.

Ich kann nicht sagen, daß ich die Sitte, in einer Sänfte wie ein Invalide herumgetragen zu werden, besonders schätze, aber die Gewohnheit versöhnt mit allem, und es ist sicherlich bei stechendem Sonnenschein eine sehr bequeme Art des Reisens, wenn die Hitze ermattend wirkt und die geringste Anstrengung Erschöpfung zur Folge hat. Ich für meinen Teil ziehe jedoch jederzeit die Reise zu Fuß oder Pferd vor, aber in der außerordentlichen Hitze des tropischen Klimas ist jede körperliche Anstrengung fast unerträglich.

Dienstag, 29. – Mr Arbuthnots* Abendgesellschaft war heute nicht sehr groß. Jeder schien fröhlich zu sein, und nachdem wir uns in den Salon zurückgezogen hatten, befand ich mich im Mittelpunkt einer kleinen Gruppe von Fragestellern, die sich nach den Orten, die ich besucht hatte, nach der Freude, die mir das Reisen bereitet &c. erkundigten. Unter anderem fragte mich ein junger Mann, der fest entschlossen war, witzig zu sein, warum ich die Formulierung »Ich habe sie heute wiedergesehen« wählen würde, obwohl ich doch gar nichts sehen könne; eine Frage, die mir übrigens oft begegnet, aber da sie diesmal mit der Absicht gestellt wurde, sich über mich lustig zu machen, beschloß ich, den Spieß umzudrehen. Daher antwortete ich mit einer Frage: »Stellen Sie sich vor, ich hätte Ihre Herzensdame getroffen und ihr die Hand geschüttelt, wie sollte ich es Ihrer Meinung nach ausdrücken? Daß ich das Vergnügen hatte, Ihre Freundin heute zu *berühren*? Eine derartige Behauptung wäre völlig wahr, wenn auch verwunderlich. Daher benutze ich, um großes Erstaunen zu vermeiden, den üblichen Ausdruck, der genauso verstanden wird.« Dies schien meinen Zuhörern sowohl schlüssig und zufriedenstellend, lachten sie doch alle den jungen Mann herzhaft aus.

---

* Britischer Kolonialbeamter in Südindien, der Holman unterstützte.

EMPFUNDENE LANDSCHAFTEN

Das Malerische erweckt in mir so tiefe Gefühle, als sähe ich die Landschaft vor mir ausgebreitet, und dennoch habe ich nicht gewagt, es zu beschreiben. Ich fürchtete, meine Gefühle würden falsch verstanden und ich beschuldigt, mich an der Beschreibung von etwas versuchen, was ich überhaupt nicht erfassen könnte, während ich doch lediglich meine Empfindungen schilderte.

Es lag eine Botschaft in den Winden, die über die Hügel strichen, und in der ernsten Stille des verborgenen Laubes, die nicht mißverstanden werden konnte. Sie drang in mein Herz, und ich hätte weinen können, nicht, weil ich nicht sah, sondern weil ich nicht alles, was ich fühlte, beschreiben konnte. Dies ist die geheimnisvolle Entschädigung der Vorsehung, die uns einer Quelle des Entzückens beraubt und alle anderen Mittel des geistigen Vergnügens desto sensibler und empfänglicher macht.

DIE GROSSEN ANDAMANEN

Die derzeitigen Bewohner der Großen Andamanen ähneln den gewöhnlichen afrikanischen Negern: ihre Hautfarbe ist rabenschwarz, ihr Haar wollig und ihre Gestalt gedrungen. Die Frauen besitzen alle Eigentümlichkeiten, durch welche sich Hottentottenweiber auszeichnen; sie sind völlig nackt, ohne die geringste Schamvorstellung, aber sie scheinen doch mit einer gehörigen Portion Eitelkeit gesegnet, denn sie verzieren sich mit einem Gemisch aus Fett und rotem Ton. Dieses ist jedoch nicht ohne Nutzen, dient es ihnen doch als Schutz gegen Ameisen und andere Insekten.

VORLESESTUNDEN AUF HOHER SEE

Eine Seereise ist derart eintönig, daß es einiger Koordination bedarf, die Zeit vorteilhaft zu nutzen. Ich für meine Person teile den Tag folgendermaßen ein: Nach dem Frühstück lasse ich mir drei oder vier Stunden vorlesen, ein Spaziergang schließt den Zeitraum bis zum Mittagessen. Zwischen Mittagessen und Tee verbringe ich die Zeit mit Gesprächen an der Speisetafel oder einem Spaziergang. Nach dem Tee abermals Vorlesen, und den restlichen Abend halte ich mich bei gutem Wetter bis Mitternacht oder länger an Deck auf. Diese Betätigungen verhelfen mir gewöhnlich für den Rest der Nacht zu geruhsamem Schlaf.

MACAU

Als ich eines Abends mit einem Freund spazierenging, hörten wir ein Jammern, das von einer Gruppe Frauen stammte, die wir in der Nähe eines Friedhofs bemerkten. Mein Freund teilte mir mit, daß er im Laufe des vergangenen Monats jedesmal, wenn er in diese Richtung gegangen sei, das gleiche Weinen gehört habe, und er schloß aus dem Zweck, dem dieser Ort diente, es handele sich um die Wehklage über den Verlust eines verstorbenen Verwandten. Diese Mutmaßung war einleuchtend genug, befriedigte mich jedoch nicht völlig, und da ein Reisender im allgemeinen neugieriger ist als die Einwohner, welche mit ihrer Umgebung vertraut und mittlerweile gleichgültig gegenüber den einheimischen Gebräuchen sind, befragte ich in dieser Angelegenheit einige Eingeborene. Wir erfuhren erstaunt, daß der Grund dieser bekümmerten Geräusche nicht zur Schau gestellte Trauer für die Toten, sondern ein Beitrag zum Glück der Lebenden war. Der Fall war folgender: Zwei junge Menschen, die einander sehr zugetan waren, wollten unbedingt eine eheliche Verbindung eingehen, besaßen aber nicht die Mittel, für die Kosten der Hochzeit aufzukommen, die sich selbst bei den ärmsten Chinesen für gewöhnlich auf ungefähr zwanzig Dollar belaufen. Es war das in solchen Fällen übliche Gegenmittel, das meine Neugier erregt hatte: Die Liebenden dingten Leute, die sich an der Straße aufstellten und dieses traurige Geschrei von sich gaben; damit sollte das Mitleid von Verwandten, Freunden und anderen großzügigen Personen erregt werden – bis eine Summe eingenommen worden war, dic ausreichte, um die Kosten der Hochzeit zu decken.

AN DER GRENZE ZU CHINA

Endlich hatte ich Kanton erreicht. Mein Herz schlug in stürmischem Entzücken beim Gedanken, zu guter Letzt meinen Fuß auf chinesisches Territorium gesetzt zu haben. Es erschien mir wie die Erfüllung eines langgehegten Traumes. Ich hatte gewissermaßen das ersehnte Ziel, mein *Ultima Thule* erreicht. Sehr zutreffend, daß Holman von seinem Ultima Thule spricht, denn die derart benannte Insel war seit ihrer antiken »Erfindung« zwar im äußersten Norden angesiedelt, aber nicht näher bestimmt. Für die Römer waren es die Shetland-Inseln, für Richard Francis Burton Island, für zeitgenössische Geographen ist es ein Landpunkt auf Schmitt's Island im Arktischen Ozean. Die erlittene Enttäuschung, daß ich während meiner Rußlandreise nicht zur chinesischen Grenze reisen konnte, erhöhte das Vergnügen, das ich nun empfand, da ich mich im Land selbst befand. So viel ist von China zu hören, von seinen strengen Gesetzen, seiner starren Etikette und althergebrachten Gepflogenheiten; und in Sammlungen sind Anekdoten und wundersame Geschichten darüber so vielfach vertreten, daß selbst die Neugier eines Kindes geweckt wird und es etwas Neues über eine so seltsam beschaffene Nation lernen möchte, die so viel Außergewöhnliches zu bieten hat. Es war daher nicht außergewöhnlich, daß ein Reisender, der viele Länder besucht hatte, eine überwältigende Freude fühlte, wenn er sich zum ersten Mal in einem

Land befand, das sich vollkommen von allen anderen auf der Welt unterscheidet.

Holmans Enthusiasmus ist wohlbegründet, denn er gehörte zu den wenigen, denen es vergönnt war, das »Reich der Mitte« überhaupt zu bereisen. Die restriktive Außenhandelspolitik der Quing-Kaiser erlaubte es britischen Händlern nur selten, über Kanton, den einzigen Umschlagplatz für den gesamten chinesischen Überseehandel, hinaus in ihr Reich vorzudringen. Entsprechend mußte sich die europäische Öffentlichkeit bis ins späte 18. Jahrhundert auf die ethnographischen Informationen der jesuitischen Missionare am Quing-Hof verlassen, die ein überaus positives Bild von China als einer hochzivilisierten, politisch stabilen und landwirtschaftlich produktiven Gesellschaft entwarfen. Ein Bild, das jene europaweite China-Begeisterung befeuerte, der wir u.a. die Chinoiserien und den »englisch-chinesischen Garten« verdanken. Im späten 18. Jahrhundert allerdings fand in der europäischen Öffentlichkeit eine Umwertung statt. Die China-Begeisterung wich angesichts zunehmender wirtschaftspolitischer Interessenkonflikte einer kritischen Skepsis, wenn nicht gar einer offenen Sinophobie. Ordnung, Stabilität und Traditionalität wurden nun nicht mehr als Attribute kluger politischer Herrschaft gepriesen, sondern galten zunehmend als Formen der Rückständigkeit, Stagnation und Dekadenz. Bereits 1775 sprach der deutsche Aufklärungshistoriker August Ludwig Schlözer von China als dem »dümmsten Reich der Welt«. Solche kulturhegemonialen Vorstellungen, die westliche »Fortschrittlichkeit« über den »ewigen Stillstand« im »Reich der Mitte« stellten, waren sicherlich auch eine Bedingung für den Ersten Opiumkrieg, der nur wenige Jahre nach Holmans Ankunft in Kanton Chinas wirtschaftliche Öffnung mit Waffengewalt erzwingen sollte.

Wir besuchten einige chinesische Geschäfte und erwarben unter anderem einen Bambushut (der Bambus wird eingeweicht, zu Brei zerkleinert und mit Leim vermischt, ehe er in Form gebracht wird und trocknet). Zuerst setzt man verschiedene Modelle auf, bis man ein passendes gefunden hat; dieses wird dann mit einem ähnlichen Material bezogen, wie es für seidene Herrenhüte in England benutzt wird und auch in der gleichen Art und Weise gefüttert. Der Chinese, vom Geistesblitz getroffen, schrieb unter seinen Namen »London« ins Hutinnere. Der erste, den ich kaufte, kostete eineinviertel Dollar, aber für den zweiten wurde mir nur ein Dollar berechnet, und ich erfuhr, daß sie en gros je zum Preis von einem dreiviertel Dollar verkauft wurden. Diese Hüte sind sehr leicht und langlebig und behalten ihre Form, solange man sie vor Nässe schützt. Sie sind daher bestens für die Trockenzeit in warmem Klima geeignet und mit Sicherheit Strohhüten vorzuziehen, beinahe ebenso leicht, gleich günstig und weniger durchlässig für Sonnenstrahlen. Stiefel und Schuhe sind in China sehr billig, aber sie gehören zu jener Sorte, die nur für warme und trockene Länder geeignet ist.

Wir verbrachten den Abend bei Mr Jardine, dessen *comprador** für jene der Gesellschaft Opiumpfeifen vorbereitet hatte, die erpicht zu erfahren waren, welche Wirkung der Stoff auf sie haben würde. Mich trieb die gleiche Neugier, und als die Pfeifen gefüllt waren, betteten wir uns getreu chinesischer Manier auf eine Liege voller Kissen. Dann entzündete der *comprador* die Droge mit einem rotglühenden Draht, was drei bis vier Züge ermöglichte. Mir reichten zwei Pfeifen völlig aus, um Kopfschmerzen zu bekommen – leider die einzige Auswirkung, die ich verspürte, denn das Opium verursachte mir keinerlei angenehme Empfindungen, weder beim Rauchen noch danach, und ich war froh, zu einer Tasse Tee Zuflucht nehmen zu können. Ich nehme jedoch an, daß Tabak eine ähnliche Wirkung gehabt hätte. Man muß sich wohl erst an diese beiden starken Narkotika gewöhnen, bis es einem gelingt, Genuß daraus zu ziehen.

---

* Einheimischer, der Kolonialkaufleuten bei ihren Geschäften als Mittelsmann diente, hauptsächlich in China, aber auch anderen asiatischen Ländern.

Montag, 18. – Ich stattete gemeinsam mit Reverend Mr Vachell dem Wohnhaus von Tin-qua, einem der Hongkong-Kaufleute, einen Besuch ab. Tin-qua empfing uns mit größter Gewandtheit und Höflichkeit und lud uns, nachdem wir die Möbel und den Zierat einiger Zimmer begutachtet hatten, zu einer Stärkung ein, bestehend aus Konfekt, Tee und Kuchen. Die Herstellung des Konfekts, sagte er, sei von seiner Lieblingsfrau beaufsichtig worden. Hochrangige und reiche Chinesen erachten es für wichtig, daß ihre Hauptfrau kleine Füße hat. Von ihr erhoffen sie sich einen Erben für Rang und Vermögen. Sie haben auch noch, je nach Neigung oder Wohlstand, eine oder mehrere Frauen mit großen Füßen, Tatarenfrauen, mit denen sie zahlreiche Nachkommen zeugen. Nach dem Schmaus ließ sich Tin-qua von einer seiner Tatarenfrauen die Pfeife bringen. Diese Pfeife war sehr elegant, das aus Horn bestehende Rohr war nicht dicker als ein Gänsefederkiel und ungefähr ein Yard lang; das Mundstück war aus Bernstein, der Kopf aus Elfenbein, beide hübsch geschnitzt. In der Mitte des Rohrs hing an einer goldenen Kette der Tabaksbeutel. Mein Freund, der Reverend, ein Zigarrenraucher, versuchte die Damenpfeife und erklärte, das Kraut sei sehr wohlschmeckend. Besonders viel Freude bereitete uns die Bekanntschaft mit einigen von Tin-quas Enkelkindern, alles Mädchen zwischen sechs und dreizehn Jahren. Die Scheu, mit der sie sich uns anfänglich näherten, fesselte sofort unsere Aufmerksamkeit. Eine von ihnen war bemerkenswert hübsch, dieser Ansicht wäre man wohl in jedem Land gewesen. Sie hatten alle einen hellen Teint, lange schwarze Haare und schwarze Augen. Das Haar über der Stirn war rasiert, seitlich baumelte es in langen Ringellocken, der Rest war zu einem langen Zopf geflochten und fiel, wie bei den Männern, den Rücken hinab. Dies ist die übliche Haartracht der Frauen, bis sie verheiratet sind, danach wird der ganze Schopf oben auf dem Kopf zusammengefaßt und mit Gold- oder Silbernadeln festgesteckt.

Die Kaufmannsenkelinnen trugen lose bis zu den Knien reichende Kleider aus Seide oder Krepp, mit langen Ärmeln und weiten Hosen. Beim Hinausgehen kamen wir durch einen Raum, in dem einige Kinder mit der Anfertigung von Goldfäden und -litzen beschäftigt waren, die bei der Verzierung der Kleider reichlich zum Einsatz kommen.

Gemeinsam mit meinem Freund, Mr Matheson, besuchte ich das Haus eines Opiumhändlers sowie verschiedene weitere Geschäfte. Die Schilder dieser Läden sind in den Augen eines Fremden recht außergewöhnlich, sie bestehen aus großen dikken Holzbrettern, sind seitlich am Geschäft angebracht und werden entweder in die Wand gesteckt oder an Haken aufgehängt. Der erste Laden, den wir betraten, verkaufte Hirschhorn für medizinische Zwecke; das Horn wird zunächst gereinigt, in Späne gehobelt und in einem Mörser zu Pulver zerkleinert, aus dem dann Pillen gedreht werden. Das Horn stammt zum Großteil aus Kotschinchina und ist manchmal von der Wurzel bis zur Spitze mit Fell bedeckt.

In einem anderen Laden trafen wir den Verkäufer an, wie er Vogelnester vorbereitete, die von epikureischen Kunden dann in eine Suppe verwandelt werden. Die Qualität dieser Nester hängt von der Lage und Größe der Höhlen ab, in denen sie gefunden werden sowie von der Jahreszeit. Jene, die vor dem Eierlegen eingesammelt werden, sind die besten, enthalten sie lediglich Eier, sind sie immer noch wertvoll, aber befinden sich Jungvögel darin oder sind diese gar flügge, sind sie nahezu wertlos, da blutbeschmiert und mit Federn und Dreck verkrustet. Die Nester werden zweimal im Jahr eingesammelt. Der Verkauf der Vogelnester ist das Monopol der Regierungen, in deren Gebiet sie gefunden werden; jährlich werden ungefähr 243 000 Pecul* im Wert von Wert von 1 263 570 Dollar nach Kanton gebracht.

* Chinesische Gewichtseinheit, entspricht laut Pierer's Universallexikon 60,48 kg.

Donnerstag, 4. – Ich besuchte eine chinesische Theateraufführung, die auf Pidgin *sing-song** genannt wird. Die Stücke sollen historischer Natur sein und lange Erzählungen von Liebe und Eifersucht umfassen, die Behandlung moralischer und geistiger Gefühle ist unerwünscht, jede Unanständigkeit wird vom eingeborenen Publikum vergnügt aufgenommen. Ungeachtet des Inhalts ihrer Aufführungen befindet sich die Bühne für gewöhnlich gegenüber einem Haus der religiösen Andacht, was, seltsam genug, als Kompliment für die Götter verstanden wird.

CHINESISCHES DINER

Mr Copeland und ich begleiteten heute Mr Reeves und seinen Sohn, die bei einem der Hongkonger Kaufleute, Tin-qua (womöglich handelt es sich um den uns bereits bekannten Herrn mit den vielen Enkeltöchtern), zum Diner *à la mode chinoise* eingeladen waren. Wir wurden vom Hausherrn und zweien seiner Freunde empfangen; man führte uns zu einem runden Tisch, und jeder wurde mit einem Paar elfenbeinernen, mit Silber beschlagenen Eßstäbchen ausgestattet, einem silbernen Schöpflöffel mit stark gebogenem Griff, einer kleinen Tasse Soja, einem Unterteller für die Schüsseln, aus denen wir essen würden, sowie einer eleganten, üppig goldverzierten Silbertasse mit zwei Henkeln, die auf einem ähnlich verzierten Gestell stand und einer umgedrehten Untertasse glich. Aus dieser Tasse

---

* *Sing-Song-Girls* hießen die Kurtisanen Schanghais, die ähnlich wie die indischen *Nautsch-Girls* in Tanz und Gesang ausgebildet waren, von wohlhabenden Männern ausgehalten und von diesen gelegentlich geheiratet wurden. Das Melodram »Sing-Song Girl Red Peony« (der Pfingstrose kommen im Reich der Mitte besondere, auch durchaus delikate Bedeutungen zu), ein Tonfilm aus dem Jahr 1931, war wohl der erste chinesische Blockbuster.

»Royal Society Portrait« von Holman, angefertigt von George Chinnery in Kanton (1830)

wurde *suey sung*, der hier übliche Wein, getrunken; sie faßte nicht mehr als die gute alte chinesische Teetasse. Nachdem man auf das Wohl eines Anwesenden getrunken hatte, drehte man ihm das Innere der Tasse zu, um zu zeigen, daß sie leer war. Der Wein wurde uns kochendheiß serviert und unsere Tassen laufend aufgefüllt. Er wird aus Reis gewonnen, und obwohl er keineswegs stark zu nennen ist, hat er einen ziemlich angenehmen Geschmack. Zusätzlich erhielt jeder Europäer Messer, Gabel und etwas Brot.

Auf dem Tisch standen acht kleine Schüsseln, die Appetithäppchen bestanden aus kaltem, getrocknetem Schweinefleisch, *chin-chew*, so fein geschnitten, daß es roter Wolle ähnelte; kleinen Dörrfisch- und Schinkenstücken; kleingewürfeltem Brathuhn; Schweinezunge; Salzfisch, in Fetzen gerissen wie Flachs; Entenfüßen, die wie Schinken konserviert waren; sowie einem aus Grünzeug, Zwiebeln, Knoblauch, Salzfisch und Eiern bestehenden, mit Teeöl angerichteten Salat. Diese Delikatessen wurden kalt serviert, blieben während des gesamten Mahles auf dem Tisch und wurden von den Chinesen mit außergewöhnlicher Aufmerksamkeit bedacht, sie sprachen ihnen zu, sobald ein Gang abgeräumt wurde. Es ging mit einer großen Schüssel Vogelnestsuppe weiter, von der sich jeder bediente. Wir fanden sie sehr fade und würzten mit Sojasauce nach, da Salz und Pfeffer in der chinesischen Küche kaum eine Rolle spielen. Der zweite Gang bestand aus Haifischflossensuppe mit Krabbenbällchen, gefolgt von verschiedenen anderen Speisen, darunter Gemüsesuppe aus Seegras von der japanischen Küste mit Bambussprossen und Seerosenwurzeln. Dieses Gras, *tay-choey* genannt, ähnelt in getrocknetem Zustand dem Mark eines Federkiels, aber in der Suppe schmeckt es wie Sellerie. Als nächstes wurde geschmorter Hammel aufgetischt, suppennudeldünn geschnitten, die Soße köstlich. Darauf folgten gebratene Taubeneier in einer sehr schweren Sauce; es war jedoch nicht leicht, diese Eier mit den Eßstäbchen von der Schüssel in unsere Tassen zu befördern.

Die Chinesen säubern oder wechseln ihre Stäbchen während des Mahles nicht, jeder stößt damit in jede Schüssel und bedient sich. Sie halten es auch für äußerst höflich, einem Ausländer mit ihren Stäbchen, mit denen sie selbst von diversen Gerichten genommen haben, zu helfen.

Zum nächsten Gang gab es gebratenes Schwein, die Haut wurde als besondere Delikatesse, in Fett knusprig gebraten und in Stücke geschnitten, separat gereicht. Es folgten gebratene Kapaune, die äußerst zart waren, da man die Tiere mit Reismehl gefüttert hatte. Dann wurde geschmorte Ente gereicht, gefolgt von geschmorten Tauben, Pilzen, Entenfüßen und einer Vielzahl von Gerichten, deren Namen uns unbekannt waren. Zum Schluß kam eine große Schüssel Reis auf den Tisch, sehr heiß, mit mehreren, quadratischen Stücken Salzfisch zur Würze. Ein oder zwei Schüsseln Reis zum Abschluß eines herzhaften Mahls sind für die Chinesen das Zeichen guter körperlicher Verfassung (oder zumindest der Beweis für einen robusten und geräumigen Magen), und unsere Freunde stürzten sich dementsprechend voller Eifer darauf. Es kamen weder Butter noch Käse auf den Tisch, da die Eingeborenen rund um Kanton ihre Kühe nicht melken, und so sind die Ausländer gezwungen, sich eigene Kühe zu halten.

Der Nachtisch bestand aus eingelegten und getrockneten Früchten, gefolgt von Tee; danach verabschiedeten wir uns.

IMPRESSIONEN

Dienstag, 23. – Anläßlich eines Besuchs bei Mr Dunn hatte ich das Vergnügen, die hübschen Modelle zweier chinesischer Sommerhäuser im Pagodenstil untersuchen zu dürfen; eines war nahezu quadratisch und besaß nur ein Stockwerk, das andere hatte zwei Etagen, und das Dach war reichverziert mit Statuen. Mr Dunn war so freundlich, mir ein Hemd aus Bambus zu schenken, dessen Neuartigkeit und Nützlichkeit ich bewundert hatte. Diese Hemden werden im Sommer direkt auf der Haut getragen, sind angenehm kühl und schützen die Seidengewänder vor Körperausdünstungen.

Am Ende der Old China Street liegt ein kleiner Markt, wo Gemüse und Obst verkauft werden, und zum Erstaunen der Europäer fließt ein ständiger Nachschub an Hunden und Katzen, der für den Tisch gedacht ist; sie werden lebend in Körben geliefert und nach Gewicht verkauft. Bei den Hunden handelt es sich meist um Welpen, die Katzen hingegen gibt es in allen Altersklassen. Auch Ratten und Frösche werden für gewöhnlich zum Verzehr angeboten.

DER EID

Montag, 13. – Aus meinem Koffer waren vor ein paar Tagen einige Dollar verschwunden, und mein Verdacht fiel natürlich auf meinen chinesischen Diener, der als einziger Zutritt zu meinen Räumen hatte. Er versuchte, den Diebstahl auf den Portier zu schieben, und heute morgen hatten sich alle chinesischen Diener des Hauses zu versammeln und sich einer Prüfung zu unterziehen, bei der sich der Schuldige finden würde. Dies geschah durch einen Eid, der ihre abergläubische Religionsauffassung widerspiegelte. Der Portier schlug als erster diese Methode vor, um seine Unschuld zu beweisen. Hier folgt die Übersetzung des Eides: »Dies ist der neunundzwanzigste Tag des zehnten Mondes des zehnten Jahres der Herrschaft von Daoguang, und Mr Holman vom Volk der Engländer fehlen seit dem sechsundzwanzigsten sechzehn Dollar, die ich, der Kuli, gestohlen haben soll. Da die Angelegenheit nicht anders geklärt werden kann, schwöre ich, Pao Atai, im Angesicht des Himmels, vor allen heiligen Puisa (Göttern), sollte ich, Pao Atai, diese sechzehn Dollar gestohlen haben, sollen meine Frau und meine Kinder, mein Vater und meine Mutter sterben wie dieser Hahn hier. Ihr azurblauen Himmel seid meine Zeugen. Sollte aber Atai diese sechzehn Dollar nicht gestohlen haben, dann möge meiner Person Segen zuteil werden und meine ganze Familie sich der Ruhe erfreuen. Ich, Pao Atai, knie nieder, schlage mir an den Kopf und lege diesen Eid ab.«

Er hatte diese Worte kniend vor einem improvisierten Altar gesprochen (einem alten Hocker, auf dem zwei Kerzen für die Hausgötter entzündet worden waren), erhob sich nun und ergriff den Hahn, legte dessen Hals auf ein Stück Holz und trennte ihm mit einem Hackmesser den Kopf ab. Dies sprach ihn in den Augen der versammelten Chinesen von aller Schuld frei, und mein Diener wurde aufgefordert, die gleiche Zeremonie zu vollziehen. Er weigerte sich jedoch, ungeachtet seiner ständigen Unschuldsbeteuerungen, und wurde folglich von allen Anwesenden für den Dieb gehalten. Die Angelegenheit sowie die Anstellung des schuldigen Dieners waren hiermit beendet.

CHINESISCHE BETTLER

In China wimmelt es vor Bettlern, einige sind es aus reiner Not geworden, der Großteil allerdings aus Neigung. Der Beruf wird in Gruppen ausgeübt und ist ebenso bequem wie einträglich. Oftmals ist eine Kette von zehn oder zwölf blinden Bittstellern in den Straßen anzutreffen, und es heißt, daß Kinder häufig ihres Augenlichts beraubt werden, um beim Betteln größeren Erfolg zu erzielen. Andere wiederum belästigen Hochzeiten und Begräbnisse, wobei sie Gefahr laufen, schwer bestraft zu werden. Die Regierung scheint jedoch den Blinden die Landstreicherei zu gestatten, denn obwohl eine staatliche Einrichtung existiert, die sie unterstützt, sind die finanziellen Hilfsmittel so unzureichend, daß die Beamten es ihnen erlauben, in den Straßen zu betteln und zu singen. Blinde erhalten mittels Ausweisen Zutritt zu dieser Institution, aber aufgrund der Gaunereien, die bei den Chinesen in allen Bereichen anzutreffen sind, haben die Beamten häufig Grund für den Verdacht, daß diese Scheine an nur »halbblinde« Personen weitergegeben werden.

Interessant im Vergleich die Beschreibung des schwäbischen Theologen und Missionars Richard Wilhelm, der 1899 zum ersten Mal ins Reich der Mitte aufbrach: »Eine besondere Kategorie der Bettler sind die in China sehr zahlreichen Blinden. Sie zeichnen sich im Gegensatz zu den oft mißtrauischen und tückischen Tauben durch eine stille Sanftheit aus. Meist spielen sie eine Laute oder sonst ein Instrument, wenn sie durch die Straßen gehen, und verdienen sich dadurch eine Kleinigkeit. Sie haben in der einen Hand einen Stock, mit dem sie merkwürdig geschickt ihren Weg abtasten, in der anderen einen kleinen Glockengong, dessen regelmäßige Schläge Vorübergehende bitten, Platz zu machen für einen Blinden. Im allgemeinen begegnet man den Blinden auch mit Freundlichkeit und Hilfsbereitschaft. Ich werde nie den Blinden vergessen, der in den Straßen von Suzhou an mir vorüberging. Es war Frühling, und er spielte auf einer kleinen chinesischen Geige, einem jener primitiven Instrumente, die aufrecht gehalten werden und zwischen deren beiden Saiten ein Bogen aus Pferdehaaren gewöhnlich schrille kreischende Töne hervorbringt.«*

Nachdem ich meine Neugier an diesem einzigen Ausländern zugänglichen Teil jenes riesigen Imperiums gestillt hatte, schied ich ohne Bedauern, sondern begierig, mich von dem Sumpf der Betrügereien und Verdorbenheit, der Kanton umgibt, loszureißen.

INDONESIEN

Sonntag, 9. – Heute besuchte uns ein Boot der niederländischen Bewohner von Pulo Bassa, unter Führung zweier

* Aus »Die Seele Chinas« 1925.

schwarzer Männer, eines »Bastardportugiesen« und eines »Bastardholländers«. Sie führten Vorräte mit sich, von wenig einladender Erscheinung und Qualität, wie etwa halbverhungerte Enten und Hühner, faule Eier und minderwertige Orangen. Wir versuchten uns jedoch nicht darin, über diese kostbaren Waren handelseinig zu werden, sondern setzten die Segel. Sie hatten Angst, uns zu folgen, da sich in der Nähe, wie sie uns mitteilten, zwei kleine Piratenschiffe befanden. Am Nachmittag ankerten wir unterhalb Krakataus. Der Kapitän und Dr. Johnson waren kurz an Land gegangen und erzählten uns bei ihrer Rückkehr, sie hätten beim Übersetzen zwei kleine Schiffe zwischen Krakatau und Lang Island ankern sehen. Wegen ihres verdächtigen Aussehens, sie waren gut bewaffnet und stark bemannt, hegten wir keinerlei Zweifel, daß es sich um jene Piraten handelte, die uns am Morgen beschrieben worden waren. Wir waren daher auf dem Quivive, um ihnen, falls sie in der Nacht angreifen würden, einen entsprechenden Empfang zu bereiten. Es ist allerdings zwischen diesen Inseln stets vonnöten, sich gegen einen derartigen Angriff zu wappnen, da die Freibeuterei hier sehr verbreitet ist; fast jedes malaiische Schiff gebärdet sich als Piratenschiff, wenn sie einem Handelsschiff begegnen, von dem sie meinen, es überwältigen zu können. Bei solchen Gelegenheiten ermorden sie unerbittlich Mann und Maus, lassen das Schiff auf den Strand laufen, plündern und zünden es an.

Dienstag, 11. – Kurz nach Mittag fuhren wir durch die Meerenge zwischen Java und Prinsen Island. Es segelte sich sehr angenehm durch den Kanal, auch wenn es sehr peinigend war, sich in so geringer Entfernung zur schönen Insel Java zu befinden und ihr keinen Besuch abstatten zu können.

Mittwoch, 2. – Heute morgen begleitete ich eine Dame zur Frauenfabrik, die ungefähr zwei Meilen von Hobart Town entfernt liegt. Sie ist für jene weiblichen Gefangenen gedacht, die bei ihrer Ankunft aus England nicht sofort für Arbeiten eingeteilt werden oder die aus den ihnen zugewiesenen Diensten wieder entlassen wurden, entweder wegen Erkrankung oder renitenten Verhaltens. Die Fabrik kann 300 Frauen und 60 Kinder aufnehmen. Alle Frauen haben die ihnen zugewiesenen Pflichten zu erfüllen und sind in drei Klassen aufgeteilt; die Niederträchtigsten müssen Wolle pflücken, waschen und die schweren Arbeiten übernehmen, die im Gefängnis anfallen, die zweite Gruppe spinnt Wolle und die erste Klasse bügelt, näht Wäschestücke für Haushaltszwecke und Hemden für männliche Gefangene. Zum Zeitpunkt meines Besuches befanden sich dort 220 Frauen und 62 Kinder, die bei Bedarf bereit waren, Stellen anzutreten. Sobald die Kinder entwöhnt sind, werden sie von ihren Müttern getrennt und in die Obhut von Krankenschwestern gegeben. Wenn sie vier Jahre alt sind, werden sie in die Waisenschule geschickt, wo sie bleiben, bis sie in die Lehre gehen, da es aber zu der Zeit keine freien Plätze in der Schule gab, mußten zwei überzählige Kinder warten. Sie werden in Lesen, Schreiben und Rechnen unterrichtet und die älteren Mädchen neben dem Erlernen von Handarbeiten auch zu verschiedenen Haushaltspflichten angehalten, damit sie später als Dienstboten arbeiten können.

An einem Tag besichtigte ich die Baracken der männlichen Gefangenen, ein großes Gebäude, das Platz für 800 Personen bietet, auch wenn zu diesem Zeitpunkt in diesen Mauern nur 400 untergebracht waren. Die Männer waren mit Bauarbeiten in der Stadt beschäftigt, manche von ihnen auch mit der Erweiterung des Gefängnisses, am Kopfteil sollte es um eine Kapelle erweitert werden, an anderer Stelle um Arrestzellen für renitente Sträflinge. Es gab auch Zellen für Einzelhaft, welche die körperliche Züchtigung ersetzte, des weiteren eine Tretmühle, die am 16. Februar 1828 in Betrieb genommen wurde und an der insgesamt sechsunddreißig Personen arbeiteten. Das Rad bestand aus dreißig Stufen und brauchte für eine Umdrehung eine halbe Minute. Achtzehn Mann standen jeweils auf dem Rad, und nach jeder Umdrehung stieg ein Mann ab, so daß jeder Mann neun Minuten drehte und neun Minuten Pause hatte. Wenn diese Mühle mit vollem Einsatz lief, mahlte sie mehr Getreide, als für die Versorgung der Gefangenen notwendig war. Kein Wunder, daß bald der Profit, der sich aus dieser Arbeit schlagen ließ, erkannt wurde und mehrere davon in Betrieb genommen wurden. Solcherart in der Tretmühle gefangen, verweigerte manch Sträfling die Knochenschinderei und zog den Tod durch Erhängen vor. Die Gefangenen standen unter der Aufsicht von Lieutenant Gunn, der einen Arm durch einen Musketenschuß von Brady, dem berühmten Anführer einer Buschräuberbande, eingebüßt hatte.

Die Feindseligkeit, welche die Eingeborenen gegenüber den europäischen Eindringlingen empfinden, ist absolut gerechtfertigt. Die Grausamkeiten, die sie erdulden mußten, wurden jedoch hauptsächlich von den Buschräubern sowie den Sträflingen verübt, die in den Außenposten als Hirten und Viehhüter arbeiteten. Sie verfügten über Feuerwaffen, gegen die der Widerstand der Eingeborenen nutzlos war und machten sich häufig des gewaltsamen Mißbrauchs der Eingeborenenfrauen schuldig, auch Mord war keineswegs ein seltenes Vergehen. Da die Waffen der Eingeborenen aus dem Holz der von ihnen bewohnten Wälder gefertigt waren, boten sie den tödlichen Gewehren ihrer Angreifer kaum Gegenwehr, und die Wilden waren gezwungen, sich mittels List und Tücke zu verteidigen. Die Buschräuber, das muß gesagt werden, waren den Sträflingen an Heimtücke weit unterlegen, die nebst anderen Grausamkeiten den Eingeborenen folgenden mörderischen Streich spielten: Sie holten ein Paar Pistolen hervor, die eine war geladen, die andere nicht;

sie nahmen die ungeladene, hielten sich diese an die Schläfe und lachten, nachdem sie den Abzug gezogen hatten, herzhaft, als ob ihnen der Vorgang großes Vergnügen bereite. Der arglose Eingeborene wurde dadurch natürlich verleitet, das Experiment mit der geladenen Pistole zu wiederholen, mit der logischen Folge, daß er sich das Hirn wegpustete!

Ganz Tasmanien war Opfer eines gigantischen mörderischen Streichs, der Ausrottung aller Aborigines, so daß Charles Darwin schon 1839 stolz vermerken konnte: »Van-Diemens-Land genießt den großen Vorteil, frei von einheimischer Bevölkerung zu sein.« In dem sogenannten Schwarzen Krieg (Black War) ging man auf Eingeborenenjagd, wer sich widersetzte, wurde erschossen, wer sich ergab, wurde in einem Zoo eingesperrt, wo die von den Europäern eingeschleppten Krankheiten kurzen Prozeß mit den Aborigines machten. Wir wissen, wie die letzte Palawa hieß (Trugernanner), wie sie aussah, wie düster und trotzdem stolz sie in die Kamera blickt und wann sie starb (1876). Australische Historiker streiten sich eifrig darüber, ob es sich bei dieser von niemandem in Frage gestellten Ausrottung um einen Genozid gehandelt hat.

Dienstag, 29. – Gestern und heute verbrachte ich einen Großteil der Zeit mit Besuchen – alle ehrenwerten Einwohner von Launceston schienen begierig, mir jede in ihrer Macht stehende Aufmerksamkeit zu erweisen. Ich fand jedoch Zeit, heute nachmittag das Gefängnis zu besuchen, begleitet von Mr Legge, dem Amtsrichter, der so freundlich war, mir seine Dienste anzubieten. 57 Sträflinge saßen wegen Verbrechen wie Vieh- und Schafdiebstahl ein, es gab einige Fälle von Straßenräuberei, aber keine Morde. Ein paar »freie« Personen waren wegen Schulden eingesperrt, und ich traf auch auf einen Eingeborenenjungen, der als Führer für einige Soldaten gedient hatte, die seine schwarzen Brüder verfolgten, und der, nachdem er natürlich zu fliehen versucht hatte, hier aus Sicherheitsgründen untergebracht war, und nicht zur Strafe, da man gut für ihn sorgte und er sich im Gefängnis frei bewegen und die Zeit nach eigenem Gutdünken vertreiben durfte. Er war ein kräftiger, beschränkter Knabe, offensichtlich nur wenig vom Idioten entfernt: er verschlief den Großteil seiner Zeit, außer Essen und Schlafen schien ihn kaum etwas zu interessieren. Diese Beschreibung könnte mit Fug und Recht auf die meisten Eingeborenen angewendet werden, die eine heimtückische, blutrünstige und barbarische Rasse zu sein scheinen; doch die Härte, mit der sie behandelt werden und die Brüskierungen, denen sie ausgesetzt sind, sind viel schwerer, befürchte ich, als es der Obrigkeit bewußt ist oder sie zuzugeben gewillt ist.

AUSTRALIEN

Auf meiner Reise durch die Hügel besichtigte ich den berühmten Wasserfall, von Gouverneur Macquarie Campbell Cataract getauft, später von Sir Thomas Brisbane in Bougainville Cataract umbenannt – der erste wählte den Namen zu Ehren seiner Herzensdame, der zweite zu Ehren des französischen Kommodores, der dem Katarakt einen Besuch abgestattet hatte. Nach Louis Antoine de Bougainville wurde nicht nur dieser Wasserfall benannt, sondern auch eine der Salomoneninseln, ein Tiefseegraben, ein Korallenriff und vor allem die wunderblumige, meist intensiv leuchtende Bougainvillea. Zudem war er ein Holman-Bruder im Geiste, denn Monsieur gelang 1769 als erstem Franzosen die Weltumsegelung. Der Gipfel des Wasserfalls liegt 2800 Fuß über dem Meeresspiegel, und hier stand ich, sehr zum Entsetzen des mich begleitenden Polizeisergeanten, am Rand des senkrecht in den gähnenden Schlund abfallenden Felsens, an welchem der Strudel herabstürzt. Mein Begleiter bat mich inständig, mich nicht dieser furchterregenden Stelle zu nähern, er sei dort mit einigen bedeutenden Persönlichkeiten gewesen, die erst wagten, in diese fürchterliche Tiefe zu blicken, als er sie gut festhielt. Ich versicherte ihm, ich verfüge über völlige Kontrolle meiner sämtlichen Nerven, und obwohl ich mir des fürchterlichen Abgrunds zu meinen Füßen vollständig bewußt sei, sei es keinesfalls gefährlich, wenn ich mich bis ganz an den Felsrand wagte. Während ich dort stand, in blicklosem Staunen die Erhabenheit der Landschaft betrachtete, mußte ich unwillkürlich an den blinden Gloster bei den Klippen von Dover denken; die Situationen glichen sich, und meine Phantasie bevölkerte diese mit ähnlichen Figuren – »halbwegs hinab hängt einer, Fenchel sammelnd – schrecklich Handwerk!« Aber im Gegensatz zu Gloster, der im Beisein seines Sohnes Edgar, den die armen Gemüsesucher so dauerten, in den Abgrund zu springen meint, tritt Holman brav zurück »von der Klippe, die schroff und steil hinaushängt«, kehrt der Charybde Geheul den Rücken und nach Sydney zurück.

Nachdem wir ein paar Tage bei Mr Galbraith verbracht hatten, brachen wir zu unserer Expedition auf, begleitet von Mr Galbraith, Mr W. Ryrie, einem Diener und zwei der Einheimischen als Führer. Nach ungefähr drei Meilen kamen wir an einem Wasserfall vorbei, in dessen Nähe wir mit unserem Abstieg der Gebirgskette begannen, die uns einige Hindernisse in den Weg warf, da sie steil, steinig und dicht bewaldet war. Meine Begleiter gingen zu Fuß weiter, führten ihre Pferde am Zügel, ich blieb im Sattel, von einem der Führer gelotst. Er war jedoch so damit beschäftigt, seine Schritte zu setzen, daß er mich häufig vergaß und ich folglich der liebevollen Fürsorge der uns umgebenden Zweige ausgesetzt war, die mich schlußendlich vom Pferd zerrten; beim Sturz zog ich mir etliche Prellungen zu. Ich konnte mir nur gratulieren, daß ich nicht wie Absalom schwebend hängenblieb.* Als wir den Gipfel erreicht hatten, wurde der Weg für zwei oder drei Meilen weniger schwierig, bis wir auf einen schlammigen Flußarm stießen, den wir erst in der Nähe seiner

* Absalom, einer der Söhne König Davids, verhedderte sich bei einer Schlacht mit seinem langen Haar im Geäst eines Baumes, konnte sich nicht befreien – und bot dem Gegner ein leichtes Ziel.

Quelle überqueren konnten. Wir stiegen in östlicher Richtung ab, schlugen das Nachtlager auf sehr feuchtem Sandgrund auf, banden unseren Pferden die Vorderbeine zusammen, und nachdem ein Feuer entzündet worden war, versorgten uns unsere Eingeborenendiener mit Tee. Danach rollten wir uns zum Schlafen in Decken ein, die Sättel dienten als Kopfkissen. Die ungewohnte Situation ließ mich trotz der Anstrengungen des Tages nicht einschlafen, und ich wurde, bis der Morgen anbrach, vom Heulkonzert der wilden Hunde wachgehalten. In der Früh setzten wir unsere Reise durch enge steinige Schluchten fort, durch Dschungelgestrüpp und enorm lange Schlingpflanzen sehr behindert. Unsere Schwarzen waren mit dieser Wegstrecke völlig unvertraut und von den zu bewältigenden Schwierigkeiten so aus der Fassung gebracht, daß wir gezwungen waren, eine Rast einzulegen, um ihr Gemüt zu beruhigen und ebenso das unsere. Als wir wieder aufbrachen, lag eine kurze Strecke ebenes Land vor uns, auf dem wir viele Viehspuren sahen. Dieser leicht zu bewältigende Weg war jedoch nur kurz und ein weiteres Mal mußten wir uns auf eine mühsame Weise vorwärtsbewegen, die mich an mancher Stelle doch sehr an ein Hindernisrennen erinnerte. Vergeblich hielten wir nach der Hütte eines Hirten Ausschau, in der wir die Nacht verbringen konnten und waren abermals gezwungen, mit dem Sternengewölbe als Betthimmel vorlieb zu nehmen. Die Stelle, die wir als Ruheplatz auswählten, war dichteste Wildnis, umgeben von Wäldern, Höhlen, getrockneten Flußbetten und mit gefallenen Bäumen bedeckten Landfleckchen.

Unsere Lage wurde noch trostloser, als wir entdeckten, daß wir unsere Beutel mit Tee und Zucker verloren hatten, da sie von den Zweigen aus ihren Befestigungen gerissen worden waren. Dieser Verlust war jedoch gering im Vergleich zu dem, was uns am nächsten Morgen erwartete: Zu unserem Mißvergnügen stellten wir fest, daß unsere Pferde verschwunden waren. Gottlob konnten wir sie nach einer mühsamen Suche alle bis auf eines wieder einfangen – das für den Rest unserer Expedition verschwunden blieb. Am Nachmittag setzten wir unsere Reise unter sehr ungünstigen Vorzeichen fort, da der Himmel von einem bevorstehenden Gewitter kündete. Unsere Befürchtungen bewahrheiten sich rasch, es goß in Strömen, und Donner und Blitz waren von jener fürchterlichen Großartigkeit, die sich nur jene vorstellen können, die je ein Gewitter in den Tropen erlebt haben. Für meine Begleiter war das Sturmgetöse zuviel, und meine gesamten Bemühungen, sie zum Weitergehen zu bewegen, in der Hoffnung, auf die Hütte eines Hirten zu stoßen, waren vergebens – ungeachtet dessen, daß unsere Vorräte sehr knapp wurden und wir nicht wußten, wann wir uns mit neuem Proviant würden versorgen können. Wir hatten noch nicht lange in durchnässtem Zustand debattiert, als unsere Schwarzen eine Höhle entdeckten, welche uns, wie sie sagten, ausreichend Schutz bieten würde. Diese Nachricht belebte die niedergeschlagene Mannschaft. Wir stiegen in eine tiefe Schlucht, und als wir die Höhle erreichten, erwies sich diese geräumiger als gedacht. Im Felsen befand sich eine natürliche Empore, ungefähr fünfundzwanzig Yards lang und mit einer Öffnung an jedem Ende. Wir entfachten hier ein Feuer und versuchten, unsere Kleider zu trocknen, aber der Rauch war so dicht, daß wir uns dem Feuer erst nähern konnten, als es zur Glut herabgebrannt war. Die Eingeborenen waren so weise, ihr Feuer im Freien auf einem überhängenden Felsen zu entzünden. Nachdem wir uns gestärkt hatten, legten wir uns auf unserem felsigen Sofa zur Ruhe, und unsere Pferde schwelgten im saftigen Gras der Schlucht.

NEUSÜDWALES

Während meines Aufenthaltes in Neusüdwales bewegte ich mich häufig unter den Aborigines, über die so viel Widersprüchliches geschrieben worden ist, und da ich im Laufe meiner Reise von Stamm zu Stamm mäanderte, hatte ich ausreichend Gelegenheit, mir eine Meinung über ihren Charakter zu bilden sowie über die Möglichkeit, sie zu zivilisieren. Es scheint mir, daß sie im großen und ganzen falsch dargestellt worden sind. Ich glaube nicht, daß sie es verdienen, das letzte Glied in der langen Kette der Menschheit genannt zu werden, denn sie sind gewiß intelligenter als die Eingeborenen von Van-Diemens-Land. Es stimmt, daß sie keine Vorstellung von einem Höheren Wesen haben – wahrlich, nicht die Vorstellung von einem, sondern von Hunderten Höheren Wesen haben sie –, auch scheinen sie keinerlei Dankbarkeit für die Anstrengungen zu empfinden, die unternommen wurden, sie von ihren grausamen Gepflogenheiten zu befreien – eine Dankbarkeit, die nur Gebrochene ausdrücken können, etwa jene Angeklagte, die sich in den Moskauer Schauprozessen bei der Partei bedankten –, aber sie verfügen offensichtlich über eine gewisse Fügsamkeit, die es ihnen, wenn sie entsprechend erzogen würden, wohl erlaubte, eine höhere Stufe der Menschlichkeit zu erreichen. Gegenüber allen Mitteln und Annehmlichkeiten des zivilisierten Lebens sind sie äußerst gleichgültig (was bei Diogenes von Sinope bewunderungswürdig scheint). Selten fühlen sie sich bemüßigt, feste Hütten zu errichten, sondern geben sich mit einem unbefestigten Lagerplatz zufrieden, meist in der Nähe eines Stromes oder Wasserlochs, wo sie ihre Feuer entzünden. Sollte es regnen oder ein kalter Wind aufkommen, suchen sie Schutz in Höhlen oder unter den größten Bäumen. Sie scheinen keinerlei Unterschiede in bezug auf Nahrungsmittel zu machen: Ratten und Schlangen, Larven und Känguruhs sind ihnen ebenso willkommen wie das zarteste Fleisch. Sie begehren nur, ihren Hunger zu stillen. Die tierische Natur überwiegt durchweg. Am Erwerb von Wissen, welcher Art auch immer, sind sie vollkommen desinteressiert, selbst wenn sich ihnen die Möglichkeit bietet, nützliche Methoden zu erlernen, die eine beträchtliche Verbesserung ihrer Lage bedeuteten. Ihre Vorstellungen scheinen nicht über die üblichen Verrichtungen wie Wasserholen, Holzhacken und Viehversorgen hinauszugehen, auch hegen sie keine Zuneigung für besondere Orte oder Personen, sie scheinen im Gegenteil unruhig zu werden, wenn sie an einer Stelle zu lange verweilen – sehr weise, denn wie heißt es in der »Aitareya Brahmana«, einem der frühen vedischen Ritualtexte: »Gott ist der Freund der Reisenden« –, obwohl jeder Stamm einen besonderen Landstrich hat, in dem sich die Familien, wenn sie ihre Wanderungen unterbrechen, hauptsächlich aufhalten. Ein bezeichnendes Beispiel dafür, wie hartnäckig sie sich an ihre alten Gebräuche klammern, ist der Fall von Benelong, dem ersten Eingeborenen, der an die Tafel des ersten Gouverneurs von Neusüdwales geladen wurde. Als Gouverneur Phillip 1792 nach England zurückkehrte, reiste Benelong an seiner Seite, aber nach drei Jahren in London kehrte er mit Gouverneur Hunter in die Kolonie zurück. Einige Zeit trug er weiterhin die Windsor-Uniform und nahm an der Tafel des Gouverneurs teil, aber schließlich wurde er der Förmlichkeiten des zivilisierten Lebens müde, warf sein europäisches Gewand von sich und kehrte in den Busch zurück. Nur selten ließ er sich bei den englischen Bewohnern blicken – und dann auch nur, um an einer Völlerei teilzunehmen. Ein freier Mensch läßt sich eben nicht dressieren.

Stirbt das Mitglied eines Stammes, wechseln alle anderen, die denselben Namen tragen, diesen, und der alte darf nie wieder erwähnt werden. Eine andere Eigentümlichkeit ist die Art und Weise, wie sie um ihre Toten trauern. Sie bemalen und beschmieren ihre Köpfe und Körper mit weißer Erde und ritzen sich die Kopfhaut auf, bis ihnen das Blut über das Gesicht rinnt – was ihnen, da sie das Blut trocknen lassen, einen sehr eigenartigen und abscheulichen Anblick verleiht. Die Engländer verschenkten *mourning rings*, in denen sich unter dem Stein meist ein zusammengerolltes Haar des Verblichenen befand, jüdische Trauernde reißen sich die Kragen ein, europäische und nordamerikanische Witwen mußten jahrelang Trauer tragen, zuerst hatten die Kleider schwarz zu sein, dann waren nach zwölf Monaten Grautöne erlaubt und im dritten Jahr immerhin ein fröhliches Dunkellila – Trauerrituale sind überall und zu jeder Zeit speziell und seltsam. Die Männer tragen das Haar ausnahmslos lang, die Frauen hingegen kurz: und stellen so die europäische Mode auf den Kopf.

Nach einem Aufenthalt in Sydney, auf den ich stets mit Freude zurückblicken werde, und dem Besuch aller interessanten Orte dieses Landes verabschiedete ich mich am 30. März 1832 von meinen Freunden dort und nahm nach Umrundung der Nordspitze Neuseelands von East Cape Kurs auf England.

RÜCKKEHR IN DIE HEIMAT

Unsere Heimreise zeichnete sich durch keinerlei besondere Vorfälle aus, mit Ausnahme einer Merkwürdigkeit, die sich am Abend des 6. Mai ereignete, als wir einen großen schwarzen Wal unter der Leeseite des Schiffes entdeckten, so nahe, daß es keinen Zweifel gab, daß ein Teil des Tieres den Schiffsboden tatsächlich berührte, die Rückenflosse befand sich beinahe in Reichweite unserer Hände. Die Offiziere waren nicht wenig beunruhigt wegen des Steuerruders, gegen das der Wal häufig mit dem Schwanz schlug. Hätte er das Steuerruder zerstört, hätten wir uns in einer gefährlichen Lage befunden, aber zum Glück schien er sich nur in sehr verspielter Laune zu befinden, da er uns einige Male verließ, eine kurze Strecke zurücklegte und wiederkehrte, bis ein paar Musketenkugeln in seinem riesigen Leib versenkt wurden und er verschwand.

Die gemischten Gefühle, Sorge und Freude, Hoffnung und Furcht, mit denen der Reisende, der lange fern seines Vaterlandes weilte, endlich nach Hause zurückkehrt, sind jenen, die niemals ihren Geburtsort verließen, stets inmitten vertrauter Umgebung voll gleichbleibender Untätigkeit lebten, beinahe unbegreiflich. Die Erregung über die Veränderung läßt sich kaum beschreiben, wenn das Schiff in den friedlichen Fluß gleitet, die große Wasserfläche hinter sich läßt, sich langsam seinen Weg durch die

Wälder der Masten pflügt; die Dächer und Turmspitzen der Stadt, die Rauchschwaden, das Brummen und Getöse des Verkehrs anzeigen, daß es den großen Handelsplatz des Westens erreicht hat; wenn es seinen Liegeplatz gewählt hat, den Anker nahe dem Kai herabläßt und die Bewegung, an welche die Passagiere seit vielen Monaten gewöhnt waren, plötzlich aufhört und von einem babylonischen Stimmengewirr aus Jubelschreien und Willkommensrufen, manchmal gar traurigen Nachrichten, abgelöst wird – dann löst sich die Kameradschaft der Schiffsbewohner auf, und jeder einzelne, getrieben von ureigensten Gefühlen, schaut in bebender Erwartung nach den Freunden aus, die ihn empfangen sollten. Ähnliche Gedanken, wie sie Lord Byron so trefflich ausdrückt, bevölkern das Hirn des Reisenden:

Süß klingt der Haushund' ehrliches Gebell,
Wann sie zu dumpfem Willkomm Chorus machen;
Süß ist, zu wissen, daß zwei Augen hell
Ausschaun nach uns und, wenn wir kommen, lachen.*

Eile und Gewühl, taumelnde Füße und laute Stimmen im Streitgespräch bilden nur den rücksichtslosen Auftakt zu bedeutsameren Szenen, in welchen der Reisende erfährt, was sich während seiner Abwesenheit ereignet hat – von welchen Katastrophen seine Lieben ereilt wurden – welch neues Glück ihm und den Seinen lachte – und wer aus dem großen Kreis, den er zurückließ, noch lebt, sich wohlbefindet und des Lebens freut. Die Rückkehr ist in der Tat die Moral der Reis'. Ich persönlich trug schwer an den Neuigkeiten, denn in der Zeit meiner Wanderschaft waren mein Vater, ein Bruder und eine Schwester sowie etliche andere Verwandte und viele teure Freunde gestorben. Der Tod war geschäftig gewesen in unserem Haus, während ich fremde Lande durchquerte, ahnungslos ob der Verluste, welche die Heimstatt verwüsteten.

---

* Aus »Don Juan«, 1. Gesang; Übersetzung Otto Gildemeister.

Meine Reisen und Mühen sind nun zu Ende, und so wage ich denn staunenden und dankbaren Herzens einen Blick zurück auf die Unbeständigkeit meines Werdegangs. Falls meine Unternehmungen keinen anderen Nutzen haben als jenen, der Welt zu beweisen, was mit heiterer Hartnäckigkeit trotz schweren Gebrechens erreicht werden kann – wie große Hindernisse durch Entschlossenheit überwunden werden können – wie das fehlende Augenlicht durch einen regen Geist ausgeglichen und die Wüste durch Fleiß befruchtet werden kann – wie viel Hoffnung selbst im dunkelsten Kapitel des Lebens herrscht – und wie viele Heilmittel gegen Mißmut und Einsamkeit diese schöne und vielfältige Welt bietet –, dann bin ich zufrieden und glaube, daß meine Anstrengungen nicht völlig wertlos waren. Ich erhebe keinen Anspruch auf literarische Ehren, meine Berufung fand sich nicht in der Kemenate der Muse – ich war ein Reisender zu Land und Wasser, sammelte Wissen im Vorübergehen, und wenn die Welt verkündet, die von mir gesammelten Materialien seien »unbedeutende Bagatellen«, kann ich immer noch mit Montaigne sagen, daß es sich dabei immerhin um etwas handelt, das ich geschaffen habe.

Ich kann nicht einmal vor mir verbergen, daß ich auf viele Schwierigkeiten stieß, die andere Reisende eingeschüchtert hätten, so bestrebt ich auch bin, nur auf der Sonnenseite zu schreiten. Durch die Aufgaben, die ich mir selbst auferlegt hatte, litt meine Gesundheit beträchtlich und ich war gezwungen, in meiner Heimatluft (Devonshire) nach Wiederherstellung zu suchen. Aber ich stellte fest, daß es notwendig war, ein noch freundlicheres Klima aufzusuchen, und so reiste ich 1819 nach Frankreich, allein. Ich war damals mit keiner der europäischen Sprachen vertraut. Bei dieser Gelegenheit unternahm ich die sogenannte Grand Tour, die in den Komödien des letzten Jahrhunderts als letzter Erziehungsschliff für junge Diplomaten und tonangebende Männer der Gesellschaft gefeiert wurde. Damals war eine derartige Reise eine gewichtige Sache und wurde mit großem Ernst angetreten, der heutzutage etwas lächerlich wirkt. Der experimentierfreudige Bürger, der eine Schnupftabaksdose aus Vesuvlava mit nach Hause schleppte, wurde als wundersamer Held bestaunt, heute wird er lediglich als ein Mensch gesehen, der seinem Vergnügen nachgeht, und sein Besuch des Kontinents ist eine Selbstverständlichkeit. Ich durchquerte Südfrankreich, kam nach Italien, reiste durch die meisten seiner südlichen und nördlichen Staaten, betrat über den Mont Cenis Savoyen, von dort aus nahm ich via Chambéry Kurs auf Genf, weiter durch die Schweiz nach Basel, den Rhein bis zum Meer hinab, und von Amsterdam aus machte ich einen Umweg über Den Haag, Rotterdam und Antwerpen nach Brüssel, und von dort ging es via Ostende nach Hause. Diese Reise verbesserte meinen Gesundheitszustand beträchtlich und erzeugte in mir, durch Erfahrung und die gewonnenen Erkenntnisse genährt, Lust, weitere fremde Länder zu besuchen, wobei ich meinen großen Wunsch, den Globus zu umrunden, stets im Auge behielt. 1822 ging ich nach Rußland, durchquerte einen Großteil Sibiriens (zweitausend Meilen über Tobolsk hinaus), mit der Absicht, mich in Kamtschatka nach der russischen Siedlung in Sitka, an der Nordwestküste Amerikas, einzuschiffen, in der Hoffnung, von dort, gewissermaßen auf der Heimreise, per Schiff zu den Sandwichinseln, nach China oder Südamerika zu gelangen. Aber die Vorsehung, in der Person von Zar Alexander, hatte es anders bestimmt. Meine Weiterreise kam in jenem Moment zum Halt, als ich meinem Ziel am nächsten war, und zwar in Form einer kaiserlichen Verfügung, die mich als Staatsgefangenen zur Grenze des Russischen Reiches verfrachtete und dort verabschiedete. Es gelang mir jedoch, in jene wilden Gebiete vorzudringen, in welche Rußland seine Kriminellen verbannt, und ich sollte vielleicht nicht murren, daß mein Vorhaben durch die mißtrauische Wachsamkeit der Behörden zerschlagen wurde, da ich im Anschluß meinen Plan unter glücklicheren Vorzeichen verfolgen konnte.

Mein letztes Abenteuer wurde dem Leser erst vor kurzem nahegebracht, so daß es nicht notwendig erscheint, seine Schauplätze aufzuführen. Sierra Leone, Fernando Po, die Flüsse der Bucht von Biafra, Brasilien, Kaffernland, Mauritius, Madagaskar, die Komoren, Sansibar, die Seychellen, Ceylon, Madras, Kalkutta, China, Van-Diemens-Land und Neusüdwales waren die wichtigsten Stationen.

Die Hindernisse, die ich bei meinen Unternehmungen zu überwinden hatte, waren nicht nur solche, die mit meiner Blindheit zusammenhingen. Ich reiste allein, ohne Ratgeber. Niemand stand mir mit Rat und Tat zur Seite, und ich bewältigte meine Reisen, die oftmals beschwerlich waren und über weite Strecken gingen, mit sehr geringen finanziellen Mitteln. Hätte ich stets Vorsicht walten lassen, hätte ich die mir gesteckten Ziele niemals erreicht. Aber ich verließ mich in stetem Glauben auf göttlichen Schutz und gab niemals das Vertrauen auf jenes Mitgefühl auf, das inmitten aller Fehler und Unberechenbarkeit der Menschenrasse solchen Geschöpfen wie mir zuteil wird – und ich wurde nicht enttäuscht. In den entlegensten Winkeln, wo die Zivilisation als einsame Pflanze aus unfruchtbarem Boden sprießt – inmitten Unmengen Fremder, die in unbekannten Sprachen redeten, von ausländischen Gebräuchen beherrscht und mir in Aussehen und Umgang unvertraut waren, wurde ich mit Freundlichkeit und Rücksicht empfangen. Freunde tauchten auf, wenn ich am wenigsten auf den Trost der Freundschaft hoffen konnte, die trockene Öde gab ihre Oasen preis, die Wildnis ihre wohltuenden und belebenden Quellen.

Ich schilderte bereits das Vergnügen, das ich empfand, meine Fähigkeiten erproben zu können, und die Methoden, die ich entwickelte, um Materialien zu sammeln. Auch ist es nicht nötig, die Vorteile oder Umsetzbarkeit eines Planes herauszustellen, der als Befreiung aus der Einsamkeit diente, die andernfalls wie eine dunkle Wolke mein Dasein überschattet hätte. Daß es einem Blinden möglich ist, tätig am Leben teilzunehmen und vielleicht sogar anderen noch von Nutzen zu sein, wird mit dieser Reiseerzählung ausreichend belegt. Dadurch wird nicht nur die Pein seiner Lage beträchtlich gelindert, sondern auch der

Abstand verkürzt, durch welchen sein Gebrechen ihn von der Welt und ihren mannigfaltigen Freuden trennt. Die allgemeinen Auswirkungen des Reisens sind für einen Blinden vielleicht deutlicher spürbar als für andere Menschen, wie ich aus eigener Erfahrung zu berichten weiß. Auch ohne visuelle Erinnerung habe ich eine lebhafte und deutliche Vorstellung von Beschaffenheit und Charakter jedes Ortes, den ich besuchte. Da ich räumliche Details, die das Gedächtnis in Verwirrung stürzen können, nicht wahrnehme, mache ich mir einen klareren Begriff von den herausragenden Merkmalen, der Aufteilung, der Bevölkerung, den Sitten und Gebräuchen der verschiedenen Gegenden, die ich durchreiste. Ihre geographische Lage ist greifbar in meiner Vorstellung verankert, welche so, teilweise durch Notwendigkeit, zu einer Art Landkarte geworden ist, deren Grenzen unverrückbar deutlich gezogen und deren Flächen mit unfehlbarer Genauigkeit ausgemalt sind.

Meine Eindrücke sind natürlich weniger komplex, als es der Falle wäre, könnte ich das aufgeschlagene Buch der Natur mit eigenen Augen betrachten, und meine gesamten Erfahrungen sind geistiger Natur, folglich, was immer ich im Gedächtnis behalte, bleibt dort auf Dauer und in aller Deutlichkeit. Die unterschiedlichen Klimata, die wechselnden Lebensweisen, die verschiedenen Bräuche der Völker und all die weitreichenden Veränderungen, denen ich ausgesetzt war, sind so frisch in meiner Erinnerung, als handele es sich um Ereignisse der jüngsten Vergangenheit, und es gelingt mir mühelos, mir die geringsten Vorfälle, Daten und Namen ins Gedächtnis zu rufen. Tatsächlich ist meine Erinnerung an alles, was ich erlebte, derart stark, daß ich glaube, ich könnte, ohne meine Notizen zur Hand zu nehmen, die gesamten Reisen von der ersten bis zur letzten Meile mündlich nacherzählen.

Ich scheide von meinen Lesern und diesem unvollkommenen Bericht meiner Erlebnisse nicht ohne Ergriffenheit. Die Liebenswürdigkeit, mit der mein Werk aufgenommen wurde, die großzügige Rücksicht auf die Umstände, unter welchen es entstand, und das Taktgefühl, das mir von allen Seiten zuteil wurde, machen mich stolz und mögen als Entschuldigung dienen, daß die Aufmerksamkeit des Lesers vom Buch auf seinen Autor gelenkt wird. Der Leser sollte wissen, daß ich seine Nachsicht nicht nur schätze, sondern diese auch notwendig ist. Seinem prüfenden Blick – meinem letzten gefährlichen Abenteuer – sehe ich mit einer Ängstlichkeit entgegen, wie ich sie im Angesicht anderer Gefahren nicht kannte. Wenn es mir gelingt, ihn zu einem versöhnlichen Urteil zu bewegen, ist mir mein Werk, so wage ich zu glauben, gut geraten, und ich betrachte, während ich mich von meinen Anstrengungen erhole, die Vergangenheit als geistige Prüfung, deren Schwierigkeiten vergessen sind und von der allein die Wonnen bleiben. Für die Zukunft kann ich mir kaum erlauben, mich einer solchen Zuversicht hinzugeben, wie sie zu diesen Büchern führte, aber die Aussicht auf tatenlose Einsamkeit behagt mir nicht und mag daher dazu führen, daß ich meine Zeit anderweitig fülle. Es ist jedoch zu früh, davon zu reden und es genügt, daß ich mein Abenteuer zu einem glücklichen Ende gebracht habe, wiewohl ich nur widerwillig meine Weltumsegelung mit den traurigen Worten schließe, die Sir Walter Raleigh für den Schluß seiner »Geschichte der Welt« fand: *Hic jacet**.

Meine Mühen liegen hinter mir – aber der Geist des Reisenden ist rastlos und sehnt sich nach unberührtem Boden. Diese Sehnsucht wird womöglich unerfüllt bleiben, aber gleich einer nicht eingetroffenen Prophezeiung mag sie mir dazu dienen, mich mein Leben lang zu begleiten, und sei es nur, um jene Hoffnungen zu nähren, durch welche es mir möglich war, aus großem Unglück so viel Freude zu gewinnen.

* »Hier liegt« (lat.), Inschrift, die früher oft auf Grabsteinen zu finden war.

Der knapp siebzigjährige Holman, zwei Jahre vor seinem Tod

Chronologie

1786 Am 15. Oktober wird James Holman als Sohn des Apothekers John Holman in der südenglischen Hafenstadt Exeter (Devonshire) geboren.

1787 In London wird die *Society for the Abolition of the Slave Trade* gegründet.
Großbritannien errichtet eine Siedlung für befreite Sklaven in Sierra Leone.

1789 Einberufung der Generalstände in Paris; Fall der Bastille (14. Juli); Erklärung der Menschen- und Bürgerrechte

1791 Der englische Dichter und Abolitionist Edward Rushton eröffnet die *Liverpool School for the Indigent Blind*, Großbritanniens erste Blindenschule.

1793 Hinrichtung Ludwigs XVI. in Paris; Beginn der *terreur*
Am 21. Januar erklärt Frankreich Großbritannien den Krieg. Bis 1815 werden sich die beiden Länder fast durchgängig im Kriegszustand befinden.

1795 Ceylon wird von den Niederlanden an Großbritannien abgetreten.
Die Briten besetzen die niederländische Kolonie am Kap der guten Hoffnung.

1796 Katharina die Große stirbt am 17. November in St. Petersburg. Ihr Sohn Paul folgt ihr als Zar Paul I. auf den Thron.
China verbietet die Einfuhr von Opium.

1798 Im November tritt Holman offiziell in die Dienste der Royal Navy. Seine ersten Einsätze absolviert er auf der *HMS Royal George* (einem Linienschiff erster Klasse mit 100 Kanonen) unter Admiral Alexander Hood, 1st Viscount of Bridport.
Nur wenige Tage nach Holmans Dienstantritt stirbt sein ältester Bruder John in Exeter.
Die Irische Rebellion wird von britischen Regierungstruppen blutig niedergeschlagen.

1799 Nach einer militärisch ereignislosen Zeit auf der *HMS Royal George* wechselt Holman im September auf die Fregatte *HMS Cambrian*.
Napoléon Bonaparte wird Erster Konsul der Französischen Republik.

1801 Der *Act of Union* vereint Großbritannien und Irland zum »United Kingdom of Great Britain and Ireland«.
Nach der Ermordung Pauls I. wird Alexander I. neuer Zar von Russland.

1803 Die *HMS Cambrian* wird als Teil des nordamerikanischen Geschwaders in den neuen Heimathafen Halifax (Nova Scotia) verlegt. Im Zuge ausgedehnter Patrouillen vor der amerikanischen Ostküste lernt Holman die großen nordamerikanischen Hafenstädte (u. a. New York und Boston) kennen und erwirbt sich erste militärische Meriten.
Der Orden der Naval Knights of Windsor wird gegründet. Seine auf Lebenszeit ernannten Mitglieder, sieben unverheiratete Invaliden der Royal Navy, erhalten einen dauerhaften Wohnsitz in Windsor Castle und eine Invalidenrente.

1804 Napoleon krönt sich zum Kaiser der Franzosen.

1805 Am 3. Dezember wird Holman in den Rang eines Offiziers befördert und tritt seinen Dienst als dritter Lieutenant auf der *Cleopatra* an.
In der Seeschlacht von Trafalgar (21. Oktober) vernichtet eine Flotte der Royal Navy unter Vizeadmiral Horatio Nelson einen Großteil der französisch-spanischen Armada.

1806 Der Erfinder Ralph Wedgwood, Cousin und Geschäftspartner des berühmten Porzellanherstellers Josiah Wedgwood, läßt seinen Noctographen patentieren, ein ursprünglich zu militärischen Zwecken entwickeltes Gerät, das es möglich macht, ohne Tinte und Feder zu schreiben. Wedgwoods Noctograph wird Holman auf all seinen Reisen begleiten.
Die Kapkolonie wird erneut von Großbritannien besetzt.

1807 Holman beginnt unter einer mysteriösen Krankheit zu leiden, die sich in heftigen Gliederschmerzen äußert und ihn in der Ausübung seines Dienstes immer weiter einschränkt. Nachdem die von den Schiffsärzten verordnete Behandlung auf Gicht sein Leiden nicht dauerhaft lindern kann, sieht sich Holman gezwungen nach England zurückzukehren. Im Juli landet er in Portsmouth und bezieht, in der Hoffnung auf Rekonvaleszenz, ein provisorisches Domizil im Londoner Stadtteil Piccadilly.
Der *Slave Trade Act* verbietet den Sklavenhandel innerhalb des gesamten British Empire (nicht aber die Sklaverei selbst).

1809 Obwohl noch nicht völlig genesen, tritt Holman eine Stelle als Lieutenant auf der *Guerrière* unter Kapitän Skene an. Allerdings findet er sich sehr bald erneut im Marinelazarett von Halifax wieder.
Louis Braille wird geboren (4. Januar).

1810 Holman unterzieht sich einer ausgedehnten Kur im südenglischen Heilbad Bath, in deren Verlauf erste Symptome eines schmerzhaften Augenleidens auftreten. Die Krankheit schreitet derart schnell fort, daß Holman schon binnen weniger Wochen vollständig erblindet ist.

1811 *Regency Act*. Da der britische König Georg III. unter geistiger Verwirrtheit leidet, übernimmt sein Sohn Georg, Prince of Wales, als Prinzregent die Regierungsgeschäfte.

1812 Holman wird Mitglied im Orden der Naval Knights of Windsor. Er wird auf Lebenszeit ernannt und erhält eine Invalidenrente von 34 Pfund jährlich.
Die Vereinigten Staaten erklären Großbritannien den Krieg.

1813 Am 15. Oktober bricht Holman nach Schottland auf um an der University of Edinburgh, dem damals führenden Zentrum für medizinische Forschung, ein Studium der Medizin und Literatur aufzunehmen.
Die britische East India Company verliert ihr Handelsmonopol in Indien.

1814 Die Niederlande treten die Kapkolonie an Großbritannien ab.
Ende des Britisch-amerikanischen Krieges.

1815 Schlacht von Waterloo (18. Juni); Ende der Napoleonischen Kriege; Napoleon wird nach St. Helena verbannt.
Neuordnung Europas durch den Wiener Kongreß

1818 Aufgrund erneut auftretender rheumatischer Beschwerden muß Holman sein Studium in Edinburgh abbrechen und sich einer weiteren Kur in Bath unterziehen.

1819–21 GRAND TOUR. Holmans Ärzte empfehlen ihm zur Linderung seiner Schmerzen einen längeren Aufenthalt im maritimen Klima Südeuropas. Folglich unternimmt er die klassische Grand Tour durch Europa, das nach dem Ende der napoleonischen Kontinentalsperre wieder für britische Reisende zugänglich ist.

1819 Nachdem er eine einjährige Beurlaubung von den Naval Knights erwirkt hat, bricht Holman am 15. Oktober von Dover aus nach Frankreich auf. Sein Weg führt ihn über Calais und Paris nach Bordeaux. Den Winter verbringt er in Toulouse.
Das erste dampfbetriebene Schiff, die *Savannah*, überquert den Atlantik.

1820 Holman bereist Südfrankreich: er besucht Montpellier, Nîmes, Aix, Marseille und Nizza. Gegen Ende des Jahres gelingt es ihm, eine Verlängerung seiner Beurlaubung durchzusetzen.
Nach dem Tod des erblindeten und geistig umnachteten Königs Georg III. folgt ihm sein Sohn, der vormalige Prinzregent, als Georg IV. auf den Thron.

1821 Im Februar schifft sich Holman nach Genua ein und reist von dort aus über Florenz nach Rom. Im Juni besteigt er als erster Blinder den Vesuv. Sein Rückweg führt ihn über die Schweiz am Rhein entlang in die Niederlande. Im September landet er in Margate.
Königin Caroline Amalie Elisabeth von Braunschweig-Wolfenbüttel, die verstoßene Gemahlin von Georg IV., stirbt in London.

1822–24 SIBIRIEN-REISE. Bei seinem ersten Versuch, die Welt zu umrunden, durchquert Holman Sibirien, wird aber in Irkutsk zur Umkehr gezwungen.

1822 Unter dem ausufernden Titel »The Narrative of a Journey Undertaken in the Years 1819, 1820, & 1821, through France, Italy, Savoy, Switzerland, Parts of Germany Bordering on the Rhine, Holland and the Netherlands, Comprising Incidents, that Occurred to the Author, who has Long Suffered under a Total Deprivation of Sight; With Various Points of Information Collected on his Tour« erscheint Holmans erster Reisebericht bei F. C. & J. Livingston in London. Das Buch erfährt eine durchaus wohlwollende Rezeption. Ein anonymer Rezensent des *British Critic* preist es als »Paradebeispiel dafür, wie viel ein wacher und tatkräftiger Geist erreichen kann«. Bis 1834 soll es fünf Auflagen durchlaufen.

Am 19. Juli, demselben Tag an dem sein Reisebericht an die Londoner Buchhändler ausgeliefert wird, bricht Holman zu seiner großangelegten Rußland-Expedition auf.

1823 Den Winter verbringt Holman in St. Petersburg, wo er in den höchsten Kreisen verkehrt. Im April erreicht er Moskau. Er besucht den Kreml und trifft auf den Briten John Dundas Cochrane, der sich als *pedestrian traveller* einen Namen gemacht hat. Am 12. Juni begibt er sich auf eine strapaziöse, 4500 Kilometer lange Kutschfahrt nach Sibirien, um im Herbst Irkutsk, den vorläufigen Endpunkt seiner Reise, zu erreichen.

1824 Am 2. Januar trifft ein von Zar Alexander I. entsandter Feldjäger in Irkutsk ein, um den unter Spionageverdacht stehenden Holman schnellstmöglich an die Westgrenze des Russischen Reiches zurückzubefördern. Der indignierte Holman muß von seinem Plan, die Welt zu umrunden, Abstand nehmen und wird als politischer Gefangener über Moskau nach Krakau

gebracht. Seine Rückreise führt ihn über Wien, Prag und Berlin nach Hull, wo er am 20. Juni anlegt.
Cochrane publiziert seine »Narrative of a Pedestrian Journey through Russia and Siberian Tartary«, in der er auch die Begegnung mit Holman in St. Petersburg schildert und diesem implizit die Fähigkeit zu authentischer Berichterstattung abspricht, da er in Ermangelung des Sehsinns auf bloßes »Hörensagen« angewiesen sei. Holman verfaßt eine bissige Replik, die am 15. Oktober 1824 im *Monthly Magazine* abgedruckt wird.
Tod Lord Byrons in Missolonghi

1825 Holmans Russland-Reisebericht »Travels through Russia, Siberia, Poland, Austria, Saxony, Prussia, Hanover, &c. &c. Undertaken During the Years 1822, 1823, and 1824, While Suffering from Total Blindness, and Comprising an Accout of the Author Being Conducted a State Prisoner from the Eastern Parts of Siberia« erscheint in zwei Bänden bei George B. Whittaker in London. Die öffentliche Anteilnahme an seiner Gefangenschaft und die Widmung an König Georg IV. machen das Buch zu einem Publikumserfolg und den »Blinden Reisenden« zu einer Berühmtheit.
Inbetriebnahme der ersten öffentlichen Eisenbahnlinie von Stockport nach Darlington durch George Stephenson
Der 16jährige Louis Braille entwickelt das nach ihm benannte 6-Punkt-Schriftsystem für Blinde. Das erste Buch unter Verwendung der Braille-Schrift wird in Großbritannien allerdings erst 1847 gedruckt.

1826 Holman wird zum Fellow der Royal Society ernannt.

1827–32 WELTUMSEGELUNG. Holman verwirklicht seinen langgehegten Plan, den Erdball zu umrunden. Er ist fünf Jahre unterwegs und besucht alle fünf Kontinente.

1827 Am 1. August verlässt Holman England auf der *HMS Eden* unter dem Kommando von Kapitän William Fitzwilliam Owen. Owens Expedition hat den Auftrag, auf der Insel Fernando Po (heute Bioko) an der afrikanischen Westküste einen Vorposten zur Bekämpfung des Sklavenhandels zu errichten. Die Siedler erreichen Fernando Po am 26. Oktober, knüpfen erste Kontakte mit der indigenen Bevölkerung und beginnen mit dem Siedlungsaufbau. Holman unternimmt mehrere Erkundungsausflüge ins Landesinnere; Kapitän Owen benennt den Holman River nach ihm. Am 25. Dezember nimmt Owen das besiedelte Land offiziell in Besitz und tauft die Siedlung zu Ehren von William, Duke of Clarence (dem späteren Wilhelm IV.), auf den Namen Clarence.

1828 Holman begleitet die Patrouillenschiffe auf ihrer Suche nach Sklavenhändlern. Währenddessen häufen sich in Clarence die Todesfälle durch Malaria, was die Siedlung in erhebliche Schwierigkeiten bringt. Am 1. Juli tritt Holman auf einem holländischen Schiff die Überfahrt nach Südamerika an. Bei seiner Ankunft in Rio de Janeiro ist er schwer an Lungenentzündung erkrankt, was ihn jedoch nicht von einer Expedition ins Landesinnere abhält. Im November segelt Holman weiter zum Kap der guten Hoffnung.

1829 Holman bereist Südafrika und Madagaskar, wo er von König Ramananoulouna empfangen wird. Über Sansibar und die Seychellen gelangt er nach Mauritius.

Nach einer verheerenden Malariaepidemie verlassen Kapitän Owen und seine Besatzung die Siedlung Clarence. Von den ursprünglich 135 Besatzungsmitgliedern überleben, Holman eingeschlossen, nur zwölf.

1830 Im Januar verlässt Holman Mauritius. Er geht in Ceylon (heute Sri Lanka) auf Elefantenjagd, besucht Indien und reist im August weiter nach China. In Kanton (heute Guangzhou) wird er von George Chinnery porträtiert. Im Dezember verläßt er China.
Am 26. Juni stirbt König Georg IV. Sein Bruder William Henry, Duke of Clarence, folgt ihm als Wilhelm IV. auf den Thron.

1831 Holman durchquert das Südchinesische Meer und den Indischen Ozean. Er besucht Van Diemen's Land (das heutige Tasmanien) und Australien, wo er enthusiastisch empfangen wird.
Charles Darwin bricht zu seiner Forschungsexpedition auf der *HMS Beagle* auf.

1832 Im August vollendet Holman seine Weltumsegelung und geht in England von Bord. Während seiner fünfjährigen Abwesenheit sind sein Vater und zwei seiner Geschwister gestorben.
Die Briten besetzen die Falklandinseln.

1833 *Slavery Abolition Act.* Verbot der Sklaverei innerhalb des gesamten British Empire

1834 Die *Indigent Blind Visiting Society* wird gegründet.

1834/35 Die vier Bände von Holmans »Voyage Round the World« erscheinen bei Smith Elder & Co. mit einer Widmung an Königin Adelheid von Sachsen-Meiningen. Das von Holman als Opus magnum entworfene Werk stößt allerdings auf harsche Kritik und verkauft sich schlecht.

1835 Großbritannien tritt Fernando Po an Spanien ab.

1836 Holman unternimmt eine dreimonatige Reise nach Irland.

1837 Tod Wilhelms IV.; Königin Victoria folgt ihrem Onkel auf den britischen Thron.
Erster Opiumkrieg zwischen Großbritannien und China. Als der chinesische Kaiser Daoguang die Einfuhr von Opium nach China verbietet und britische Opiumlandungen beschlagnahmen läßt, erzwingt Großbritannien die wirtschaftliche Öffnung Chinas mit Waffengewalt.

1839 Charles Darwin veröffentlicht sein »Journal of Researches into the Geology and Natural History of the Various Countries Visited by HMS Beagle«. Holman wird in Kap. XX als Experte für die Fauna des Indischen Ozeans zitiert.

1840 Holman erwirkt eine Änderung der Statuten der Naval Knights of Windsor, die ihm, mit königlichem Einverständnis, längere Abwesenheiten aus Windsor erlaubt.
Die zweite (und letzte) Auflage von »A Voyage Round the World« erscheint.

1840–52 Holman nimmt seine rege Reisetätigkeit wieder auf. Er besucht u.a. Südeuropa, den Balkan, Nordafrika, den Nahen Osten und Skandinavien.

1841 Der britische Verleger und Laienprediger Thomas Cook organisiert seine erste Pauschalreise (eine Eisenbahnfahrt mit 570 Teilnehmern von Leicester ins ungefähr 13 Meilen entfernte Loughborough) und »erfindet« so den Massentourismus.

1842 Hongkong wird an Großbritannien abgetreten.

1845–49 Große Hungersnot in Irland

1850 Das erste Unterwasser-Telegraphenkabel verbindet Dover und Calais.

1851 Große Weltausstellung in London

1852 Im Frühling durchwandert Holman Schweden und Norwegen. Nach seiner Rückkehr bezieht er ein Domizil im Londoner Stadtteil Tower Hill.

1852–57 Holman arbeitet an seiner Autobiographie.

1853–56 Krimkrieg

1857 Am 28. Juli stirbt James Holman im Alter von 70 Jahren in London. Er wird auf dem Friedhof Highgate bestattet. Zum Zeitpunkt seines Todes hat er über 400 000 Reisekilometer zurückgelegt und gehört damit zu den am weitesten gereisten Menschen seiner Zeit. Das von ihm hinterlassene autobiographische Manuskript wird nie publiziert und gilt heute als verschollen.

Quellenverzeichnis

Johann Wolfgang Goethe: Italienische Reise, Münchner Ausgabe, Bd. 15, München 1992.
Ryan Knighton: Augenzeuge, Hamburg 2009.
August von Kotzebue: Bemerkungen auf einer Reise aus Liefland nach Rom und Neapel. Erster Theil, Köln 1805.
Jacques Lusseyran: Das wiedergefundene Licht, Stuttgart 1966.
Richard Wilhelm: Die Seele Chinas, Berlin 1925.

Abbildungsverzeichnis

Inhaltsverzeichnis*

* Kapitelnamen und Zwischenüberschriften stammen von den Herausgebern.

DRITTE REISE | AFRIKA, SÜDAMERIKA, ASIEN, OZEANIEN (1827–1832)